罗森塔尔

(Robert Rosenthal,1933—)

皮格马利翁是古希腊神话中的一个人物。他因倾慕自己创作的美女雕像，感动了爱神，结果美女复活，二人结为夫妻。这段动人的神话故事成为许多艺术家创作的主题。皮格马利翁效应则是一个广泛应用于医学、工业等领域的科学术语。本书作者将这一原理运用到教育实践中，将教师比喻为课堂中的皮格马利翁，形象地说明了学生的智力发展具有巨大的潜力，教师对学生的期望越高，学生智力发展的可能性就越大。

本书作者罗森塔尔是美国著名心理学家、哈佛大学教授，雅各布森是美国南旧金山联合学区的一位小学校长。译者为上海教育科学研究院唐晓杰教授和华东师范大学崔允漷教授。华东师范大学吴棠教授担任本书的译校。

PYGMALION IN THE CLASSROOM

Teacher Expectation and Pupils' Intellectual Development

by

R. Rosenthal & L. Jacobson

Holt, Rineheart and Winston, Inc.

1968

汉译世界教育经典丛书

课堂中的皮格马利翁
KETANG ZHONG DE PIGEMALIWENG
——教师期望与学生智力发展

［美］罗森塔尔　雅各布森　著

唐晓杰　　译　　吴　棠　校
崔允漷

人民教育出版社
·北京·

图书在版编目（CIP）数据

课堂中的皮格马利翁：教师期望与学生智力发展 /（美）罗森塔尔，（美）雅各布森著；唐晓杰，崔允漷译 . — 3 版 . — 北京：人民教育出版社，2020.6（2023.3重印）
（汉译世界教育经典丛书）
ISBN 978-7-107-34740-5

Ⅰ . ①课⋯ Ⅱ . ①罗⋯ ②雅⋯ ③唐⋯ ④崔⋯ Ⅲ . ①教育管理学－研究 Ⅳ . ① G40-058

中国版本图书馆 CIP 数据核字（2020）第 108800 号

汉译世界教育经典丛书　课堂中的皮格马利翁——教师期望与学生智力发展

出版发行	人民教育出版社	
	（北京市海淀区中关村南大街 17 号院 1 号楼　邮编：100081）	
网　　址	http://www.pep.com.cn	
经　　销	全国新华书店	
印　　刷	保定市中画美凯印刷有限公司	
版　　次	2020 年 6 月第 3 版	
印　　次	2023 年 3 月第 2 次印刷	
开　　本	890 毫米 ×1 240 毫米　1/32	
印　　张	9.5	
插　　页	1	
字　　数	238 千字	
定　　价	30.70 元	

版权所有·未经许可不得采用任何方式擅自复制或使用本产品任何部分·违者必究
如发现内容质量问题、印装质量问题，请与本社联系。电话：400-810-5788

出版说明

教育经典是在教育史上具有影响力的权威性著作,是教育名家教育思想与教育实践经验的理论概括和结晶,是人类教育发展史上的辉煌篇章,是教育思想宝库中的璀璨明珠,它们对当时及后来的世界教育改革与发展产生了重大的影响,至今仍具有强大的生命力。

人民教育出版社建社近60年来,一直重视教育科学研究,积极推动教育思想和学术成果的传播,策划编辑出版了大量优秀的教育理论学术研究成果,包括一系列的外国教育经典名著,为服务教育、繁荣学术、积累文化做出了应有的重要贡献。例如,20世纪80—90年代,人民教育出版社组织翻译出版了《外国教育名著丛书》(39种45册),主要收录了从古希腊时期到20世纪初叶的教育名著。它是新中国第一套比较全面系统介绍古往今来外国著名教育家代表作的丛书。这套丛书出版后在我国(包括港澳台地区)产生了十分广泛而又深远的影响,多年来深受读者欢迎,至今仍在反复重印再版,有不少卷还被引进到台湾印行了繁体字版,成为广大教育科研人员、师范院校师生以及中小学幼儿园教师的必备书。

随着我国教育改革特别是基础教育课程改革的深入,广大教师更加迫切需要了解世界教育发展史上丰富多彩的教育思想和波澜壮阔的教育实践,以从中吸取智慧和经验教训。在纪念中国改革开放30周年之际,为了进一步适应教育领域深化改革、扩大开放的需要,为了继续向广大教育工作者尤其是从事教育专业研究和学习的教师、学生和研究人员提供宝贵的学习资料和研究文献,我们在教育部和新闻出版总署的领导和大力支持下,又策划了《汉译世界教育经典丛书》。本丛书已经被批准为"十一五"国家重点图书出版项目。本丛书重点收录 20 世纪初叶以来的世界教育名著,与《外国教育名著丛书》相互衔接,互为补充,各有侧重,相得益彰;凡《外国教育名著丛书》已经收录的,本丛书不再收录。

本着取精用弘的原则,入选《汉译世界教育经典丛书》的著作都是在世界教育发展史上产生过重大影响的教育家的代表作,其中不少是首次介绍给我国读者。为了便于读者学习与阅读,我们特请译者或相关专家为每本书撰写前言或中译本序,对作者及其著作进行全面的导读性介绍;同时,每本书还附有作者照片插图及生平著述年表等。

编辑出版《汉译世界教育经典丛书》是一项重要的文化教育工程,具有极为重要的理论意义和现实意义。欢迎广大读者对本丛书的编辑出版提出宝贵意见,以使之更臻完善。

人民教育出版社
2008 年 8 月

译者前言

著名心理学家罗伯特·罗森塔尔（Robert Rosenthal）1933年3月2日出生于德国吉森，6岁时随家人离开德国。1956年在美国加州大学洛杉矶分校获得博士学位。罗森塔尔最开始研究临床心理学，后来进入社会心理学领域。1962—1999年在哈佛大学任教，1992年出任哈佛大学心理学系主任，1995年任埃德加·皮尔斯心理学教授。1999年自哈佛大学退休后前往加州大学河滨分校担任教授。

几十年来，罗森塔尔的研究一直集中在自我实现预言在日常生活和实验室环境中的作用上。其特殊研究兴趣包括教师期望对学生表现的影响、实验者期望对研究结果的影响以及临床医生期望对患者身心健康的影响等。他还对行为研究和各种量化程序有浓厚的兴趣。在数据分析领域，他关注的是实验设计和分析、对比分析和元分析。他最近的著作和文章都是关于数据分析，以及教师、医生、管理人员、法官陪审团和心理治疗师与客户之间的非言语交流。他是美国心理学协会统计推断工作队（Task Force on Statistical Inference of the American Psychological Association）的共同主席，并担任拜耳保健传播研究所研究委员会（Research Committee of the Bayer Institute for Health Care Communication）主席。他是美国科学促进协会（American Association for the Advancement of Science）两项行为科学研究奖（1960年和1993年）的获得者，曾获得美国心理学协会詹姆斯·麦克金·卡特尔奖（James McKeen

Cattell Award of the American Psychological Society)、实验社会心理学学会杰出科学家奖（Distinguished Scientist Award of the Society of Experimental Social Psychology)、美国心理学协会评价、测量与统计分会塞缪尔·J.梅西克杰出科学贡献奖（Samuel J. Messick Distinguished Scientific Contributions Award of the APA's Division 5—Evaluation, Measurement, and Statistics）和美国心理学协会心理学应用杰出科学家奖（APA's Distinguished Scientific Award for Applications of Psychology）。2002年出版的《一般心理学评论》中的一项调查显示，罗森塔尔在20世纪被引用最多的心理学家中排名第84位。2003年获得美国心理学协会颁发的心理科学终身成就奖。罗森塔尔著有《自我实现预言的社会心理学：皮格马利翁效应及其调解机制的进一步证据》（*On the social psychology of the self-fulfilling prophecy: further evidence for Pygmalion effects and their mediating mechanisms*，1974）、《对非语言交流的敏感性：PONS测试》（*Sensitivity to nonverbal communication: the PONS test*，1974）、《行为研究纲要：方法与数据分析》（*Essentials of behavior research: methods and data analysis*，2008）等著作。

《课堂中的皮格马利翁——教师期望与学生智力发展》是罗森塔尔与雅各布森于1968年出版的一本关于教师期望对学生智力发展影响的著作，是他们在美国一所小学实验研究成果的具体体现。1963年，罗森塔尔在《美国科学家》（*American Scientist*）杂志上发表了一篇论文，总结了实验者的期望在心理实验背景下可能影响从他们的研究对象获得反应的证据。他在论文结尾处提到，同样类型的自我实现预言也可能在课堂上发生，教师对学生智力表现的期望可能会真的影响学生的智力表现。在这篇论文发表后不久，罗森塔尔收到了加州一所小学校长雅各布森的来信，希望参加这样的实

译者前言

验。1968年，罗森塔尔等人来到雅各布森所在的小学，从一至六年级各选了3个班，对这18个班的学生进行了"未来发展趋势测验"。之后，罗森塔尔将一份"最有发展前途者"的名单交给了校长和相关教师，并叮嘱他们务必保密，以免影响实验的正确性。其实，罗森塔尔撒了一个"谎言"，因为名单上的学生是随便挑选出来的。8个月后，罗森塔尔和助手们对那18个班级的学生进行复试，结果奇迹出现了：凡是上了名单的学生，个个成绩有了较大的进步，且性格活泼开朗，自信心强，求知欲旺盛，更乐于和别人打交道。显然，罗森塔尔的"谎言"发挥了作用。这个"谎言"对教师产生了暗示，左右了教师对名单上的学生能力的评价，而教师又将自己的这一心理活动通过情感、语言和行为传染给学生，使学生变得更加自尊、自爱、自信、自强，从而使学生各方面取得了异乎寻常的进步。

罗森塔尔把这种由他人（特别是像教师和家长这样的"他人"）的期望和热爱，而使人们的行为发生与期望趋于一致的变化的情况，称为皮格马利翁效应。皮格马利翁是古希腊神话中塞浦路斯国王（阿波洛多罗斯Ⅲ）。相传，他性情孤僻，为躲避塞浦路斯妓女而一人独居。他善于雕刻，孤寂中用象牙雕刻了一座表现他理想女性的美女像，久久依伴，竟对自己的作品产生了爱恋之情。他祈请爱神阿佛罗狄忒赋予雕像以生命，阿佛罗狄忒为他真挚的爱情所感动，就使这座美女雕像活了起来。皮格马利翁遂称她为"伽拉忒亚"，并娶她为妻。在近代艺术中，著名画家蓬托莫、范洛、布歇、毕加索等都曾以此神话为画题；著名文学家卢梭、施莱格尔、莫里斯、萧伯纳、格雷夫斯、巴拉丁斯等都曾以此神话，或此神话的寓意，创作自己的作品。罗森塔尔在《课堂中的皮格马利翁——教师期望与学生智力发展》一书中亦借用了"皮格马利翁"这一神话故事的寓意。教师，即课堂中的皮格马利翁，对学生的殷切期望收到了戏剧性的效果，这就是皮格马利翁效应。

《课堂中的皮格马利翁——教师期望与学生智力发展》是一本研究教师期望的学术性专著。作者概括了在医学和工业情境中关于人际自我实现预言效应的已有研究，详细论述了他们通过参与性观察所获得的结果，并且力图以比较精确的数据证实一个论断：教师期望是一种人际自我实现的预言。该书出版后，人们对这一开创性的课题产生了广泛的兴趣，并且做了深入的研究，使其成为一个相对独立的研究领域。"教师期望""皮格马利翁效应""自我实现预言"等成为教育科学和心理科学中的术语和范畴。

《课堂中的皮格马利翁——教师期望与学生智力发展》也是一本教育研究方法方面的应用读物。作者把"人际自我实现预言"这个社会学术语，从医学、工业情境移植到教育情境，并以自己获得的实验结果，用定量的方式论证了这个术语移植的合理性，同时也证明了这种效应在教育领域中具有普遍适应性，这为我们提供了具有借鉴和启发意义的术语移植研究。作者在书中描述了在一所普通小学进行的追踪研究，介绍了从实验设计到结果处理的全过程，是比较典型的实验研究、案例研究。

该书正式出版后引发褒贬不一的种种反响，人们对皮格马利翁效应进行了很多次的复制研究，并且对人际自我实现预言的更为普遍的发现进行了更多的重复研究。科学引文索引（SCI）和社会科学引文索引（SSCI）显示，该书自1968年正式出版以来已被引用700多次。为让读者更加全面地了解这方面的研究，我们挑选了托马斯·L.古德（Good，T. L.）1987年在美国《教师教育》（*Journal of Teacher Education*）杂志上发表的论文《教师期望研究20年：研究结果与未来方向》（Two Decades of Research on Teacher Expectations: Findings and Future Directions），放在本书之后，旨在充实与拓展原著所涵盖内容，为读者提供有关这一领域研究的

译者前言

历史动态。

本书的翻译工作是在华东师范大学瞿葆奎教授的推荐和组织下进行的,华东师范大学吴棠教授精心校阅了全部译稿,华东师范大学施良方教授提供了原文材料。在此对他们致以由衷的谢意!

华东师范大学崔允漷承担了前言、第一至第四章、第十至第十二章的翻译,上海市教育科学研究院唐晓杰承担了第五至第九章和古德论文的翻译。我们对于有关的理论研究还不够深入,译文如有错误,敬请读者指正。

目 录

序 …………………………………………………………… 1

第一部分 自我实现预言

第一章 日常生活 ………………………………………… 2
第二章 治疗专业 ………………………………………… 11
第三章 行为科学 ………………………………………… 23
第四章 行为科学：理智成绩与学习 …………………… 34

第二部分 教师期望

第五章 处境不利的儿童 ………………………………… 52
第六章 奥克学校实验 …………………………………… 69
第七章 富有魔力的加拉太儿童 ………………………… 81
第八章 教师的评定 ……………………………………… 109
第九章 智力增长的过程 ………………………………… 134

第三部分 含 义

第十章 皮格马利翁效应的中介 ………………………… 164
第十一章 一些方法论上的思考 ………………………… 180

第十二章　总结和含义·················· 191

萧伯纳的总结······················ 201

参考文献······················ 202

附　　录
表 A-1 至表 A-31 ···················· 220
教师期望研究 20 年：研究结果与未来方向
················ ［美］托马斯·L. 古德　249

序

　　人们经常做别人期望他们做的事。我们的许多行为是受广泛地为人们共享的规范或期望制约的，这些规范或期望使我们有可能预言一个人在特定情境中会怎样行动，即使我们从未遇见过那个人，而且也几乎不知道他与别人的不同之处。然而，与此同时，行为有相当大的可变性，以至于我们预言熟人的行为往往要比预言陌生人的行为更为准确。因为我们知道熟人过去的行为，所以，我们对他的行为的预期在很大程度上是准确的。但是，我们现在有充分理由相信，还有一种因素会增进我们对人际预示或预言（interpersonal predictions or prophecies）的准确性。我们的预示或预言本身可能就是决定他人行为的一种因素。如果我们期望我们将会见一个容易相处的人，我们初次相见事实上就可能促使他成为一个更易相处的人。如果我们期望我们将碰到一个不易相处的人，我们与他接触时可能带有戒心，这就促使他成为一个不易相处的人。一般说来，这就是本书所要讨论的问题。我们要讨论的是人际自我实现（self-fulfilling）的预言：一个人对另一个人行为的预期怎样会完全无意地成为这种期望实现的一种比较准确的预示。

　　本书总结了人际自我实现预言效应的现有证据，并且更详细地提供了新的证据。这种新的证据来自教育情境，它涉及这个问题：教师对学生理智能力的期望是否能用作教育上的自我实现预言？

　　试举一例，足以扼要介绍这种新证据的性质。某一所小学的教师得到调查报告，有 20% 的儿童将表现出智力增长有不同寻常的潜力。这些儿童的名字是从随机排列的名单中抽取的，也就是说，这些名字是任意选择的。8 个月后，这些不同寻常的或者"有魔力的"儿童，比没有引起教师注意的其他儿童表现出智商的显著增进。教师对这些据说是"特殊"儿童的理智成绩的期望的变化，导致这些随意选择出来的儿童的理智成绩实际的变化。

教师对学生理智能力的期望有许多决定因素。甚至在教师看见一个学生从事学习之前，很可能对这个学生的行为已经有了某种期望。如果她教"慢班"或皮肤带黑色的儿童或者母亲"领福利救济"的儿童，她对学生成绩抱有的期望，将不同于她教"快班"或中上层阶级社会的子弟时对学生成绩所抱的期望。在她看见一个儿童从事学习以前，她可能已经看到这个儿童的成就测验或者能力测验的分数或者上个学年的成绩等第，或者她可能了解一些有关这个儿童声誉的不太正式的信息。教师期望（不管是怎样得来的）能够作为一种教育上的自我实现预言，这已有理论阐述，而且也有某些证据（大多是轶事性的）。本书首先探讨与这些理论阐述有关的新的实验证据，然后分析这种新的实验证据在教育研究和教育实践上的含义。

本书一般说来是为学习教育学和行为科学的学生而写作的，也是为这些领域里的研究人员而写作的。因为我们希望本书既适用于大学本科的学生，也适用于经验丰富的教育工作者和研究人员，所以，这有可能使范围相当广泛的读者的两端都感到不满意，但是我们甘愿冒这个危险。有些内容对大学本科的学生似乎过于专门或烦琐；有些内容对于有经验的行为科学家又过于简单，根本算不上是专门知识。对本科学生或者有理解能力的外行来说，正文中的表格过多，而对那些想要知道一切的行为科学家和教育工作者来说，这

序

些表格却嫌不够。我们采取折中的办法，把一系列的表格集中在"附录"部分；想利用这些表格的人可以从中找到更专门的资料。（正文中提到参照"附录"中的这些表格时，表格的序号都以字母"A"开头。）除了"附录"以外，还有一系列脚注，其中一些较长而且较专门的脚注适合需要专门知识的读者。

正文中经常使用像 χ^2、t 和 F 这样的统计符号。这些统计符号通常在正文做出某种判断之后出现，以便需要专门知识的读者检验这种判断的效度。在这样的符号之后，往往会有一个字母 p，并常带有特定的小数值 0.05 或者 0.01 或者 0.001。这些小数值指出所报告的研究结果偶然发生的概率。例如，在比较两个组时，分数差异在统计上的显著性水平可以报告为：$t=2.50$，$p<0.01$，单尾。这意味着，人们见到的这种差异偶然发生的可能性是 100 次中不到 1 次。单尾是指在分析之前就预示了差异的方向。经常提到的其他统计符号还有相关 r 和 rho。这两个统计符号都可以从 0.00 到 +1.00 或者从 0.00 到 -1.00 之间取值。这样一种相关值越接近 +1.00 或者 -1.00，所讨论的两个变量越是一方随另一方发生变化或者彼此越是可预示的。就这些相关的值来说，所报道的 p 值也表明这种可能性：所发现的相关程度可能是一种违背 0.00 相关的机遇的结果。就给定的统计符号而言，df 是经常提到的。这个符号大致表明给定的统计符号是建立在多少案例或者被试基础上的。df 几乎与所使用的案例的准确数目相同，但不是完全相同。如果所有这些都忘记了，读者只要回想起 p 的意义就行了。$p=0.10$ 是指获得的结果偶然发生的可能性为 10 次中有 1 次。读者必须自己领会与给定的 p 值相联系的某种判断的似真性。心理学家常常有这样的表现，统计学家有时也这样，好像 p 值应该达到 0.05 或者 0.01（甚至更小）才能声称结论值得讨论；但是，这

根本上是个人爱好问题。波林（E. G. Boring）教授要求我们注意波拉尼（Polanyi，1961）的评论。波拉尼说，恩里科·弗米（Enrico Fermi）把发生的概率（p）小于 0.10 的任何事件都称作奇迹，虽然一些人比如费希尔（R. A. Fisher）认为 p 值至少达到 0.05 的事件才可以称作奇迹。

  这项人际自我实现预言效应的研究计划持续了十多年，本书报道的教育研究也是从这项计划中派生出来的。就它的大部分历史来说，这项研究计划由全国科学基金会社会科学部（Division of Social Sciences of the National Science Foundation）资助。没有他们的资助，就不可能有这项研究以及这项首次详尽报道的教育研究。我们非常感谢他们的支持。

  我们这项教育实验得以进行，也是和南旧金山联合学区（South San Francisco Unified School District）视导长保罗·尼尔森（Paul Nielsen）博士在行政上的支持和信任分不开的。我们要感谢他使这项研究成为可能。我们还要感谢梅·埃文斯（Mae Evans）和尼尔森博士的其他职员对我们的帮助。我们得到奥克（Oak）学校师生的帮助很多，在此致谢！

  在我们分析数据和撰写草稿时许多人给了我们帮助。我们从纳特·盖奇（Nate Gage）、杰罗姆·卡根（Jerome Kagan）、戴维·马洛（David Marlowe）和杰罗姆·辛格（Jerome Singer）那里得到了有价值的建议。此外，要特别感谢布鲁斯·比德尔（Bruce Biddle），他阅读了全部草稿，并对本书的许多方面提出了许多宝贵的修改建议。肖恩·爱德华兹（Sean Edwards）、约翰·拉斯洛（John Lastlo）、戴维·赖卡德（David Reichard）、简·鲁迪（Jan Rudy），尤其是乔治·斯米尔顿斯（George Smiltens）帮助我们进行了计算和统计。玛丽·塔维琴和玛丽卢·罗森塔尔（Mari Tavitian and MaryLu

序

Rosenthal）专门承担了草稿中各种图表的打印工作。

最后，我们要感谢两个人，他们自始至终参与了奥克学校实验思想的酝酿过程，并且忠实地充当了整个实验和这份草稿形成的每个阶段的顾问，他们是安妮特·英斯尔（Annette Insel）和玛丽卢·罗森塔尔。

R. 罗森塔尔
L. 雅各布森
1968 年 2 月

第一部分
自我实现预言

第一章 日常生活

这个故事罗伯特·默顿（Robert Merton，1948）说得好极了。1932年一个星期三的早晨，卡特赖特·米林维尔（Cartwright Millingville）来上班。他供职于一家银行，并任该行行长。他注意到，这一天出纳员的窗口相当忙。储户在一周中（离发薪日还远着呢）排着长长的队伍是不常见的。米林维尔衷心地希望这些储户没有被解雇，然后开始他的行长事务。

这家银行资金雄厚而且具有偿付能力。它的行长知道这一点，它的股东知道这一点，我们也知道这一点。但是在出纳窗口排队的那些人不知道这一点。事实上，他们相信，这家银行将要倒闭，假如他们不迅速取出存款，就没有存款可取了，因此，他们现在就排起队来，等候取出存款。在那些人相信这家银行将要倒闭并按照自己的信念去做之前，他们可以说是错了。但是，一旦他们相信他们的信念并且按照它去做，他们就"知道"了米林维尔行长、那些股东以及我们所不知道的一个真相或事实。因为他们造成了这个真相或事实，所以他们懂得了这个真相或事实。他们的期望，亦即他们的预言，导致了这个期望本身的实现：这家银行倒闭了。

不仅经济机构的倒闭归因于自我实现预言的作用，默顿还指出了这样的期望通常在各种族间的关系以及少数民族群体的行为中的重要性。某个州的黑人学业成就较低，这可能确实已成为现实，该州花在黑人青年身上的教育经费不到花在白人青年身上的1/5。罗斯（Rose，1956）在某种意义上更进了一步，他说，白人和黑人

第一章 日常生活

都期望黑人失败,这是一种"不让黑人尝试"的双重期望。

然而,使"自我实现预言"这个概念仅局限在一个方面是没有什么意义的。这在种族关系的案例中,借助所谓的"斯威尼奇迹"(Sweeney's miracle)这个特定的自我实现预言,就可以做出很精彩的阐述［《展望》(Look)编委会,1965］。

詹姆斯·斯威尼(James Sweeney)在图莱恩大学教授工业管理和精神病学,并负责经营这个大学的生物医学计算机中心。斯威尼的期望是,他能够使受教育不足的黑人充当计算机操作人员。他选定的那位受教育不足的黑人名叫乔治·约翰逊,他以前是医院里的清洁工,后来成了该计算机中心的杂务工。早晨,他打扫卫生,下午,他学点计算机的知识。他学到了不少有关计算机的知识,可是,大家都说,要想当计算机操作人员,就必须在智力测验中获得一定的分数。约翰逊参加了智力测验,结果表明他甚至于没有学会打字的能力,更不必说操作计算机了。但是斯威尼不信。他去行政部门威胁说,没有约翰逊,就没有斯威尼。他们两人继续工作,斯威尼仍然主管计算机中心,而约翰逊现在管理主要计算机的机房,负责新职员的培训事务。

戈登·奥尔波特(Gordon Allport, 1950)是采用"自我实现预言"这个概念的又一位重要的理论家。他把这个概念应用到国际紧张局势和战争领域之中。奥尔波特认为,期望参战的国家最有可能参与战争。发动战争的期望传递给未来的对手,未来的对手也会做出备战的反应,这种行动更加证实并强化了最先希望发动战争国的期望,导致更充分的备战,依此类推,形成了一个正向反馈循环的相互强化系统。那些不想参战的国家有时似乎设法避免卷入战争。

就人们对一个人的期望而论,分析他打高尔夫球或玩滚木球戏的方式,要比分析大规模的社会现象和经济现象更平淡无奇,但同样令人感兴趣。威廉·怀特(William Whyte, 1943)是一位参与性

· 3 ·

观察研究人员，他研究了一组年轻人滚木球的行为。这组人都是怀特所描述的有名的街角帮（street-corner gang）成员。这组人（尤其是他们的头儿）"知道"一个人应该滚得多么好。某个晚上，小组成员都"知道"某人会滚得好，他果然滚得不错。在另一个晚上，小组成员"知道"某人将滚不好，他真的就滚不好，尽管他在前一个晚上滚得很好。小组对成员成绩的期望似乎决定着成员的成绩。这种树立信心的挑战和给那些期望能滚好木球的人提供鼓励，也许凭借增强他的动机并减少他对干扰影响的焦虑，来帮助他滚好球。把小组的期望——他将滚不好球——传递给某个成员，可能会降低他的动机并增强他的焦虑，以致这种期望影响了他的成绩。

尽管没有具体地探讨一个人的期望对另一个人行为的影响，但贾斯特罗（Jastrow，1900）的一些观察是与之有关的。他写道，一个运动员因为非常担心自己会失败，以致自己的动作协调受到破坏而真的失败了。"……心里总是想着可能不能达标会削弱个人努力的强度，从而有碍于个人的最佳表现。"（p.301）贾斯特罗在他的例子中没有明确地说明失败的期望出自他人。然而，怀特提供的例子确实表明，这样的期望通常来自他人。

学习理论家格思里（E. R. Guthrie，1938）进一步阐明了他人对一个人行为的期望对他的行为的影响。一位胆小又不善社交的年轻姑娘由于被故意当作社交的宠儿，而在社交场合成了自信、应付自如的人。一组热心相助的大学生事先调整了和她相会的那些人的期望，使得他们期望她的是善于社交的行为。这种对善于社交的期望及时引发了所期望的善于社交的行为。在受灾比较严重的地区，戈尔茨坦（Goldstein，1962）注意到德雷耶（Drayer，1956）对救援人员期望之重要性的观察。在民事和军事事故中，受害人似乎按照救援人员期望他们做出的反应而做出反应。美国陆军的精神病防治经验似乎告诉我们，越被明显地当作精神病患者治疗，就越不可能回到工作岗位（Bushard，1957）。在开车这种更日常的经验中，肖尔（Shor，1964）指出，一个驾驶员对他人驾驶汽车行为的期望可以充当自我实现的预言。

贾斯特罗（Jastrow，1900）详尽地叙述了工作领域中一个具有充分文献的自我实现预言的案例。那是1890年，霍勒里斯制表机（Hollerith tabulating machine）刚刚在美国人口普查局安装妥当。这种机器好像打字机，需要操作的人学会发明者霍勒里斯认为要求很高的一种新技能。霍勒里斯期望，一个受过培训的人每天能打印约550张卡片。两周之后，操作的人经过充分培训，开始每天打印大约550张卡片。过了几天，每人开始超出预期的成绩，只是在情绪上付出了很大的代价。操作人员紧张地试图打破预期的界限，以至于美国内政部长下令禁止制定任何最低成绩指标。这一步骤被看作是保护该机构人员的心理健康所必需的。

为了扩充霍勒里斯制表机的工作人员，于是，新招了200名职员。这些职员对这项工作一无所知，以前没有受过任何培训，甚至从未见过这种机器。没有人告诉过他们从事这项工作在情绪上所付出的代价，也没有人讲过可能达到的成绩最高限是多少。不了解这些情况反而是他们最大的财富。3天之后，这组新的操作人员的成绩达到了前一批人通过更合适的集中培训，7周后才达到的成绩水平。前一组每人每天打印700张卡片后就精疲力竭，而新招的这组每人打印出3倍于上述数字的卡片，也没有任何不良效应。

在人口普查局采用霍勒里斯法并给我们提供了一个自我实现预言的工业方面的例子大约75年以后，巴维拉斯（Bavelas，1965）描述了工业情境中对这一命题更正式的检验。在一个大型的工业企业里，大量的女性求职者都要受到一番评价。每位求职者都要接受智力测验和手指灵巧性测验。管理这些雇员的领班被告知其中某些妇女在这两项测验中得分很高，而某些妇女得分很低。领班所得知的信息当然与这些求职者的实际成绩毫无关系。经过一段时间以后，领班对这些工人的评价和这些工人的实际成绩记录表明，领班的评价更偏向那些据说在上述测验中取得高分的人。这在很大程度上可以归因于一种简单的"光环效应"（halo effect），领班的理解力在这种效应下受到了他们自己期望的影响。如果领班期望工作人员取得好成绩，客观的成绩记录也就是好的，这种发现不能这样简单地加以解释。这种结果不能归因于一种简单的光环效应，而只能归因于人际自我实现预言的又一案例。令人感兴趣的是，工作人员的实际测验分数与领班的随后评价或者与客观的生产记录毫无关系。

上面所述的自我实现预言的所有案例，只有助于阐明"自我实现预言"这个概念，而无助于确立这个概念的真实性、效用性或普遍性。除了巴维拉斯的研究之外，上述案例充其量只是提供了一种轶事性的证据。所以，尽管这些案例并非毫无价值，但还不能当作结论。姑且假定人们对未来事件做出预言或对未来事件抱有期望，我们可以考察存在于对事件的预言和随后发生的事件之间可能关系的类型。

预言和事件之间的一些可能的关系

表1-1表明了预言和随后发生的事件之间的一些较有可能的关系。在案例1中，预言和所预言的事件之间没有任何关系，而且声称没有这样的关系。（统计上非常复杂的轮盘赌徒的情况便是这样：假使轮盘转轮合理的话，赌注和表示赢的颜色或数字应该无关。）在案例2中，在预言和事件之间没有发现有关系，但预言者认为有一种关系。（甚至在转轮合理的情况下，一个轮盘赌徒常赢，这种情况不常见，但很可能发生，那么就可能相信他的预言影响转轮的

旋转。）J. P. 查普曼和 L. J. 查普曼（Chapman and Chapman，1967）引用了大量文献证明，即使头脑简单的人在不存在任何关系的情况下也会察觉到关系来。

表 1-1　预言和随后事件之间关系的类型

类型 Ⅰ　预言和事件间没有关系
案例 1　A. 而且声称没有关系
案例 2　B. 但声称存在一种关系
类型 Ⅱ　预言和事件之间有某种关系
A. 关系是负的
案例 3　　1. 但不是由于预言
案例 4　　2. 而且是由于预言
B. 关系是正的
1. 但不是由于预言
案例 5　　a. 纯属巧合
案例 6　　b. 预言是由于过去有关的事情
案例 7　　2. 而且是由于预言

类型 Ⅱ 诸关系的共同之处是预言和随后发生的事件之间的确存在某种关系，但是这种关系的性质可能是正的或者负的，而且这种关系可能是或者可能不是预言本身造成的。因此，在案例 3 和案例 4 中，我们有一种反自我实现（antiself-fulfilling）的预言。这种预言准确预示了它自己的对立面，即默顿（Merton，1948）称为"自灭预言"（suicidal prophecy）的一种事态。有位忧心忡忡的医生预言他的病人就要死亡，因而特别照顾好病人，这可作为例子。这位医生也可用来说明预言和事件间负关系的亚类型（案例 4），这种关系是由于预言本身。然而，预言本身也有可能不是有效的变量，而是预言者的某种相关表征。这样，忧心忡忡的医生也拥有专

业能力，使病人生命延长，而且尽管医生忧心忡忡的事实导致在担心病人的健康与病人的延长生命之间有一种虚假的负相关，但是医生的忧虑本性这一事实可能与之无关（案例3）。

同样，在案例5—7中，自我实现的预言并不总是真正地自我实现的。即使预言不是造成随后事件的原因，但预言可能与随后事件有关（案例5和6）。因此，一位持乐观态度的教师如果预言一个教育上有困难的学生会取得好成绩，这位教师就可能使他获得好成绩，这不是由于她预言了好成绩，而是因为与教师的个性与乐观态度有关（案例5）。假如反向关系确实存在的话，预言有时似乎导致所预言的事件发生。对过去有关事件的观察形成预言，这种预言的结果只是一种准确的预示，并不影响所预言的事件（案例6）。

最后，在预言和随后发生的事件之间存在的那种关系里，预言不是伴随着自我实现而是有助于自我实现（案例7）。这是我们最感兴趣的关系，但是在实践中并不总是能这样容易地把它与其他类型区别开来。本书第三章对这个问题将进行更严格的讨论，并且运用更有力的证据来证明这种现象的真实性和普遍性。现在继续讨论下去，未免有些盲目，因此，下述问题必须提出来：假定自我实现的预言发挥作用，什么东西使这些预言自我实现？若不考虑具体预言的性质，是否有某些普遍原则可用来解释预言在其自身实现中的作用？

预言实现的动因

使一个人的期望得不到证实是令人不快的，尽管这种出乎意料的结果通常不会导致心理抑郁。总的说来，人们不希望自己错了。这种常识性的断言得到实验证据的支持，这种证据表明上述断言是可取的，因为单凭常识，我们就"知道"不真实的事情太多了。卡尔史密斯和阿伦森（Carlsmith and Aronson，1963）证明，假如被试期望尝尝苦味的东西，而给他们的却是甜味的东西，那么这种甜食尝起来就不太甜了。假如被试期望尝尝甜味的东西而给他们尝的却是苦味的东西，这种苦味的东西就会被判断成比平常更苦。日常生活中与这种实验相类似的是，人们偶尔会冤枉他人的美味佳肴。一种使人厌恶的味觉体验是由于吃了一顿不想吃的食物，尽管这种食物平常是某人非常喜爱的。桑普森和西布利（Sampson and Sibley，1965）至少部分地证实了卡尔史密斯和阿伦森的研究成果。

阿伦森、卡尔史密斯和达利（Aronson, Carlsmith and Darley，1963）通过证明被试有时喜欢一种客观上更令人不愉快的任务，而不是喜欢更令人愉快的却在意料之外的任务，为上述的研究结果提供了进一步的证据。当被试像所期望的那样执行任务时，他们似乎对自己完成任务的成绩也更满意。阿伦森和卡尔史密斯（1962）证明，那些做不好也想做不好的被试似乎比那些做得好但不想做好的被试对自己的成绩更加满意。

哈维和克拉普（Harvey and Clapp，1965）的一项实验与这些研究结果是一致的。他们发现，当被试期望别人说他们好话时，他们更喜欢对好话而不是对坏话做出反应。这一研究结果不足为怪。但是，当被试期望听到别人说有关自己的不愉快的事，而且随后真的听到别人说起这些不愉快的事时，要比当他们期望听到不愉快的评价但听到的是愉快的评价时更有利地做出反应。根据这些以及其他的研究［尽管有些研究不支持这种看法（McGuire，1966）］，似乎看出，即使自然的反应一直是合乎情理的，但在自然的不可预言性中可能确实有些痛苦；因而当人们预言到了自然的不仁时，这种不仁可能非常容易承受。这种事态可能有一种进化的优势。假如从长远的观点看，人类不太喜欢意外事情，那就可能推动更多地理解自然从而在更大程度上控制自然的事业。这种事业包括巫术、宗教和科学，而科学允许对自然中可能的意外事件之减少做些定量的陈述。人类对于自然有更多的理解，就会有更大的力量控制自然或适应自然，从而能够更大地减少可能的意外事件。假如人类能够因更加准确地预言而生存得更好，那么，看来就有理由认为，人类在预言的准确性方面具有既得利益。保障这样的准确性比自然赋予的某种不可预言的小恩小惠对于人类可以有更多的裨益。无论如何，不管我们是否采用"生存值"这样的生物学概念，许多理论家一致赞同，人类在他的世界中需要至少一种最低限度的稳定性、一贯性、有序性或者可预言性（Allport，1950；Festinger，1957；Kelly，1955；Potter，1954；Tolman，1932）。

第二章 治疗专业

我们在上一章提供了自我实现预言的例证,提及的预言者都不承担改变他们所预言的人或机构的任务。在提供的大多数例子中,预言者无意于影响所预言的事件。本章则认为那些承担社会责任的预言者必定要在做出专业预言的人身上引起有益的变化。在这个意义上说,临床心理学、精神病学、医学和康复锻炼这些治疗专业就像教育专业一样。的确,有时要在治疗专业和教育专业之间做出明确的区分是困难的。例如,我们将把学生辅导员、特殊教育指导员或者学生人事专业人员放在什么位置上?因此,对治疗专业中自我实现预言的思考可以启发我们随后对教育情境中自我实现预言的思考。

催 眠 术

尽管社会学家默顿(Merton, 1948)多次用到"自我实现预言"的概念,并对这个概念做出了极大的贡献,特别是用它分析如种族偏见和宗教偏见(和银行的倒闭)这样大规模的社会现象和经济现象,但是这个概念早在半个世纪以前就在临床情境中使用了。艾伯特·莫尔(Albert Moll, 1898)明确地提及了"预言引起自我实现"的临床现象(p.244)。他提到,假如相信癔症性麻痹能够治好,这类病人就会治疗痊愈。他讲述道,当对失眠、呕吐、阳痿和口吃的出现怀着极大的期望时,这些症状就都会发生。但是他特别感兴趣的是催眠现象。他的信念是，被试按照他们相信主试期望他们做的那样行事。

过了很长时间之后，马丁·奥恩（Martin Orne，1959）清楚而生动地证明了莫尔是正确的。在心理学导论课中，给两个配对班就催眠这个主题各上了一次课。有一次演示作为课的部分。在其中的一个班级，催眠的演示包括三位被试显示他们的优势手呈僵住状或僵硬状。假如被试是右优势手，演示会显示他的右手呈僵住状；如果被试是左优势手，那么左手就会出现僵住状。另一班实质上得到了所有关于催眠的同样的信息，但不提及优势手呈僵住状的情况，也不提及任何演示。然后，两班各抽出九位被试，由不知道被试参加哪一班上课的主试进行催眠。在没有期望优势手呈僵住状的被试中间，没有一个人显示自己的优势手呈僵住状。然而，在获知"催眠意味着优势手呈僵住状"的被试中间，大多数被试恰恰显示了这个症状。虽然莱维特和布雷迪（Levitt and Brady，1964）证明了被试的期望并不总是导致一种证实的表现，但有进一步的证据证明莫尔是正确的（Barber and Calverley，1964）。

在刚才引用的这些研究中，我们没有明确地把催眠师的期望作为被试反应的一个无意的决定因素来加以探讨。我们是把被试的期望作为他自己反应的一种决定因素来探讨的。至于不同的催眠师对各自被试的表现抱有不同的期望，至今尚无这方面的研究报告。我们需要进行这方面的研究来证实催眠师的期望对被试的反应的影响。克雷默和布伦南（Kramer and Brennan，1964）确实对符合自我实现预言模式的一些资料提出了一种解释。他们研究了患精神分裂症的病人，发现这些病人同大学生一样易受催眠，而过去却一直认为患精神分裂症的人不易受催眠。他们的解释认为，相对于较早期的研究而言，研究人员亲自接近精神分裂症患者就能够把接受催眠的期望传递给患者。

第二章 治疗专业

心理疗法

在心理疗法领域里，许多工作人员对自我实现预言的效应有着深刻的印象。其中最著名的一位是弗里达·弗罗姆-赖克曼（Frieda Fromm-Reichmann，1950）。她像其他的临床医生一样，提到了精神病具有医源性的不可根治性。心理学家自己对病人预后的信念可能是这种预后的决定因素。斯特鲁普和卢博斯基（Strupp and Luborsky，1962）以及夏皮罗（Shapiro，1964）也提到了这一点。卡尔·门宁格（Karl Menninger，1964）在较早的时候就评论过。他说："精神疾病是不可根治的，因为精神病学家以及其他的人已经失去了信心和希望……［后来］……精神病患者再次被认为是可以根治的，因而被证实是可以根治的。"（p.275）这些临床的印象在某种程度上受到了几项更正式的研究的支持。海因和特罗斯曼（Heine and Trosman，1960）没有发现病人最初对治疗的期望与病人继续接受治疗有关。然而，他们确实发现，假如临床医生和病人怀有一致的期望，病人就会继续延长治疗。杰罗姆·弗兰克（Frank，1965）描述了有助于保证这种一致性的实验程序，并取得了相当程度的成功。简单地说，就是给预期的病人上心理疗法课，病人知道期望什么和治疗者将期望病人什么。

戈尔茨坦（Goldstein，1960）发现，患者人格上没有任何可以觉察出来的变化与临床医生对这种变化的期望有关。然而，临床医生的期望与心理治疗的时间长度有关。此外，赫勒和戈尔茨坦（Heller and Goldstein，1961）发现，临床医生对患者好转的期望与患者对临床医生的吸引力的变化有显著相关（0.62）。这些工作人员还发现，上过15次疗法课后，患者的行为不再具有独立性，但是，他们自我描述的是比较独立的行为。从事这项研究的临床医生一般都赞成逐渐提高的独立性,而且往往期望成功的案例来证明依赖性的降低。患者很可能从他们的临床医生那里获悉,这些医生的期望是患者不断地说自己的行为是"独立的",从而有助于实现临床医生的期望。戈尔茨坦(Goldstein,1962)对于期望或预言变量在心理疗法上的交互作用的普遍重要性做了最详尽的讨论。但是,催眠和心理疗法不是临床医生的期望在临床实践上可以决定结果的仅有领域。

死 亡 率

震颤性谵妄(delirium tremens)的死亡率近来不超过15%。然而,各种新的治疗方案时时把这一数字几乎降低到零。《酒精研究季刊》(*Quarterly Journal of Studies on Alcohol*)(1959)的编辑总结了冈内(Gunne)在瑞典的工作,结果表明,治疗中的任何变化都会导致死亡率的降低。对这种结果的一种解释是,提出新治疗方案的人期望死亡率降低,他们的期望除了导致研究中具体的治疗之外,还导致对病人有微妙差别的护理。而且预言又可能已经自我实现了。同样,在分析自杀行为时,科布勒和斯托特兰(Kobler and Stotland,1964)振振有词地说,家属和医治者对病人自杀的期望可能传递给病人,结果是病人实现这种预言的可能性增加了。"我们认为,确实自杀的那些人是对他们将要自杀的那种期望做出了反应。"(p. 262)

佩克尼奥(H. Péquignot,1966)在法国著名的医学杂志上撰文,指出许多医疗预后具有自我实现的性质。译文大意如下:

> 全部症状实际上都可以允许做出接近死亡的预言。但是,只有在人们放弃医治的情况下才能做出这样的预言。我们亲眼

第二章 治疗专业

看到过许多病例被认为是不可根治的，而且是由于做出了这种诊断而变得不可根治。……医学上悲观的预后造成的损害不再计较。一种悲观的预后，由于使医生、家属、照顾病人的亲友和病人产生灰心丧气的情绪，从而有可能自动地证实，这种可能性使悲观的预后变得令人畏惧。

格林布拉特（Greenblatt，1964）描述了一个患晚期癌症的病人确实在濒临死亡时才被送进医院。他得知有一种治癌新药（Krebiozen）也许是特效药，他服用了这种药，结果疗效显著，出院回家住了几个月。然后他又获悉，这种新药可能无效。于是，他旧病复发，再次住进医院。尽管他接受的是盐水注射而不是这种新药的注射，但他恢复了对这种新药的信心。他又完全好转出院。最后，他被告知美国医学协会（American Medical Association）彻底否定了这种新药的作用。这个病人失去了所有希望，再次被送进医院。这是最后的一次，48小时之内他就死了。

戈登·奥尔波特（Allport，1964）描述的是另一个患有一种疑难疾病的病人。主治医生很坦率地告诉他，由于诊断不出病因，他不能希望被治好。医生告诉他的唯一希望是，已经请了一位著名的诊断医师来诊断他的病因，并且很快就会提出权威性的意见。这位专家来后不一会儿就得出了结论。他背着病人而当着主治医生的面宣布："病人即将死亡"。然而，我们的这位病人没有死，他几年之后拜访了这位专家，并说自己健康良好，感谢医生救了他的命。这位以前的病人解释道，医护人员告诉他，要是疾病被诊断出来，他就能被治好。所以，他解释道，他一听到会诊医生做出的"即将死亡"的诊断，就知道自己会痊愈的。

在奥尔波特列举的轶事中，我们看到了一种有点类似悖论的意味。医护人员和病人都期望如果做出诊断，病人就能治好。虽然诊断本身是预言不可根治的疾病,但只要做出"诊断",病人就治好了。也许,如果我们的病人已经知道预言的真正的性质,他患病的结果可能就不太妙了。我们所讲的种种轶事本身不能当作期望效应或者自我实现预言的作用之强有力的证据。然而,这样的轶事以及其他的轶事(Beecher,1962)都得到了医疗行业中安慰剂治疗效应的更正式的研究结果的支持。

安慰剂治疗

阿瑟·夏皮罗(Aither Shapiro,1960)在对安慰剂治疗效应之历史所做的杰出评论中指出,直到近代,也许是19世纪后期,所有医学治疗实质上都是安慰剂治疗。不过,很早以前的医生对治疗给予的高度评价证明治疗是有效的。夏皮罗讲述了治疗的有效的程度。1794年,意大利比萨市的拉涅里·杰尔比(Ranieri Gerbi)教授设计了一种治疗牙痛方案,确保一年之内不再复发。需要一种象鼻虫做止牙痛药(curculio antiodontaligious)。先用右手的拇指和食指把象鼻虫弄碎,然后把这两只手指放到疼痛的牙齿上。为了确立这种疗法的科学效度,召集了一个研究小组,以便评定这种治疗的效力。研究小组的调查表明,在调查的几百名牙痛病人中,68.5%的人因采用这种疗法而立即产生了疗效(Shapiro,1960)。

尽管已经看到新的药品在使用的早期似乎总是最有疗效,但是随着时间的推移就失去了部分疗效。这种现象像安慰剂治疗效应的一般作用一样,可以从医治者对药品效力的期望中得到部分的理解。在缺乏更有说服力的资料的情况下,我们只能猜测医生的期望以及医生时时刻刻把这种期望传递给病人的情况(Sheard,1963)。当新的药品投放市场时,它的优点和效力被用来大做广告,医生就可能对病人说:"这是一种新药,昨天都还没有,已经证明这种药

第二章 治疗专业

正好对你的病情是有效的。"他说这句话的声音是热情的。

与此同时,在医学院里,医学研究人员正在更严格地检验这种新药。不仅让一些病人服这种药,而且让相同数量的病人不服这种药。更严格的是另一组病人可能接受一种安慰剂治疗,但是病人,也许还有他们的医生都会认为这种安慰剂就是那种新药。假如服这种新药的病人中有60％的人病情好转,那么不服药的病人中也许有30％的人病情好转,而在服安慰剂的病人中50％的人病情也有可能好转。这种细致的研究就记录在医学文献之中。我们上面提到的那位认真负责的医生作为一个热心的预言者,阅读了文献中记载的这种新颖的而且是细致的研究,出于对他所受的科学训练的尊重,他改变了自己对新药的看法。

下一个病人仍服用这种药品,但是标明他现在服的不是太新的药品。这一次,医生也许用更加实事求是的甚至是试探性的口吻说:"这是一种相当新的药品,治疗你的这种疾病有时有效。"医生边说可能边在想这项研究。这项研究表明,这种新药效力的极大部分存在于病人心中,而且也许存在于医生心中。这种知识实质上可能降低这种新药的效力。先前看病的病人似乎很有可能比后来看病的病人更受益于这种新药。

我们从费希尔、科尔、里克尔斯和乌伦赫思(Fisher, Cole, Rickels, and Uhlenhuth, 1964)的研究中得出的设想获得了某种信度。在他们对安定药效应的研究中,他们训练了一些医生扮演治疗人员的角色,而训练另一些医生扮演研究人员的角色。治疗人员要求医生告诉病人对该药品的极大信任。研究人员要求医生告诉病人对该药品的效力抱有极大的怀疑。结果发现,比较自信、热心的医生比扮演研究人员的医生在促使病人接受治疗方面取得了更大的成功。这样的结果与我们的预感是一致的,即随着时间的推移,因为治疗者对该药品的怀疑增加,这些药品就变得不太有效了。随着对该药品不太有利的报告的发表,传递给病人的怀疑往往就会增加。

有时随着时间的推移而失去的不是治疗效力,而是非治疗效力或者"不良的副作用"。使用口服避孕药似乎就是这样的案例。在早期使用时,许多人抱怨服用之后有不良的副作用,这种不良的副作用随着时间的推移而消失。伍斯特实验生物学基金会(Worcester Foundation for Experimental Biology)的格雷戈里·平卡斯(Gregory Pincus,1966)做了详细的研究,并且证明这些报告出来的副作用可能是安慰剂效应。他选择了三组妇女。第一组服用口服避孕药,主试提供常用的预告:可能会产生不良的副作用。第二组服用一种安慰剂来代替真正的避孕药,主试也提供上述预告。要求这两组妇女在整个实验过程中继续使用她们常用的避孕方式。第三组妇女服用口服避孕药,但为了观察不良的副作用,主试不提供常用的预告。在没有期望副作用的妇女当中,约有6%的人发生恶心、呕吐、头痛、眩晕、胃痛以及不适的反应。在两组得到副作用预告的妇女中间,约有通常情况下的三倍的妇女出现了上述反应。第二组妇女同第一组妇女的副作用程度相同。当症状被认为是闭经时,因服用安慰剂而产生副作用的人数要比服用避孕药而得到通常预告的人数多三倍。如服用避孕药而没有得到通常的预告,则闭经根本不曾发生。

口服避孕药是"名副其实"的化学药品,这种药品,毫无疑问没有得到病人或医生所期望的很多帮助而发挥了作用。但是,正如我们从平卡斯的研究中所获悉的,所谓的副作用几乎不能归因于药物的特殊效应。还有很多其他证据证明,只要开了药理学上不起作用的安慰剂,就能发现几乎是无数的副作用反应。这些反应包括口干、恶心、沉重感、头痛、注意难以集中、打瞌睡、温热、乏力、疲劳、嗜睡、皮疹、心悸以及瞳孔收缩(Beecher,1955)。按照这

第二章 治疗专业

些来自非药物的"药物效应",我们对下面的情况就不应该感到惊讶了:一个被试咽下安慰剂后,报告自己也有麦角酸二乙基酰胺的幻觉效应,他认为自己可能服了一种"拟精神病的"药物(Reed and Witl,1965)。

甚至对使用"糖丸"这种日常名称在街头兜售伪造药品的人,安慰剂的效力也不很惊人。令他惊奇的,甚至令许多行为科学家惊奇的,或许是安慰手术的效力。我们可以从比彻(Beecher,1961)的研究中了解详细情况。减轻心绞痛,需要进行体内乳房动脉结扎的手术;结果是惊人的。可是这种手术的疗效与手术本身无关,而是"有关的病人和外科医生心目中所想象的"结果(Beecher,1961,p.1103)。然而,这种外科手术程序的疗效在外科医生中并不一样。热心于这种外科手术程序的外科医生通常要比持比较怀疑态度的外科医生减轻病人的病痛到四分之一。在严格控制的实验中,结果发现,在治疗心绞痛时,简单的皮肤切开和做专门手术同样有效。可以理解,这种特定外科手术很快就不很流行了。我们可以猜想,如果采用这种外科手术的话,它现在不会像过去那样有效了,除非也许由不熟悉比彻研究的外科医生来做手术。

这项探讨安慰剂治疗效应的研究表明了提出下列忠告的那个医生的智慧:"趁新药仍有治疗效力时,请尽量用来治疗病人,越多越好。"(Shapiro,1960,p.114)。这一忠告可能也得到了当代其他研究人员的支持(例如,Honigfeld,1964;Lesse,1964;Schofield,1964)。

医治者自我实现的预言可能是安慰剂治疗效应的一个重要组成部分,这个假设需要另外的、直接的实验检验。但是,这一假设仍然受到比彻的进一步研究的有力支持。

在研究用实验引起疼痛的适度水平时,比彻(Beecher,1966)把吗啡的止痛效应和安慰剂的止痛效应进行了比较。吗啡的效应并不强于生理盐水安慰剂的效应。"麻烦"在于比彻采用了一种双盲设计（double-blind design），被试和研究人员都不知道何时服吗啡以及何时服安慰剂。其他的研究者没有比彻的这种"麻烦"，他们有充分的数据把吗啡的效应与安慰剂的效应区分开来。然而，他们始终知道何时服吗啡以及何时服安慰剂。这使得自我实现的预言可能实现。比彻的双盲设计不能使自我实现预言发挥作用。当研究人员不知道期望什么时，他就不能"微妙地传递"给被试应该怎样做出反应。应该提到的是，只要疼痛的程度是剧烈的，吗啡在控制"真正的"疼痛甚至在止住实验引起的疼痛时还是有效的（Beecher，1966）。

集体预言

至此，我们的讨论大都侧重于单个的预言者：如上所述的催眠师、心理治疗医生、医师。许多医治者在会诊时，就像在治疗一特定病人或使他康复时一样，要考虑某一特定医治者的预言有时是不太容易的，而且也不太有用。在职业康复领域里，人际相互作用研究所的研究人员得出结论：研究项目小组成员的期望或预言似乎导致了患者的相应行为。研究人员评价过一个项目，该项目试图表明，一个智力发展迟缓的年轻人能够学会谋得有报酬的工作。"研究小组成员发现，当他们期望这个年轻人负起某种个人责任时，他就能够担负起这份责任。"（Coffey，Dorcus，Glaser，Greening，Marks，and Sarason，1964，p.11）

有这样一个实验，使某医院的全体人员相信该医院引进了一种新的安定药和一种新的兴奋药（Loranger，Prout，and White，1961）。实际上这两种新药都是安慰剂，但只有院长和研究者知道这件事。根据医院人员的评定，这两种药物在治疗中十分有效，大

第二章 治疗专业

约对 70% 的病人至少有点帮助。当更严格地观察病人的好转情况时，这种兴奋药的疗效消失了，而假安定药的疗效在统计上仍然是有意义的。至少，医护人员的预言或者期望能影响他们对病人好转的知觉，他们的预言也很可能影响到病人事实上的好转（Goffman, 1961; Stanton and Schwartz, 1954; Zusman, 1967）。

泰勒（Taylor, 1966）的一项实验与此有关。泰勒获得了 10 位住院接受精神治疗的病人精神失调程度的数据。他随机选择了其中的 6 个病人，并告诉主治医生和护士，哈佛大学研制出来的一种新仪器断定：这些病人会表现出惊人的好转。至于对其余 4 个病人（控制组）则不做任何交代。正如医护人员对特殊预后病人做出了比对控制组病人更有利的评定一样，医护人员成功地做出了有利的期望或预言。然后对这 10 个病人做追踪研究，直到他们出院。诊治的办法可能很多，6 位心理学家和社会工作者对各种诊治办法的有利程度进行了分等，从（1）利益最大到（6）利益最小。诊治结果有利程度的平均等级从痊愈出院病人的 1.2，到可以出院但尚需继续治疗病人的 5.2。根据泰勒报告的原始数据所编制的表 2-1 表明了实验组和控制组的男女病人诊治的有利程度的平均等级，较低的等级表示较有利的诊治办法。这样，我们看到，女性病人出院时比男性病人得到了更有利的诊治办法，尤其是在女性病人中间，被期望更加好转的病人出院时得到了更有利的诊治办法。由于总数只有 10 个病人，即使一种大的效应也很难达到具有统计意义的常规水准。所以，特别值得注意的是，实验组和控制组病人之间的差异偶然发生的可能性在 100 次中只是 2~13 次（泰勒采用了三种不同的统计测验，得出的 p 值分别为 0.02、0.06 和 0.13）。

在实验开始前，对所有病人的一般适应水平进行了预测。在预言出院时的身体状况方面，实验前的精神病理程度不比医护人员的期望好些（也许还要差一点）。

从事追踪研究的这位研究人员是一位研究生，医护人员对她的研究怀着极大的敌意。他们似乎怨恨这项研究所必需的额外工作，并且时时表现出很不理解实验所需要的程序。考虑到这些困难，泰勒对自己的研究结果相当惊异，并下结论说，对于他人未来行为的期望或预言可能比一般所认为的具有更大的伸缩性。

表 2-1 住院治疗结果的有利程度

病人的性别	实验组	控制组	差异
男	3.5	4.7	+1.2
女	1.2	3.5	+2.3
平均数	2.3	4.1	+1.8

第三章 行为科学

人们都说行为科学家自己意识到了他们的科学正在形成,总有一天会出现一门关于研究科学家的那些科学家的科学。这多半是未来的事;但是,随着行为科学家从事自己的研究,目前正在形成一门有关行为科学家的科学。

行为科学家与他的研究对象接触时发生的社会情境具有普遍而又特殊的重要性。普遍的重要性来自这种事实:研究人员与研究对象之间的交互作用,像其他双方交互作用一样,可以用实验做实证研究,从而我们可以更多地了解一般的双方交互作用。特殊的重要性来自这种事实:与其他的双方交互作用有所不同,研究人员和研究对象的交互作用是我们了解人类行为大部分知识的源泉。我们希望获得有关人类行为的可靠知识,就必须对行为科学家和他的研究对象之间的交互作用拥有可靠的知识。

我们已经考察了研究人员和研究对象之间交互作用的几个方面,而且许多研究结果的综合报道可以在其他材料中找到(Rosenthal,1966)。我们在这里只考虑研究人员和研究对象之间交互作用的一个方面:研究人员关于研究对象行为的假设或预言对研究对象行为的影响。像这样一些关于研究对象行为的假设或者预言事实上都有了保证。如果行为科学家对于研究结果没有某种期望或预言,他们就会像其他科学家一样根本不会从事研究。甚至在那些计划比较松散的研究〔有时叫作"非法调查"(fishing expedtions),或者堂而皇之地叫作"启发式调查"(heuristic searches)〕中,科学家的期望或预言都反映在挑选出来以供研究的全部变量的选择过程之中。科学的"非法调查"就像真正的调查研究一样，不会发生在随机选择的变量库中。

调查研究

探讨调查研究中自我实现预言的文献资料早就有了，其中最早的一个例子是斯图尔特•赖斯（Stuart Rice，1929）的研究。他讲述了一组有丰富经验的12个采访者怎样采访大约200个申请赈济的人。采访者与随机选定的申请人个别交谈。回答者把自己受赡养的状况归咎于从了解采访者的期望中所预言到的种种因素。这样，一个采访者（一位坚定的禁酒主义者）获得了许多暗含烈酒的回答，比另一位社会主义者的采访者听到的有关回答多两倍。而在暗含工业因素的许多回答中，这位社会主义者的采访者要比那位禁酒主义者的采访者多获得一半的有关回答。赖斯的结论是，采访者的期望不知怎样传递给了回答者，因而回答者如所预言的那样做出了回答。海曼、科布、费尔德曼、哈特和斯坦伯（Hyman, Cobb, Feldman, Hart, and Stember，1954）不同意赖斯的解释。他们喜欢把赖斯这种引人注目的结果归咎于记录或编码的失误。我们不能说正确的解释是什么，因为这种影响（不管是观察还是预言所致）是隐秘的。当然，不论是哪一种情况，这种研究的结果都明显受到资料收集者的期望的影响。

哈维（Harvey，1938）从事的研究是故意创造采访者有不同期望的最早研究之一。5个年轻的研究生分别采访6个男孩。男孩向采访者报告要他们看过的故事，采访者要用这些报告形成对这些男孩品性的印象。每个采访者都得到这5个男孩有关可靠性、合群性和稳定性的一些略有渲染的信息，但是在评定男孩时不要考虑这

第三章 行为科学

些信息。在该研究结束时问采访者一些标准化的问题，结果表明，即使采访者没有察觉到以及尽管有意识地控制偏倚，评定的偏倚也会发生。哈维感到，采访者的偏倚引起了对这些男孩的某种态度，而这种态度又决定了所期望的行为以及对这种行为所给予的解释。我们也不能确信，采访者的期望实际上改变了被采访者的回答。然而，这种可能性太易引起争论，不可忽视。

怀亚特和坎贝尔（Wyatt and Campbel，1950）培训了200多名采访实习生，就1948年美国总统竞选运动做一次民意调查。在收集资料之前，采访者预言了人们对5个问题中的每个问题回答的百分比分布。尽管只有1个问题的期望效应在统计上是显著的，但在所问的5个问题中，采访者在4个问题上往往获得他们期望之中的更多答案。汉森和马克斯（Hanson and Marks，1958）以及施瓦布（Schwab，1965）的著作中有许多调查和有关研究预言的自我实现效应的较新证据。海曼等人（Hyman et al.，1954）的著作中可以见到真正彻底的讨论。

实验心理学

实验心理学的文献和调查研究的文献的比较表明，实验心理学对于寻求资料收集者对研究对象行为的无意影响的信息一直不太热心。这可能有三种理由。第一种理由是后勤方面的，涉及的是这样一种事实：在每次研究中，调查研究的资料收集人员比心理实验人员多得多，因而更易于研究。第二种理由是方法论方面的，涉及的是实验室中程序标准化的程度比现场研究程序标准化的程度高。从这一事实来看，与现场采访者的影响相比，更没必要担忧实验室主试的影响。第三种理由是心理方面的，涉及的是这样一个事实：实验室主试在研究中往往是一个负责的主持人，而现场采访者通常是"雇工"（hired hand）。这种资料收集者的无意影响作为自我实现预言的作用，从心理学上说，在研究者的雇工中要比在研究助手或他的博士生或他自己身上更容易调查。但是，尽管有这些困难，还是有许多关于实验室主试的预言的自我实现效应的研究，尽管一些研究更多地来自调查研究的传统，而不是来自实验心理学。

例如，有人对证实罗夏墨迹测验（Rorschach Inkblot Test）人格评定法效度的168项研究做了分析。利维和奥尔（Levy and Orr，1959）按下列几方面对这些研究进行了归类：（1）作者的身份是学者还是非学者；（2）该研究是为了评定构想效度（非直接的）还是效标关联效度（直接的）；（3）研究的结果是有利还是不利于罗夏关于效度的假设。结果表明，学者对构想效度更感兴趣，他们获得了相对来说更有利于构想效度而不太有利于效标关联效度的结果。我们不能确信所报道的研究结果可以被认为是期望或预言效应的另一种情形；对要检验的具体假设的选择或要检验的研究设计或程序的选择，也许决定了有明显偏倚的结果。然而，这项研究至少完成了引起人们注意主试预言的潜在自我实现效应这一任务。

斯坦顿和贝克（Stanton and Baker，1942）的研究也许是最早采用直截了当的实验任务而且可能还改变主试预言的研究。在他们的研究中，12种无意义的几何图形被呈现给一组由200人组成的大学生被试。几天之后，5位主试测定被试对这些图形的记忆情况。主试得到了"标准"答案，其中一些是正确的，一些是不正确的答案。主试得到明确的警告，要防范与他们拥有答案从而无意影响被试猜对有关的任何偏倚。主试获得的结果与主试对应有结果的"了解"是一致的。假如主试手中的答案是正确的，被试的回答要比在主试手中的答案是不正确的情况下更有可能是正确的。

林赛（Lindzey，1951）认真地重做了上述研究，他向主试强调不让被试知道答案的重要性。他的研究没有证实斯坦顿和贝克的研究结果。弗里德曼（Friedman，1942）做的另一次重复研究也没有获得原研究中所获得的统计上的显著性水平。然而，尽管在这三个实验中只有一个实验获得了这种显著的结果，但我们对之不能轻率地不予考虑。斯坦顿（Stanton，1942）本人提供了加强他的结论的进一步的证据。他采用了一组无意义的材料，其中10项呈现给被试，10项没有提供给被试。主试分成3组。研究者正确地告诉第一组主试所呈现的10项材料。告诉第二组主试呈现了10项材料，但是不正确的。第三组主试则什么也不知道。这项研究的结果也表明，主试期望更多地被选择的材料实际上果然更多地被选择。

沃纳和雷布尔（Warner and Raible，1937）在心理实验室做的一项实验与上述研究类似，他们在超心理学现象（parapsychological phenomena）的框架内解释了他们的研究。这项研究让被试在看不见主试的情况下判断砝码的质量。主试默不作声，以防无意泄密（Kennedy，1938）。在半数实验尝试中，主试知道正确答案，而在另一半数的实验尝试中，主试不知道正确答案。在17个被试之中，6个被试表现出了与误差概率分布有很大的差异，而且这6个被试在试重时都少有错误，主试对于这些尝试知道哪个砝码质量小些或大些。至少对那6位更受主试对正确答案的了解之影响的被试来说，作者的结论似乎是证实了（$p = 0.03$）。他们不是把这些结果解释为超感觉的现象，而是认为，造成这些结果的原因可能是某种形式的听觉线索传递给了被试。

施迈德勒和麦康内尔（Schmeidler and McConnell，1958）的研究是超感觉领域里最新的有关研究之一。他们发现，相信可能有超感觉能力的被试（"好人"）比不相信有超感觉能力的被试（"坏人"）更好地完成了超感觉能力的任务。他们认为，主试可能在布置任务时影响了被试的自我归类,从而增加或减少了成功地完成超感觉能力任务的可能性。同样,安德森和怀特(Anderson and White,1958)发现,师生相互之间的态度可能影响课堂中超感觉能力实验的成绩。在本实验中发生作用的机制也可能是某种教师的期望传递给了儿童,从而可能影响了儿童自我归类为"好人"或者"坏人"。

上述表明人际自我实现预言发生的大多数证据都是轶事性的,或者只有一点说服力。巴维拉斯在工业方面的实验是明显的例外。他的实验是一项严格控制的实验,在所雇用的领班心目中实验上产生了不同预言。斯坦顿和贝克(Stanton and Baker,1942)进行的一系列实验也可以说是例外,在这一系列实验中引导主试期望被试有不同的回答。这样的一些实验比上述大多数研究提供了更强有力的证据。上述大多数研究表明,对另一人行为的人际的预言是准确的。但是,正如在第一章早就指出的,这样的准确性可能以不同的方式发生。证明一种预言是准确的,未必就证明了这种预言导致了它自身的准确性。"太阳将要升起"的预言不是"黎明就要到来"的有效动因。假如一种预言基于先前对所预言的事件的观察,那么,在某种意义上,这种预言就"受到真实的污染"了。这种预言本身在它的自我实现中可能或者不可能起作用。

当医生预言病人会痊愈时,我们不能说,医生是否在提供一种篡改过的预后,或者病人的痊愈是否部分基于医生预言所引起的乐观情绪。假如差生是教师期望学得差的那些学生,那么就可以说,教师的预言是准确的,因为它是建立在对过去成绩的了解的基础上的,或者它可能是准确的,因为它是自我实现的。为了把预言的自我实现的性质和它非自我实现但是准确的性质区别开来,我们需要做一些实验,在这些实验中,只采用实验上不同的预言,并使预言不受过去对所预言的事件观察的影响。这是下文要交代的实验意图。这些实验是明确用来研究心理实验人员的假设或预言的自我实现效应这个研究方案的一部分。

新近的研究

在目前的一系列实验中，第一个实验（Rosenthal，1966）是10个心理学专业的高年级本科生和研究生充当主试。他们都学过实验心理学高级学程，因而也从事过研究。每个学生主试都有一组大约20个选修心理学导论课的学生作为被试。实验的程序是，主试分别向每个被试出示10张人的表情照片，要求被试对每张照片的面部表情显示出来的成功或失败程度评定等级，评定等级的值从-10到+10，-10意味着最失败，+10意味着最成功。这10张照片是经过选择的，一般说来它们会被看作是既不成功也不失败，即很中性的，并用0来表示这种平均分数。

至于怎样把这些照片出示给被试，所有主试都得到了相同的指导语，并且研究者要求他们把这些指导语读给被试听，不得变动一字。研究者向所有主试解释，他们参与实验的目的是弄清他们能够在多大程度上重复已经充分得到证实的实验结果。一半的主试被告知，"充分得到证实"的研究结果是人们一般都把照片评为成功的（+5的等级），而另一半主试则被告知，人们一般都把照片评为不成功的（-5的等级）。然后主试进行他们的研究。

结果是明显的。期望把照片上的人评定为成功的每位主试得到的平均成功等级，要高于期望把照片上的人评为不太成功的主试所得到的平均成功等级。这种泾渭分明的结果在行为研究中是少见的，所以做了两次重复实验。随后的这两次实验都得出了相同的结果；主试往往得到他们期望得到的数据。表3-1总结了所有3次实验的数据结果。其他实验室的其他主试也能够证明，主试的期望可以影响其研究的结果（Rosenthal，1966），尽管这里不能详述。公平地说，我们也必须补充一句，也有一些研究证明主试的期望并不总是影响其研究的结果（Rosenthal，1964）。

表 3-1　具有不同预言的主试获得的照片平均等级

实验	预言 +5	言 −5	差	p
第一次	+0.4	−0.1	+0.5	0.007
第二次	+2.3	+0.5	+1.8	0.000 3
第三次	+0.7	−0.6	+1.3	0.005
平均数	+1.1	−0.1	+1.2	0.000 001

本节所述研究方案中的后两次实验的设计不在于论证心理学家的预言自我实现效应，而是了解增加、减少或修正这些效应的条件。例如，据悉，被试对构成合乎"实验被试"角色行为因素的期望，能够改变他们受主试假设之效应影响的程度（Rosenthal，1966）。

通过雇用几位研究同伴充当第一批被试得知，当第一批被试的反应实现主试的预言时，主试对后期被试的行为产生这样的影响：这些被试倾向于进一步实现主试的假设。当研究同伴充当第一批被试故意证明主试的期望不正确时，随后接触的真正被试受到主试行为变化的影响，也证明主试的实验假设不正确。因此，从早期的数据统计表来看，行为研究的结果似乎可能就是由第一批被试的表现决定的（Rosenthal，1966）。

在所做的一些实验中，人们发现，当向主试提供太大、太明显的诱因来影响他们的研究结果时，预言或者假设的效应往往会削弱。当学生—主试感到我们引诱他们获得我们期望获得的数据时，他们似乎主动地反对我们，这说明他们很诚实。这些主试都有一种倾向："竭力"避免他们的预言效应带有偏倚，而且这种竭力的程度使得他们的实验结果往往同要使他们期望获得的结果正好相反（Rosenthal，1966）。

预言的传递

主试获得的结果与其假设一致的程度存在个别差异，这一点业已被发现。这方面的证据既来自其他的实验，也来自对主试同实验被试交互作用的有声电影的分析（Rosenthal，1966）。显示出更大的预言自我实现效应的那些主试，通常在被试的眼里具有更高的地位，而且这些主试以更专业性的和更能胜任的方式做实验。他们更可爱，更自在，其行动方式尤其如此。同时，他们避免使用过多表现个人好恶的语调，以免妨碍手头正在做的实验。虽然主试期望的影响在很大程度上是无意的，但是，假如这种影响是有意的话，更加成功的影响者的特征与更有效的影响者的特征是非常雷同的，这是值得注意的事。不管这种影响是像直率劝说那样坦诚，还是像主试把他的期望或预言巧妙地传递给被试那样隐蔽而无所用心，施加社会影响较为成功者可能是同一个人。

我们知道，主试把期望传递给被试的过程是一个微妙的过程。我们知道它是微妙的，因为五年来我们一直在有声电影中寻找主试传递给被试的无意线索——五年来我们失败了，至少部分失败了。但是，我们了解到有关期望的无意传递的一些情况。

我们知道，如果在主试和被试之间置一屏障，这种期望效应将会削弱，因而主试的视觉线索可能是重要的。但是，置于中间的屏障没有完全消除期望的影响，因而听觉线索似乎也是重要的（Fode，1960）。阿戴尔和爱泼斯坦（Adair and Epstein，1967）可能戏剧性地证明了听觉线索究竟多么重要。他们首先从事的一项研究实质上是重复主试预言自我实现效应的基础实验。结果表明，正如原来的一些研究一样，那些预言被试察觉到成功的主试和那些预言被试察觉到失败的主试一样都实现了自己的预言。

在从事这项重复实验中，阿戴尔和爱泼斯坦用磁带录下了主试要告诉被试的指导语。随后的再次实验根本不由主试主持，而是靠录有主试向被试读出标准指导语的录音带进行。如果磁带录下的指导语原来是由预言被试察觉到成功的主试来读出的，这种录音就引起了被试对成功的更好的察觉。如果磁带录下的指导语原来是由预言被试察觉到失败的主试来读出的，这种录音便引起被试对失败的更好的察觉。看来，自我实现的预言可能只是预言者的声音造成的。在所述的实验中，由于所有的预言者都阅读了标准的指导语，预言的自我实现可能是预言者预言的语气引起的。

在实施行为科学中关于自我实现预言的研究方案的早期，人们就已认为，操作性条件反射的过程可能是造成预言发挥作用的原因（Rosenthal，1966）。人们认为，也许每当被试做出与主试的预言相一致的反应时，主试可能看上去更愉快，或微笑或赞许地看看被试，而主试却没有意识到他自己所起的强化作用的反应。换言之，主试可能已经无意地教给了被试什么样的反应是所期望的反应。为了弄清这种操作性条件作用的假设是否合适，我们分析了几个实验。假如它真的合适，我们就会期望被试的反应会逐渐变得更像主试所预言的反应——被试会有一条学习曲线，但是没有发现任何学习曲线。相反，结果表明，被试最初的反应受主试期望影响的程度，与被试最后的反应受主试期望影响的程度相差不多。既然按照定义被试最初的反应不能受主试任何无意强化的影响，就可以排除操作性条件作用机制是传递主试预言的必要条件。

确实不存在被试的学习曲线，但是，似乎存在主试的学习曲线。几项研究表明,每个主试接触的被试越多,所预言的结果越有可能出现(Rosenthal,1966)。事实上,真正初次见面的被试几乎没有明显的期望效应。如果主试确实在学会提高他预言的无意影响,那么谁会当教师呢?也许就是被试。把被试向主试假设的方向做出反应看作是一强化事件,这看来是有道理的。所以,凡是先于被试强化的主试的隐蔽传递行为,都更有可能再次发生,因而被试可能在很大程度上无意地影响着主试无意的传递行为。不仅主试影响被试按所期望的方式做出反应,而且被试也很可能唤起主试自己的无意传递的行为,这种行为将导致被试越来越按所预言的方式做出反应。也许被试和主试都不能确切地"知道"无意传递行为是什么,我们也不知道。

第四章 行为科学：理智成绩与学习

上一章已指出，越来越多的文献证明，在主试和被试之间的相互作用中，主试所抱有的假设可以充当自我实现的预言。然而，在上述的研究中，受主试的假设影响的被试行为没有明确地同被试的理智成绩联系起来。鉴于本书的中心命题是一个人对另一个人理智成绩的预言可能最终决定另一个人的理智成绩，所以，考察关系到理智上有关行为的那些人际的、自我实现的预言的案例就显得特别重要。这就是本章的目的。首先我们将考察从以人类为被试的实验中得出的证据。然后再考察从以动物为被试的实验中得出的证据。

人 类 行 为

对墨迹的解释

对一组墨迹做出大量供选择的解释的能力与根据标准智力测验所界定的理智能力相关（Sommer，1958；Wysocki，1957）。事实上，一些研究表明，在对墨迹做出反应时所涉及的知觉对象数与正常的智商分数的相关程度几乎与两个基于不同测验上的智商分数的相关程度一样高。最近，马威特和马西娅（Marwit and Marcia，1967）做的一项实验是为了检验这个假设：被试对一组墨迹做出反应的数量是主考期望的函数。由修习实验心理学学程的 36 个本科生担任主考。他们的任务是对修习心理学导论的 53 个学生进行墨迹测验。其中一些主考或根据他们自己的假设，或根据研究负责人

第四章 行为科学：理智成绩与学习

的假设预言被试会有许多反应。其余的主考或根据他们自己的假设或根据研究负责人的假设预言被试反应较少。结果表明，假设的来源没有造成任何差异。预言会有更多反应的主考比预言会有较少反应的主考获得的反应多 54% （$p<0.0003$）。从统计显著性以及从效应量两方面来看，似乎有把握做出如下结论：主考的预言可能是决定被试对墨迹刺激做出反应的创造性的一个重要因素。

不仅对墨迹的反应总数与标准智力测验分数有关，涉及人的知觉对象的反应数量和比例也与此有关（Sommer，1958；Wysocki，1957）。在最近报道的一个实验中，马斯林（Masling，1965）使他的一半主考相信，从参加墨迹测验的被试反应中，应该获得比动物知觉对象相对更多的人类知觉对象。他使另一半主考相信，从被试的反应中应该获得比人类知觉对象相对更多的动物知觉对象。结果表明，后一组获得的动物知觉对象和人类知觉对象的比率，比前一组从被试的反应中寻找相对更多的人类知觉对象的主考获得的比率高 33% （$p=0.04$）。根据上述两个实验，似乎可以说，至少对墨迹的解释可能一部分是由执行这项任务的主考的期望决定的，尽管斯特劳斯（Strauss，1967）发现主考的期望在被试对运动与色彩反应上的比率没有任何影响。

完成理智任务的成绩

在下述实验中，被试的反应与一种或另一种理智能力具有更直接的关系。沃坦伯格-埃克伦（Wartenberg-Ekren，1962）雇用了 8 个主考，每个主考用韦克斯勒成人智力量表（WAIS）的"积木构图"（Block Design）分测验对 4 个被试进行测试。每个主考分管其中的两个被试，这两个被试据说在学校里的成绩等第比另外两个被试高。尽管事实上所有主考都期望据说是获得更高等第的被试取得优异成绩，正如实验后的问卷调查所表明的一样，但在"两种"被试的成绩中没有获得任何差异。这些否定的研究结果可能部分地归因于这些主考专门努力避免他们期望的影响。因此，其中一位主考主动地设计了一种"遮蔽法"（blind procedure），不看编号名单下被试所属的"种类"。第二个主考虽非故意，却不知道他的一半被试的所属种类。

被试对其主考行为所做的等级评定的第二次分析表明，当主考接触据说是取得更高等级的被试时，主考以一种更友好的、更亲切的、更偏心的以及更鼓舞人心的方式对待被试，显示出更富于表情并且采用更多的手势（Rosenthal，1964）。尽管我们可能期望这些更热情的行为影响被试的成绩，但在所述的这项研究中没有出现。这是令人惊奇的，因为戈登和杜里（Gordon and Durea，1948）发现，当主考更热情地对待八年级的被试时，获得的智商分数比当主考更冷淡地对待青少年被试时所获得的智商分数高出 6 分。最近，克劳（Crow，1964）发现，即使是大学年龄的被试，当他们受到比较热情的对待时，也会在完成译码任务中取得更好的成绩，这种译码任务非常类似于韦克斯勒成人智力量表中的分测验［"数字符号"（Digit Symbol）］。韦尔、科瓦尔和贝克（Ware，Kowal，and Baker，1963）的一项实验要求被试侦察信号。参加实验的被试都是现役军人。结果发现，当主试较热情地对待被试时，被试在侦察信号时明显地更加警觉；当主试冷淡地对待被试时，被试就不太警觉。最后，萨克斯（Sacks，1952）报道了一些引人注目的结果，在托儿所受到热情对待的儿童的智商分数要比受到比较冷淡对待的儿童的智商分数增加将近 10 分。

所报道的那些研究的共同之处是所使用的各种各样的被试给人的印象比较深刻。一般说来，事实的确如此：获得理智上更有能力的表现的是热情的主考而不是冷淡的主考。不过，在沃坦伯格-埃克伦的实验中，热情似乎没有带来差异，而且我们也没有任何权利说为何没有带来差异。她的基本结果是：有关智力测验分数的预言不必是自我实现的，这一点也得到了雷·马尔里（Ray Mulry）在私人通信中所说的最近研究的支持（1966）。格特、马尔里、霍兰和沃克（Getter，Mulry，Holland，and Walker，1967）雇用了 10 个主考对 60 多个大学生进行韦克斯勒成人智力量表全部试题的测试。要求主考期望 1/3 的被试取得最好的成绩，期望 1/3 的被试取得较差的成绩，对 1/3 的被试不抱任何期望。结果表明，能够归因于主考期望的被试理智成绩没有表现出任何差异。

据我们所知，只有另外一项研究的任务是一种标准化的智力测验，探讨了主考预言的自我实现效应。那就是拉腊比和克兰萨瑟（Larrabee and Kleinsasser，1967）所做的一项有独创性的实验。他们让 5 个主考用韦克斯勒儿童智力量表（WISC）对 12 个中等智力的六年级儿童进行测试。每个被试都要接受两个不同的主考测试，其中一个主考测试双数题，另一个测试单数题。对于每一个被试，一个主考被告知该儿童智力超常，另一个主考则被告知该儿童智力低常。那些期望儿童取得好成绩的主考所获得的智商总和要比那些期望儿童取得较差成绩的主考所获得的智商总和的平均数高 7.5 分。但这种差异可能是偶然出现的，概率是 100 次中有 9 次。如果只考虑 WISC 的操作分测验，那些被期望取得好成绩的儿童的益处智商分数不超过 3 分，而且很容易偶然发生。如果只从 WISC 的言语分测验来看，那些被期望取得好成绩的儿童的益处智商分数则超过 10 分（$p<0.05$）。受主考期望影响最大的分测验是信息，它的期望益处是由偶然造成的，其概率大约是 1/2 000。这样，可以看出，如果被试是儿童，主考的预言就可能是自我实现的；如果被试是成人，上述两项研究已表明这是不太可能的了。

最近，赫维茨和詹金斯（Hurwitz and Jenkins，1966）做了另一项实验，其任务不是标准化的智力测验，而是两项标准的实验室学习测验。3个男性主试对20个女性被试进行机械言语学习任务和数学推理任务的测验。要求主试期望一半被试取得较好的成绩，期望另一半被试取得较差的成绩。

在机械学习任务中，呈现给被试一列配对的无意义音节，并要求他们根据呈现的配对音节中的一个音节，回忆出另一个音节。主试出示6次音节配对以便被试学习。那些相信被试更聪明的主试所接触的被试取得的成绩比另一半被试稍好，尽管这种差异在统计上没有显著意义，而且数量也不大；那些据说是更聪明的被试学到的音节比另一半被试学到的音节多11%。然而，在据说是更聪明的与据说是更迟钝的被试之间，配对无意义音节的学习曲线确实表现出了差异。在6次呈现的过程中，"更聪明的"被试的学习成绩比"更迟钝的"被试的学习成绩明显地一律上升或逐步提高。就准确回忆与出示次数之间的等级相关系数而言，"聪明的"被试是0.71，"迟钝的"被试是0.50（差异$p<0.02$）。

在数学推理任务中，被试必须学会使用3种不同容量的广口瓶，以便准确地获得某种指定的水量。在关键的尝试中，用历时更长而又更惯常的程序得到正确的解决方法的人给予半数分，用历时更短而又更新颖的程序得到正确的解决办法的人则给满分。主试预言会取得较好成绩的被试比预言会取得较差成绩的被试获得了更高的分数（$p=0.08$）。在预言取得较差成绩的被试中，只有40%的被试获得了新颖的解决方法，而在据说是成绩较好的被试中，88%的人获得了一种或几种新颖的解决方法。被预言是聪明的被试所犯的差错亦只有被预言是迟钝的被试所犯差错的57%。

总结上述所报道的研究似乎可以看出，被试完成理智任务的成绩至少有时可能无意地为主考的预言所决定。强调自我实现预言的无意的方面也许是合适的，因为在上述的几个实验中，主考和主试都在试图努力避免自己的预言影响被试的成绩。

第四章　行为科学：理智成绩与学习

动物行为

行为科学与生物医学有一种传统，即用动物做实验被试，即使最终兴趣所在的生物是人。这种用动物代替人的选择有时是因为使用动物更为便利，有时却为实验程序的性质所决定，因为这种实验程序若不先在动物身上实验就用人做被试可能太危险。有时，还有一种积极的益处，即动物被试不太可能尝试猜测实验意图，从而不会尝试"有意促使"实验成功，或者甚至"故意破坏"这种意图的实现（Orne，1962）。所以，如果能够证明即使是动物被试的行为也可能是主试、驯兽员或教师的期望或预言的结果，动物被试就构成了一种强有力的证据来源。巴甫洛夫（Pavlov）认为这是大有可能的。

不是所有知道巴甫洛夫这个名字的人都知道巴甫洛夫对拉马克①的习得的性格特征的遗传学说感兴趣。事实上，他搜集了证据来证明变异的传递发生在白鼠学习能力的案例中。然而，在1929年的第13届国际生理学大会上，巴甫洛夫做了非正式的说明：对他的实验所做的更严密的检查表明，白鼠的学习能力没有提高。这种检查所表明的是助理研究人员的教学能力提高了，这位助理研究人员也许期望获得他似乎负有责任的学习能力的提高（Gruenberg，1929）。

早在巴甫洛夫从事拉马克学说的实验之前，1904年就有一个例子，涉及一匹以"聪明的汉斯"（Clever Hans）闻名的马的行为的自我实现预言（Rosenthal，1965）。汉斯能用蹄击地做加减乘除

---

① 拉马克（Lamarck，1744—1829），法国著名的生物学家和进化论者。——译者注

运算。它能够拼、读和解决音乐和声问题以及回答私人问题。它的主人冯·奥斯滕（Von Osten）先生是德国的一位数学教师，他不像当时其他聪明动物的主人，没有凭借这匹马的才能去赢利，而且似乎不可能有任何行骗的意图。他很乐意让别人在他不在场时向汉斯提问，从而可以排除主人的暗示是汉斯具备这些能力的理由。在一系列十分出色的实验中，芬斯特（Pfungst，1911）发现，只有在提问者本人知道答案并且只有在汉斯用蹄击地以表示回答期间能看到提问者的情况下，它才能回答问题。最后，有人发现，无论人们何时向汉斯提问，他们都稍向前倾以便更好地看见汉斯的蹄。结果发现，那正是汉斯开始用蹄击地时未被人意识到的信号。然后，当汉斯接近表示正确答案的次数时，提问者通常会表现出很细微的头部运动。这种几乎觉察不到的暗示是要汉斯停止击地的信号，因而汉斯又做对了。提问者期望汉斯在正确答案的数目上停止击地，这事实上是在"告诉"汉斯正确答案，从而实现他自己的预言。芬斯特在早期没有如此方便地获悉这方面的所有情况。经过一系列长期的、巧妙的实验之后，他才了解到汉斯成功的秘密。芬斯特很有说服力地总结了发现汉斯才能的困难。"从学生中寻找本该从教师中找到的东西。"芬斯特和其他人被这句话导向歧途太久了。

迷 津 学 习

这个实验的意图是用数目大于一匹马的动物来检验自我实现预言的假设（Rosenthal and Fode，1963）。修习实验心理学学程的一个班大半学期一直在用人类被试做实验。现在要求他们再做一个实验，这也是该学程的最后一个实验，而且是第一次用动物做被试。告诉这些主试一些有关的研究，这些研究已经证明，善于走迷津与不善于走迷津的本领可以通过善走迷津和不善走迷津的白鼠之间的连续近亲繁殖而在白鼠的不同鼠种中培养出来。他们得到了60只完全供实验室用的普通白鼠,由 12 个主试平均分配。但是告诉其中一半主试,他们的白鼠善于走迷津,而告诉另一半主试,他们的白鼠不善于走迷津。白鼠的任务是学会跑到高架 T 形迷津两臂中较暗的一臂。T 形迷津两臂的一臂是白色的,另一臂是灰色的,两臂可以互换;"正确的"或有奖赏的一臂出现于左右两端的次数是相等的。每当白鼠跑到正确的一臂时,它就获得一点食物。连续 5 天,每天给每只白鼠 10 次机会以便使它们知道迷津较暗的一臂就是得到食物的一臂。

表 4-1　5 天中每天正确反应的平均数

天数	对被试的信念		p
	迟钝的白鼠	聪明的白鼠	
第一天	0.73	1.33	0.03
第二天	1.10	1.60	—
第三天	2.23	2.60	—
第四天	1.83	2.83	0.05
第五天	1.83	3.26	0.03
平均数	1.54	2.32	0.01

从表 4-1 我们了解到,从第一天起并随着实验继续到第五天,被认为是善于走迷津的白鼠果然善于走迷津($p=0.01$)。被认为是更聪明的白鼠的成绩天天在提高,而那些被认为是不善于走迷津的白鼠的成绩只是在前三天有所提高,以后的成绩就愈来愈糟。白鼠有时不肯离开出发点。在被认为是聪明的白鼠中,这种情况发生的次数占总实验次数的 11%,但在据说是迟钝的白鼠中,这种情况发生的次数占总实验次数的 29%。这种迟疑次数比率的差异在 0.001 水平上是显著的。即使白鼠都做出反应并且都做出正确的反

应，被认为是聪明的那些白鼠要比做出正确反应的但被认为是迟钝的白鼠更快地跑向迷津中有食物的一臂（$p<0.02$）。

实验结束以后，所有主试都对各自的白鼠以及他们自己对其白鼠的态度和行为评定等级。那些期望白鼠有更好成绩的主试认为自己的白鼠更聪明、更亲切、更可爱。这些主试在自己与白鼠接触时感到比较轻松，并把自己对动物的行为描述为更亲切、更友好、更热情和不多嘴多舌。他们还陈述道，他们对待自己的白鼠要比那些期望白鼠取得不好成绩的主试温和得多。

斯金纳箱中的学习

下一个要描述的实验也用白鼠做被试，但这次不是用迷津而是用斯金纳箱（Rosenthal and Lawson，1964）。因为主试的人数（39位）超过被试数（16只白鼠），主试以两三人为一组进行实验。再次使一半主试相信他们的被试是专门为成绩优异而饲养的白鼠，使接受另一半白鼠的主试相信他们的白鼠在遗传上就是劣等的。

在这项实验中，要求白鼠的学习要比在迷津学习研究中所要求的学习更加复杂。这一次，白鼠必须按序列学习，在整整一个学季后学会下列行为：咔嗒声一响就跑向食盘；按压杠杆以得到食物奖励；知道食盘可能关闭，因而有时按压杠杆并没有食物奖励；学习只有咔嗒声（而不是食物）为强化物的新反应；只在灯亮时而不是在灯不亮时按压杠杆；最后，拉一下线圈灯就亮，这种灯光告诉白鼠按压杠杆就能得到一点食物。

每组主试分别在5个实验室中的一个实验室做实验。表4-2分别表明每个实验室中据说是聪明和据说是迟钝的白鼠的成绩的平均（标准化）等级。较低的等级意味着较好的成绩。在所有5个实验室中，如果主试预言白鼠有更好的成绩，白鼠果然表现出更好的成绩。

第四章 行为科学：理智成绩与学习

表4-2　5个实验室中操作学习的平均等级

实验室	对被试的信念		p
	迟钝的白鼠	聪明的白鼠	
1	5.3	4.3	—
2	6.5	4.9	—
3	5.8	5.1	—
4	4.6	3.7	—
5	6.0	4.1	—
平均数	5.6	4.4	0.02

正如在迷津学习的实验中一样，目前这项研究的主试也被要求对他们的白鼠以及他们自己对这些白鼠的态度和行为评定等级。那些期望白鼠获得优异成绩的主试再次判断他们的白鼠更聪明、更亲切和更可爱。那些据说是"有才能的"白鼠的"教师"又是把他们自己的行为描述为更亲切、友好、热情以及不多嘴多舌。同那些"遗传上天赋不足"的白鼠的"教师"相比，那些得到"天赋特高的"白鼠的主试往往更密切地注视自己的白鼠，搬弄白鼠的机会更多，并且对它们很少多嘴多舌。人们真想知道，那些相信自己的白鼠较差的主试对白鼠说了些什么。

在这项斯金纳箱的实验中，搬弄白鼠的绝对次数要比迷津学习实验中搬弄白鼠的次数少得多。不过，那些相信自己的白鼠是斯金纳箱中聪明的白鼠的主试搬弄白鼠的次数相对多于那些相信自己的白鼠迟钝的主试。在这两个实验中，额外搬弄据说是比较聪明的白鼠，可能有助于这些白鼠表现出优良的学习成绩。

除了斯金纳箱研究的主试所报道的搬弄次数上的差异是他们对

被试的信念发挥作用的结果之外，在所报道的对动物观察的专注程度上也有差异。那些被认为较聪明的动物得到了更仔细的观察，因而对白鼠在斯金纳箱中的行为的更仔细的观察，很可能导致对所期望的反应给予更迅速和更合适的强化。因此，也许由于相信会看到更有希望的反应而导致的更仔细的观察，可能使期望有良好成绩的主试成了更有效的教师。

水槽中的学习

自从汤普森和麦康奈尔（Thompson and McConnell，1955）证明在真涡虫（planarian）这种低等水生蠕虫中可能发生经典条件作用以来，人们在这种生物上投入了大量的理论兴趣和研究活动。真涡虫赢得这种兴趣，是因为它是种系发生学上最低等的生物。它可能具有大脑原基。围绕真涡虫进行的部分研究活动探讨了各种有可能会同这种实验结果相混淆的人为现象问题。例如，已经证明，不同的主试在对真涡虫学习翻身的研究中获得了迥异的结果，尽管这些差异的原因还不清楚（Rosenthal and Halas，1962）。

这里让我们最有兴趣的是科达罗和艾森（Cordaro and Ison，1963）对蠕虫行为的研究。他们用了17个主试对34只真涡虫做一项条件反射实验。其中使5个主试期望他们的蠕虫（两只）已经学会做出多次翻身和收缩反应。使另外5个主试期望他们的蠕虫（也是两只）还没有学会做出多次反应，而且，在"仅仅100次的尝试"中，也不能指望它们翻身和收缩。第三组的7个主试每人也得到两只蠕虫，但被告知其中的一只已受过训练，另一只未受过训练。把这些蠕虫放在口宽1/2英寸①、底宽1/4英寸的V形水槽中，主试观察这些蠕虫的行为。

---

① 1英寸＝2.54厘米。——译者注

第四章 行为科学：理智成绩与学习

表 4-3 在主试期望的四种条件下获得的真涡虫反应次数

主试期望	反应 收缩	反应 翻身	平均数
单纯的高	18	47	33
混合的高	15	30	23
混合的低	5	15	10
单纯的低	1	10	5

表 4-3 总结了科达罗和艾森的实验结果。不管主试预言自己的两只蠕虫会有同样的结果，还是预言两只蠕虫会有相对立的结果，当主试期望有更多次的翻身和收缩时，他果然获得了更多次的翻身和收缩（$p<0.005$）。根据这些结果（以及早先报道的其他结果），我们不能肯定，是主试对蠕虫行为的知觉受到了主试预言的影响，或者是蠕虫的行为直接受到了主试预言的影响。然而，马尔里（Mulry，私人通信，1966）认为，如果对真涡虫的刺激不是自动的，那么主试靠系统地变换程序就能无意地提高蠕虫的反应能力。更能引起人们兴趣的可能性是，主试的呼吸和体温的变化可能导致蠕虫反应能力的变化。在私人通信中，斯坦利·拉特纳（Stanley Ratner，1967）认为，这样的效应不是完全不可信的。

重 复 实 验

英格拉哈姆和哈林顿（Ingraham and Harrington，1966）的重要研究中所采用的实验设计，实质上与科达罗和艾森首倡的实验设计一样。他们也采用条件反射作用的任务，但在被试的选择上，遵循种系发生的等级系列，重新采用上述实验用过的白鼠作为被试。

在英格拉哈姆和哈林顿的研究中，提醒主试要给被试等量的搬弄，这种提醒应该有助于减少这种可能性：主试的预言是自我实现的，是由于搬弄被认为是聪明的或迟钝的动物的次数上的差异造成的。在前述用白鼠做被试的研究中，主试的期望因主试得知他们的被试是专门培育为聪明的和迟钝的白鼠而有所不同。在科达罗和艾森的研究中，主试的期望因主试得知他们的蠕虫事先未学会表现出多次反应而有所不同。在英格拉哈姆和哈林顿的研究中，主试的期望因主试得知白鼠的能力可能是遗传的差异而显示出更加微妙而又少有决定意义的差异，但是这些据说的差异其实是他们自己的实验所要研究的。

尽管在搬弄白鼠和产生期望的方式上的指导语存在差异，英格拉哈姆和哈林顿还是发现，主试期望取得优良成绩的白鼠果然取得了优良的成绩，虽然统计上的显著性水平给人的印象不太深刻（$p=0.08$）。表4-4在类似于呈现科达罗和艾森的研究结果所采用的那种表格中显示了他们的研究结果。对表4-3与表4-4的比较表明，四种条件下的成绩等级排列是完全一致的（$rho=1.00$）。此外，在这两个研究中，单纯的高期望组与单纯的低期望组之间的差异，要比混合的高期望组与混合的低期望组之间的差异大两三倍。

表4-4　白鼠在主试期望的四种条件下获得的平均成绩

主试期望	成绩
单纯的高	54
混合的高	53
混合的低	45
单纯的低	33

由于上面提到的差异以及由于任务和所采用的测量单位的差异，把英格拉哈姆和哈林顿的研究结果与上述报道中以白鼠为被试的研究结论直接做比较是困难的。不过，把他们的结果与在上述迷

第四章 行为科学：理智成绩与学习

津学习实验中获得的结论做一粗略的比较是可行的。这两个实验都持续了五天时间。表 4-5 表明，那些被认为是优良白鼠的成绩优于那些被认为是低劣白鼠在每一天以及整个实验中的成绩百分比。在每个当作整体的实验中，那些被预言取得优良成绩的白鼠确实取得了优良成绩的百分比，与那些被预言会取得不好成绩的白鼠确实取得不好成绩的百分比，两者的平均数都是 55%。然而，若按每天的实验结果计算，这两个研究中主试期望的效应随着时间的变化而不同。第一天，两种研究的结果很接近，但从第二天开始，英格拉哈姆和哈林顿发现期望效应的量持续下降。另一方面，在罗森塔尔和福德的研究中，从第一天到第三天，期望效应的量下降，第三天之后一直到实验结束，效应的量开始逐步上升。在英格拉哈姆和哈林顿的研究中，期望效应随时间的推移而呈下降的趋势在统计上是显著的（$p<0.02$），而在罗森塔尔和福德的研究中，期望效应呈曲线变化的趋势在统计上也是显著的（$p<0.002$）。只有进一步的研究才能有助于我们理解这种差异。

表 4-5 被预言取得优良成绩的白鼠优于被预言
取得不好成绩的白鼠之成绩百分比

天　数	实　验	
	英格拉哈姆和哈林顿	罗森塔尔和福德
第一天	78%	82%
第二天	95%	45%
第三天	69%	17%
第四天	31%	55%
第五天	0%	78%
平均数	55%	55%
p	0.08	0.01
每组被试数（N）	27	30

脑损伤白鼠的学习

据我们所知，还有一项已经报道的实验研究了主试期望对动物学习的效应，这就是伯纳姆（Burnham，1966）所做的一个有独创性的实验。他请了 23 个主试，每个主试都训练一只白鼠解决 T 形迷津中的辨别问题。其中约有一半白鼠的脑因皮质切除而受到损伤，而其余的白鼠接受假的外科手术，从颅骨到脑都被切开了，但没有切除任何脑组织。那些主试得知，该研究的目的是试图了解脑损伤对辨别学习的影响。通过对每只白鼠标上受损伤或者未受损伤来控制主试的期望。有些真正受损伤的白鼠被准确地标为受损伤，但有些被故意错标为未受损伤；有些实际上未受损伤的白鼠被准确地标为未受损伤，但有些则被标为受损伤。表 4-6 表明了白鼠在每种条件下的学习能力的中位数等级。较低的等级指明较好的成绩。毫不奇怪，那些主试相信未受损伤而实际上也未受损伤的白鼠获得了最好的成绩。它们的成绩与所有其他动物的成绩的差异在 0.02 水平上是显著的。此外，不足为奇的还有，当白鼠实际上是受损伤时，主试的期望没有造成任何差异。不管主试对被试的信念是什么，脑受到损伤的白鼠总是学不好。有些奇怪的是，那些主试相信受损伤而实际上并未受损伤的白鼠与那些真正脑损伤的白鼠的成绩一样差。

表 4-6　在四种条件下辨别学习的中位数等级

实际条件	对被试的信念	
	脑受损伤	脑未受损伤
脑受损伤	14.0	14.0
脑未受损伤	14.5	5.5

第四章 行为科学：理智成绩与学习

现在，我们总结从一般用动物被试做研究中了解到的情况，似乎可以看出，那些主试期望有能力完成任务的动物往往果然有能力完成任务，而那些被期望没有能力完成任务的动物往往也果如预言没有能力完成任务。

白鼠在斯金纳箱中找到自己获得食物的方式的实验结果是从本章过渡到下一章的通道。该研究开始时，那些分配到据说是迟钝白鼠的主试被告知他们会发现自己的白鼠学习迟缓。然而，他们又得到保证，"已经发现，即使最迟钝的白鼠总有一天能学会所要求的反应"(Rosenthal and Lawson, 1964)。这样，那些据说是迟钝的白鼠被说成是可教的，只是进步缓慢罢了。据此，了解分配到"迟钝"白鼠的主试是令人感兴趣的，他们中间竟有47%的人相信他们的被试是不可教的。那些分配到"聪明"白鼠的主试，只有5%的人同样对他们的白鼠的未来抱悲观态度（$p=0.007$）。人们想从这种结果中了解的是，假如告诉教师一个儿童是可教的但进步缓慢，应该得到教育但处境不利，教师会产生什么样的一些信念。

第二部分
教师期望

第五章 处境不利的儿童

学校通常在9月份开学，成千上万来自各种家庭的年近6岁的儿童开始了一年级的学习。这是他们焦急不安的时刻，他们带着兴奋与不安的心情，还伴有期待的感情："这位老师会喜欢我吗？我什么时候学习阅读？她会喜欢我吗？"

跨进一年级的教室是儿童迈出的一大步。这可能是一种令人欣喜的或毁灭性的体验。教师对儿童笑脸相迎，看着他们想想这一年会有什么收获。打扮得干干净净的白人小孩可能会学得不错；黑皮肤和棕色皮肤的小孩属于下层社会，他们学习上将会有问题，除非他们看上去格外干净。凡是看上去不干净和需要手帕的白人小孩都会有麻烦。如果教师撇开肤色不论，只看下层社会儿童在数量上的优势，她就会知道她的工作将是困难的和不能令人满意的。教师希望她所教的儿童都能学好，但她知道下层社会的儿童在学校里学得并不好，就像她知道中产阶级儿童的确学得好一样。当她第一次面对全班微笑，欢迎他们大胆地加入一年级的学习，并依据中产阶级的尺度来测定他们的成败时，她就知道了所有这些情况。儿童也向她报以微笑，却没有意识到教师已对他们做过第一次测量了。当他们向教师讲话时，教师会听到儿童讲话吐字清晰，或者带有鼻音，或者结结巴巴，或者带有地方口音，教师再次使用中产阶级的尺度衡量他们一番。随后，他们的阅读准备情况或智力也将得到测量。在这第一学年里，儿童要受到多次检查，以了解他们的情况，了解他们入学时具备的条件。

第五章 处境不利的儿童

在教学楼里，二年级的教师知道，她的大多数下层社会的学生不如中产阶级学生。无论在什么学校，在9月份开学的第一天，教师看看自己的班级就知道这一年里哪些儿童将学得好，哪些则学不好。正式和非正式的测量结果有时会修正开学第一天的印象。一个邋遢的儿童可能很聪明，一个棕色皮肤的儿童可能学得很快，一个黑人儿童读起书来可能就像小天使，而一个穿着整洁的中产阶级儿童可能是十足的笨蛋。有时的确是这样。但如果教师预言中产阶级儿童一般在学校中取得成功而下层社会的儿童一般在学业上落后并终归失败，她通常是对的。

贫穷造成的处境不利

当前，注意力突出地集中在我们学校中教育处境不利的儿童身上。这些儿童学习规范语言的经验不足，对学校文化的无知，以及因而造成的学业成绩不佳是注意的中心。大量研究报告指出，处境不利儿童的智商低于中产阶级儿童的智商，他们的阅读低于标准水平，他们的态度是消极的，而且他们的行为使教师感到头痛（Becker，1952；B. Clark，1962；Davis and Dollard，1940；Sexton，1961）。按照定义，处境不利儿童来自下层的社会经济群体，在这些群体中，低收入和与学校文化不相容的价值观紧密联系在一起。学校中处境不利儿童学业失败的人数多于中产阶级儿童学业失败的人数。

哈维格斯特称这种儿童为社会处境不利者，他预言，美国学校在今后的十年里将"竭力扫除妨碍大约15％的儿童在学校中学习有用内容的社会不利情况……而且这意味着美国大城市低收入家庭大约30％的儿童"（Havighurst，1965，p.3）。美国卫生、教育和福利部正在通过为低收入就学区的学校提供大量资金来鼓励这方面的努力。这种措施是根据 1965 年《初等和中等教育法案》第一编制定的,"这一新法案主要强调的是通过为这样一个任务而批准的最大的联邦拨款计划来满足被剥夺了教育机会的儿童的特殊需要"(U. S. Office of Education,1965)。

由于教育和才能的发展有密切的关系,而才能在今天的市场又极为重要,下层社会儿童的教育成绩普遍低下便引起了联邦政府的惊愕。技术革新和国际政治危机需要受过教育的劳动力,这意味着那些没有从学校教育中受益的处境不利的儿童相当于是对国家未来熟练劳动力的一种浪费。

在过去的几年中,几乎绝大多数的文献都描述了教育上处境不利的学习者,包括他们的住宅、家庭、邻里、教师以及他们在中产阶级学校的气氛中学习时所碰到的挫折。处境不利的根源多种多样,归结起来有经济的、社会的、文化的和(或)语言方面的因素,这取决于作者的取向。我们在这里只能探讨其中一些因素。

收入与学业成功

塞克斯顿(Sexton,1961)关于收入与教育机会之间关系的研究发现:若家庭平均收入超过 7 000 美元,儿童的成绩便在年级水平之上;若家庭平均收入低于 7 000 美元,儿童的成绩便在年级水平之下。显然,成绩差是累积性的。也就是说,到了八年级来自收入最低家庭的学生的成绩至少比来自收入最高家庭的学生的成绩落后两年。这一事实证明了贝克尔(Becker,1952)认为差距拉大的观点,也符合卡尔(Kahl,1961)的研究结果:"老百姓"的男孩到他们准备上九年级的时候,其成绩水平比智力相等但社会地位高的男孩低得多,即使这些男孩在早先的学年中取得了相似的成绩。

塞克斯顿发现了"大城市"天才儿童教育计划中各收入群体之间的进一步分化:在选入参加这一教育计划的 436 名学生中,没有一个来自 5 000 美元以下的收入群体，其中却有 148 名学生来自 9 000 美元以上的收入群体。

成 就 训 练

　　成就动机领域的研究指出，在家庭的成就训练上有阶级与文化的差异（McClelland，1961）。当儿童进入强调中产阶级价值观的学校时，这些差异可能引起冲突。众所周知，中产阶级儿童的竞争性是很出名的，自婴儿时代起他们就一直被鼓励有所成就，因为美国中产阶级家庭培养儿童的做法散发着成就的概念。具有相似成就取向的亚文化群的儿童也发现学校文化是熟悉的，而且具有教养性（Rosen，1959；Strodtbeck，1961）。弗洛伦斯·克拉克洪（Florence Kluckhohn，1953）的价值观表明了主要美国人的典型形象，这种美国人在家中受到的训练所强调的是养成进取个性之价值观的能动性文化（activity culture）。"在家里和社区中没有获得这些特定价值观的儿童在与把这些价值观视为理所当然的年轻人竞争时不大可能取得成功。"（Cloward and Jones，1963，pp. 193-194）

贫乏无力的训练

　　对处境不利儿童失败的另一种理论解释也是基于家庭训练，或者更确切地说，是基于缺乏家庭训练。一些作者假定，下层社会家庭中所用的语言造成儿童在校学习的困难。工人阶级家庭使用一种有限制的语言形式，而中产阶级家庭使用一种较精致的语言形式。伯恩斯坦（Bernstein，1960）相信，随着处境不利儿童在学校生活的时间不断延长，除非他学习学校中使用的中产阶级语言，否则，这种困难可能增大。洛班（Loban，1964）在确定儿童中偏离标准英语的情况中发现，社会阶级与交流便利之间有着坚实的关系。

语言之外的社会阶级因素看来也对学习有影响。多伊奇（Deutsch，1963）说，下层社会儿童没有学会"注意"。他们的看、听和聆听习惯在家庭情境中没有得到训练。相反，中产阶级儿童从幼儿时代起就被鼓励去区别含义、见解和判断，所有这些便构成了阅读的准备状态。

贫民教育计划

大量研究结果表明了中产阶级儿童与下层社会儿童在学业成绩和所测能力上的差异。事实上，学业成功与社会阶级地位的关系已经得到了证实，可以认为是"经验的法则"（empirical law）（Charters，1963，pp.739-740）。教育工作者当前力图使这种关系成为历史，迫于联邦机构施加的要求采取行动的压力，他们正在制订种种实验计划来增加下层社会儿童的受教育机会。美国教育总署在过去几年中率先提出了面向教育处境不利者的教育计划。1965年4月，约翰逊总统签发的《初等和中等教育法案》集中更大的注意力于美国处境不利的儿童，该法案第一编批准1966年为这些儿童拨款10亿多美元。

面临着由联邦出资提高贫穷儿童的成绩的机会，学校已在制订各种要由联邦机构批准的教育计划。其中许多教育计划在结构上是历时性的，因而种种研究结果暂时还不是定论。最终的目标看来是一致的，那就是通过提高自我形象、潜力和抱负来增加教育机会。这些教育计划最根本之处似乎在于努力依靠对儿童起作用的手段——矫正性阅读、咨询与指导、文化经验、父母参与以及卫生福利服务——来克服学习障碍。这些教育计划旨在强调儿童与家庭内的不足之处，而且这些计划都是补偿方法（Wrightstone, McClelland, Krugman, Hoffman, Tieman, and Young，日期不明）。显然，各种不同研究结果都被解释成处境不利的儿童总是有点缺

第五章 处境不利的儿童

陷,因而教育工作者应当关注他们早期贫乏无力的训练以及关心他们在成就定向中由亚文化决定的差异。

这些耗资巨大的特殊教育计划的前提只是某种建议:学校本身可能有种种不足之处。这些前提极少认为教师的态度和行为可能是促使学生失败的因素。然而,教师对下层社会儿童的反应与这些儿童缺乏成功可能是难解难分的。

教 师 变 量

在为处境不利儿童制订的教育计划中忽视了教师的作用,这么说并不表示理论或者研究忽视了教师。正如将从它们发布的日期中可以看到的,甚至在盛行并有利于关注处境不利者之前很久就提出了好的理论,进行过好的研究。例如,贝克尔(Becker, 1952)在芝加哥的研究中发现,贫民学校的教师和中产阶级学校教师使用不同的方法,教师和行政人员对下层社会儿童的期望较低,学业上的差距随着年级的升高而拉大,儿童的态度和个人卫生触怒了教师,因而教师想尽快转到"好"学校工作。戴维斯和多拉德(Davis and Dollard, 1940)甚至更早就得出了相似的研究结果。他们分析了课堂中社会阶级标准发挥作用的情况,发现下层社会儿童因自己的出身而受罚,他们还发现:"他由于父母'无知'、他讲的方言、他的衣着,很可能还有他的黑皮肤而受到教师以及教师所喜欢的学生的毁谤。"(Davis and Dollard, 1940, pp.284-285)沃纳、哈维格斯特和洛布(Warner, Havighurst and Loeb, 1944)得出的研究结果表明,学校中对社会结构中不同地位的人抱有有区别的态度。

多伊奇(Deutsch, 1963)和威尔逊(Wilson, 1963)的重要研究工作进一步支持了早期研究工作者的见解。多伊奇指出,"对学习的非常消极的态度正是在学校情境中逐步形成的"(Deutsch，1963，p.178)，造成处境不利的责任在学校，因为下层社会儿童在学校里学到的是消极的态度。威尔逊（Wilson，1963）在研究了三所社会阶层分化的学校后指出，教师把分歧的标准加以正常化在某种程度上造成了下层社会青年中抱负与成就之间的分叉，也就是说，"教师期望与标准的变异促成学生成就与抱负的差异"(Passow，1963，p.183)。下层社会学校中的教师既不制定出像中产阶级学校中那样高的标准，也不关心把儿童培养到年级水平。根据所测定的成绩来看，对低阶层的儿童评价过高，而对高阶层的儿童评价过低。

伯顿·克拉克（Burton Clark，1962）对贝克尔研究结果的反应对确定贫民教育计划的前提也很有意义。

> 北方城市黑人和其他肤色的少数民族人口众多，而且持续增长，使得教师的反应成为少数民族教育的一个重要方面。在北方都市里，只有歧视不是主要的因素。问题在于少数民族儿童的特征（而非肤色和种族）影响教师和学校运作的方式。在某种重要意义上说，消除歧视并不会消除少数民族问题；因为只要大量出身于文化上被剥夺的下层社会背景的儿童是肮脏的、凶暴的、无心学习——或者在他们教师的眼里看来是这样，教师就可能以不同的方式对待他们，教给他们的东西更少，而且想避开他们。(p.99)

里斯曼（Riessman，1965）通过制订师资培训计划表达了他的关心。他说："师资培训计划的目标是发展对低收入文化的兴趣和尊重，这与意识到低收入环境的困难是截然不同的。这种理论认为，这将导致对儿童及其家长真的是'期望愈多，得益愈多'。"

第五章 处境不利的儿童

(p. 16)

里斯曼的主要论点是处境不利儿童被低估了，下层社会经济群体有积极的特征，这一立场应被作为一种"工作假设，一种积极的神话，因为这样做我们就能与贫民相互配合，而不是对他们施加影响"(Riessman, 1962, p. 166)。

这些作者至少在一种公式上意见是一致的：被界定为处境不利的儿童得到的教师期望是没有能力学习。其他作者和观察者也都同意。伯纳德·阿斯贝尔（Bernard Asbell，1963）在《不像其他儿童》(*Not Like Other Children*)一文中报道了他访问学校与教师的情况："在我所到之处，教师看来一心想着的是'期望什么'，而极少想他们可以达到什么。"(p. 116)

克瓦雷塞斯（Kvaraceus，1965）把为处境不利者制订的教育计划作为"允诺或借口的教育计划"来讨论。他坚持认为："我们必须停止向处境不利者投射失败。'哈莱姆青年不受限制的机会'(Harlem Youth Opportunities Unlimited，HARYOU)研究指出，教师所抱的低的成绩期望起到了自我实现预言的作用。教师常常用心理学工具和测验来强化和证实他们低的预言。"(p. 30)

麦金农（MacKinnon，1962）观察到，"如果我们的期望是，一个具有特定智力的儿童不会对他所面临的任务创造性地做出反应，尤其是如果我们使儿童知道了这种期望，那么，他创造性地做出反应的可能性就会大大减少"(p. 493)。肯尼思·克拉克（Kenneth Clark，1963）、希尔森和迈尔斯（Hillson and Myers，1963）、卡茨（Katz，1964）、里夫林（Rivlin，日期不明）、罗斯（Rose，1956）等人都陈述了相同的见解。肯尼思·克拉克谈道，被剥夺了教育权利的儿童成了"一种教育的自我实现预言的牺牲品"(Clark, 1963, p. 150)。也许这一见解最详细的表述是《少数民族聚居区的青年》(*Youth in the Ghetto*)(HARYOU，1964)的作者们，他们认为，"当教师与校长对儿童的学习能力持一种低的看法时，儿童很少超过这些期望"（p.203）。他们进而说道，有效的贫民教育计划"将只是来自一种坚定的信念和主张：学生能够学好"（p.244）。在判断教师期望的重要性时，他们说："现代社会科学的全部影响力量证实了这一判断。"（p.244）这句话意味着，现代社会理论家往往感到期望变量很重要，但是社会科学比社会理论具有更重要的东西，这种更重要的东西就是证据。

教育的自我实现预言的重要性的证据以数据的形式表明，处境不利的儿童从三年级到六年级愈来愈落后。尽管就某些目的而言，这种数据很重要，但还不足以证明教师期望的效应。诚然，教师的自我实现的预言可能有责任，但是其他许多因素可能也有责任。

从已经提出的这些理论和证据来看，我们能够合理地做出结论的至多是，人们没有期望处境不利儿童会在学校中学好。现在，我们需要问一问，是否有充分的证据表明，教师的期望或者预言导致他对学生的评价或者学生实际成绩的差异。

学 生 评 价

当知道或者相信了某个学生的某些情况时，也就知道了他的其他真的或假的情况。这就是所谓光环效应，伦纳德·卡恩（Leonard Cahen, 1966）最近的一项实验充分证明了这种效应。卡恩感兴趣的是确定学生能力倾向的虚假信息是否会影响教师对学生测验的评分。被试是256名进修教师，要求每个进修教师对"学习准备状态"（learning readiness）的一种新测验评分；并告诉每个进修教师，在阅读测验和智商测验中得分高的儿童在这种新测验中得分也高。在每份试卷上都标明学生的智商和阅读水平。这些虚构的分数有时高，有时则低。卡恩的研究结果清楚地表明，当进修教师对据说是比较聪明的儿童所做的测验进行评分时，他们对这些儿童的可疑处给予了更为善意的解释，而当他们对据说是迟钝的儿童的测验进行评分时，对儿童的可疑处则给予了不大有善意的解释。当"知道"一个儿童聪明时，这个儿童的行为就被评价为比被"知道"是迟钝的儿童所表现出来的同样行为具有更高的智力品质。在评定儿童对个别实施的标准化智力测验的反应中，也出现了这种光环效应（Sattler，Hillix，and Neher，1967）。

人们常常指出，来自少数民族群体，特别是来自黑肤色群体的儿童，尤其有可能是不利的光环效应的受害者（HARYOU，1964）。雅各布森（Jacobson，1966）最近的一项研究可作为例证。

要求两组教师根据带有美国人的外貌或墨西哥人的外貌对一批陌生儿童的照片做等级评定（"美国人"未做界定）。在评定的等级上，教师的意见高度一致。然后，要求这两组教师以同样的方式对墨西哥血统的儿童的照片做等级评定，一组教师不认识这些儿童，另一组教师则执教于这些儿童所在的学校。结果两组意见极不一致。墨西哥血统的儿童所在学校的教师把那些智商较高的儿童当作更像美国人。只有在可获得儿童智商分数的情况下，智商与外貌才有显著的相关。显然，教师在他们对"看似墨西哥人"的知觉上是一致的，只有到他们知道一个儿童是怎样接受测验时，知觉才发生了变化。

这项研究提供了课堂中处境不利儿童的进一步信息。一年级和二年级中（在阅读方面）成就最大的墨西哥血统的儿童，都被两组教师当作明显地更像墨西哥人。这种相关在三、四年级发生了逆转，到了五、六年级逆转更大，也就是说，高年级中成就最大的学生在两组教师看来都更像美国人。这项研究表明了这种可能性：如果一个墨西哥血统的儿童在教师看来更像美国人（即盎格鲁-撒克逊人），教师对他的学业期望就可能像对中产阶级儿童的期望一样，这是与更像墨西哥人或下层社会儿童因而有成绩差异的墨西哥血统的儿童的期望相比较而言。

教师对学生的评价决定于许多变量。有时，教师认识到处境的种种不利，或许有时还创造许多处境不利。对儿童的评价（因光环效应而降低或提高）可能会传递给儿童一种特定的成绩期望，这个儿童则可能会实现教师的预言。

学 生 成 绩

教师对学生成绩的期望的根源，不只是学生的肤色、外表或背景信息。教师对学生理智能力的期望的最重要根源之一是标准化的智力测验和成绩测验（Deutsch, Fishman, Kogan, North, and Whiteman, 1964; Gibson, 1965; Goslin, 1966; Pequignot, 1966）。即使这些测验之一的实施或多或少是适当而有效的，结果可能影响教师对儿童随后的理智成绩的预言。从某种意义上说，这是能力倾向测验与能力测验的目的，而这种目的的利弊在通俗报刊和专门文献中都有所讨论。然而，有时候实施标准化智力测验时周围的特殊环境大大减轻了这种测验结果对教师期望的影响。在这种情形中，我们就可以怀疑这种测验结果是无效的。下面是这方面的一些例子。

蒂纳是一个智力发展迟缓的小孩，她在幼儿园待了两年，在一年级待了三年。由于她是班上的一员，每年都参加测验。她在一年级的最后两次分数使她的智商超过了140。她熟记了学前儿童识字本，并能准确地"阅读"。蒂纳的最后一位一年级教师是刚从大学分来的新手，在她了解蒂纳的上述情况之前，她相信蒂纳是班上的优秀学生。

比利是一位平平常常的四年级女孩，在参加一次初级中学升学

第五章 处境不利的儿童

成绩测验时,她采用了国际商用机器公司卡片(IBM card)上错误的部分,结果她的分数居于第二百分的位置。在五年级,她没有参加成绩测验。她被安排在新学校的差生班级,而且这种安排在年末测验前不能变动。她板着面孔在班上度过了这一年,从而成了一个没有长进的逃学生。

一般说来,在把儿童安排到各学习轨(learning tracks)或能力组(ability groups)时,一种测验要与其他测验一并考虑。例外主要出现在一年级或儿童转到一所新学校却没有从前的成绩记录时。在幼儿园,儿童第一次参加智力测验与一年级开学测验,期望的循环可能就从此开始。好动的儿童常常使教师分心,出乱子,随后就被调换班级;通常,他们没有学到参加开学测验所要求具备的背景知识(用彩笔做记号、听指导语、学会转页等)。佩德罗就是一个这样的小家伙,他爱打架、专横、闹事而且做出难以预料的事。在实验中,校长私下向幼儿园教师吐露,佩德罗表现出了当领袖的所有迹象。"今天看到一个儿童具有如此不受限制的、不受中产阶级的种种人为事物所约束的自由精神,这难道不神奇吗?""如果把这个男孩交给一位力图逐渐消除儿童的这种高兴劲的教师,这个男孩的情况会怎样?"这位教师一开始就用新的眼光来看佩德罗,而佩德罗则认识到了教师的赞许,求助于她,并在那一学年成了她最好的学生。他的得意是明显的。而且,他的测验分数与教师的推荐使他进了一年级的尖子班,他继续情绪饱满地在学校学习,并使所有的教师都感到满意,他是班级这个大家庭里学习成功的第一个人。

有一家从墨西哥来到一所美国学校,该校的行政人员凭预感把这家的四个儿童都安排在进度快的尖子班,并告诉每位教师,每个小家伙都聪明,除了在学习英语时给予鼓励之外,这一年教师不必担忧了。到了年终,教师要求行政人员免去这四个儿童的测验,因为他们的英语尽管进步很快,但还不足以完全应付测验。这四个儿童都被建议继续留在尖子班学习。到第二年年终,他们和同学一道参加了智力测验和成绩测验,他们的得分超出了平均水平。

这些事例佐证了这样一个命题:智力测验分数影响教师对学生成绩的期望,而教师的期望可能成为自我实现了的预言。但在有关这一课题的所有文献资料中,只发现一项实验是专门为检验该命题而设计的,这就是克利福德·皮特(Clifford Pitt,1956)的实验。

实 验 证 据

皮特(Pitt,1956)用来做实验的学生是165名IQ(智商)在94以上的五年级男孩。皮特对他们进行了一次标准化智力测验。大约1/3男孩的IQ被准确地报告给了他们的教师。另外1/3男孩的IQ也被报告给了他们的教师,但IQ分数被人为地提高了10个点。还有1/3男孩的IQ同样被报告给了教师,但IQ分数被人为地降低了10个点。这些都是在学年之初做的。到了学年年终,皮特对这三组儿童的学业等第、成绩测验、教师的等第评定和学生的自我等第评定进行了比较。

皮特得出的结果有损于教师自我实现预言效应的假设。他发现,被人为地提高或降低的IQ对客观成绩测验实质上没有影响。对此可能有不少解释,现列述如下。

1. 教师对学生IQ的了解实际上并不影响学生的成绩。
2. 教师对学生IQ的了解对学生的成绩有影响,但是,由于皮特实验中的教师在知道IQ分数之前七八周就认识了他们所教的儿童,所以,这种影响因教师基于个人对每个男孩成绩较多的了解所产生的期望而消失了。
3. 有这样的影响,但只有当教师是女性时才有。

第五章 处境不利的儿童

4. 有这样的影响，但只有当学生是女性时才有。
5. 有这样的影响，但只有在教师有学士学位时才有（皮特实验中的教师仅有14%受过大学本科教育）。
6. 有这样的影响，但只有在儿童是五年级以下的学生（或更大年龄的儿童，尽管不大可能）时才有。
7. 有这样的影响，但只有在儿童的 IQ 低于 94 时才有。

在下面的几章中，我们将有机会再次考虑其中的一些解释。然而，目前还没有办法确定所列的各种解释中哪些是正确的，如果有的话，或者至少说哪些解释比其他更加正确。

皮特的确发现了儿童的 IQ 被人为提高或降低所产生的一些令人感兴趣的效应。这些效应出现在学生的自我等第评定中。那些 IQ 被人为降低的男孩逐渐感到：（1）他们在学业上不如其他男孩努力；（2）学校对他们比对其他男孩更艰难；（3）他们的教师在评定等第上对他们的要求比对其他儿童更严格；（4）学校不大使人愉快。所以，尽管教师对学生 IQ 的信念并不影响学生的学业成绩，但它的确影响学生对他们自己、他们的教师和学校的看法。这些研究结果使人联想起沃坦伯格-埃克伦（Wartenberg-Ekren，1962）报道的研究结果。她发现，主考的期望并不是影响大学生获得 IQ 分数的一个重要因素。可是，在她的研究中，被试感到受到了主考的区别对待，这取决于主考期望的是成绩水平高还是低。但在这两项研究中，成绩不受教师或主考的期望的影响，可是学生能以某种微妙的方式告诉我们，他们受到了不同的对待。

许多，也许是绝大多数学校运用能力分组或分轨的方法。按照这种方法，能力相似的儿童被分在一起，而且只要保持能力的相对同质性，在分轨的学校里也把他们分在一起。当儿童成绩的变化看来可以有合理的上下变动时，儿童可以进入更高或更低的组或轨。

但是大多数儿童并不更换组别。一旦安排在快轨、中轨或慢轨,儿童往往就待在那个轨。一个特定组或轨的成员资格,就像一个处境不利组中的成员资格一样,或像一个特定的 IQ 分数一样,是教师对学生的理智能力产生期望的一个根源。查尔斯·弗劳尔斯(Charles Flowers,1966)在他的研究中所运用的正是这种教师期望的根源。

就我们所知,在探讨教师期望效应的另外唯一的一项实验研究中,弗劳尔斯运用了不同的方法,但其逻辑与皮特所采用的相同。皮特用了虚假的 IQ 分数,弗劳尔斯则用了虚假的能力分组去了解教师期望对学生成绩的影响。

弗劳尔斯的研究是在两个不同城市的两所不同初级中学中进行的。这两所学校都位于城市萧条的地区,这些地区学生的教育处境不利,分组教学成了惯例。在每所学校中选择了两个七年级班,由IQ 与成绩测验分数确定的他们的"实际"能力只是一般,而且彼此相当。在每所学校中,配对的班级中有一个班被人为地称作是该校尖子组之一。当然,没有告诉教师其中一个班级的分组是人为造成的。

在进行实验的那个学年末,对所有儿童的阅读和算术能力以及IQ 进行复测,这些都是已经对儿童做了预测的变量。在其中的一所学校中,人为提高组(24 名儿童)的阅读和算术成绩比控制组(19 名儿童)好,虽然从统计上看这一效果并不显著。提高班与控制班之间的 IQ 没有差异。

在另一所学校,情形正好相反。人为提高组(19 名儿童)的IQ 比控制组(19 名儿童)的 IQ 多 5 分,而且这一超出在统计上具有显著意义($p<0.03$)。提高班与控制班之间的算术或阅读成绩没有差异。

在对这项研究下结论时,弗劳尔斯请儿童注册学习的各门课程

第五章　处境不利的儿童

的任课教师回答许多有关这些儿童的问题。对提高组与控制组的教师回答情况进行比较，结果表明有许多可能的差异。与控制组教师相比，据称是优异组的教师：（1）更经常地提到儿童能做什么而不提他们不能做什么；（2）发现班上根本就没有纪律问题（尽管几乎所有控制组儿童的教师都报告有纪律问题）；（3）更经常地提到激发学生学习动机的种种努力而很少提到教学材料的不适当；（4）喜欢教"更高的"能力组。

除与皮特研究的情形一样外，弗劳尔斯也的确得出了有利于教育自我实现预言之假设的某种证据。为什么他会发现在一所学校中成绩更多地得益于有利期望而在另一所学校中 IQ 更多地得益于有利期望，这仍是争论未决的一点。无论如何，所显示出的增量不是戏剧性的，这有几种可能的解释。

(1) 即使自我实现预言真的发生了，在数量上也不是戏剧性的。

(2) 自我实现的预言可能是戏剧性的，但当儿童已是七年级时就不是了。

(3) 自我实现的预言可能是戏剧性的，但在所描述的研究中，每个学生都牵涉到许多教师，以致效果被冲淡，不及每组只有一个教师时的效果强。

(4) 甚至在弗劳尔斯研究中所显示的非戏剧性的增量也可能太高，而且教育的自我实现预言事实上并未发生。

最后一种可能性是由于皮特与弗劳尔斯研究设计间的差异所引起的。在皮特的设计中，每位教师都有机会与三个实验组的儿童发生交互作用。因为每位教师都有均等的机会影响 IQ 被如实地告知、被人为提高和被人为降低的儿童，所以，教师之间的个别差异的影响不能说明任何差异——如果他发现任何差异的话。在弗劳尔斯的研究中则不是这种情形。在弗劳尔斯的研究中，实验组与控制组大都有不同的教师，他得出的结果可能是教师间的个别差异所致。也许据称是优异组的教师是好教师，因而该组获得的益处更多的是由于良好的教学而不是教师期望。目前还无法确证这个问题，但这个问题的另外一面应该显示出来。这另一面表明，教师之间的个别差异显示控制组也得益于教师优势，而实验组却显示出教师期望更加戏剧性的效应。要回答我们遗留下的这个问题，还需依赖另外的证据。

第六章 奥克学校实验

在这一章里,我们将描述专门为检验下述命题而设计的一项实验计划,这个命题是:在一特定的课堂内,那些被教师期望有较大智力发展的儿童将显示出这样较大的发展。总的设计(和该实验的某些结果)已经在初期报告中简要陈述了,在这里我们将详细描述这种实验程序以及所得出的结果,其中大多数内容在我们的早期报告撰写完毕以后方才获得(Rosenthal and Jacobson, 1966,待出版)。

奥 克 学 校

这个实验是在我们称为奥克学校的公立小学中进行的。为此,我们有必要对奥克学校的招生社区、儿童、教育组织和教师稍做描述。

社 区

该社区是一个大城镇的旧城区,并且完全可以划分为三个部分:(1)坐落在小山上的漂亮的中产阶级住宅区,这一区域里的儿童不多;(2)通往镇工业区的弯弯曲曲的街区,建有整洁的别墅和新的两层式套房,这一区域里的儿童也不多;(3)房子破烂的胡同小巷,这一区域里的儿童很多。

在这个旧城区,几代以前就居住了意大利移民,他们很久以来靠种植蔬菜换来不动产业、城市政治以及大大小小繁荣的企业。他们的名字（不是他们的容貌）是奥克学校许多学生的世袭遗产，因为多年以来显然发生了种族的混合。

儿　　童

然而，奥克学校的大多数儿童来自人口占绝大多数的下层阶级社区。这些儿童的父亲大多是不熟练的或半熟练的工人。许多儿童出身于破裂的家庭，他们的母亲工作和（或）家庭接受福利基金的救济。

虽然如此，奥克学校还是极少有穷得令人绝望的儿童。在一个中产阶级观察者看来，有些儿童得到的照顾看来不如其他儿童，但他们既非营养不良，也不是衣衫褴褛。他们看上去倒是需要洗澡、刷牙，或许牙齿还需要修修补补。很少有儿童需要教师推荐他们到学校自助食堂中去吃免费午餐。例如，若是一个儿童的衣服确实穿破了，教师家访便知道这一家不是没钱而是"用钱不当"。儿童的下层阶级地位的确也在语言和经验的文化贫困上表现出来。

参观学校的人发现，这些儿童一般都是喧闹的、引人注目的。学校给人以一种友善感而没有认真努力的气氛。这也许是学校成绩普遍偏低的一个促成因素。学校办公室毫不威严，实际上，办公室似乎既是一个"贷款处"，又是一个亲切友爱的照管站。儿童不断前往借还午餐费，不断去喊头痛、要治疗。

全校650名学生中大约有1/6是墨西哥血统的儿童，这是注册入学的唯一的少数民族群体。就学区黑人家庭的儿童看来，他们完全成了多数民族群体。墨西哥血统的儿童似乎聚在一起，这可能是由于他们语言的共性，但也可能是他们校外的家庭和社会组织造成的。他们掌握西班牙语的熟练程度不同，有的只知道英语中的几个西班牙文单词，有的则让来访的墨西哥大妈慢慢讲话才能听懂她的意思。

第六章 奥克学校实验

学校的注册人数从来都是不稳定的。学生转入转出似乎是办公室人员处理的日常事务,不过这样的学生实际上在 200 名以下,或者在一年期间约占总人数的 30%。这些转校生通常是父亲找工作的问题、迁居到"更好"的街坊、转入和转出邻近的天主教学校而造成的。其中许多转到他校的学生几个月后又回来了。

能 力 分 组

奥克学校根据学区政策把儿童分到各能力班或能力轨,这种分班或分轨主要以阅读成绩为依据。从一到六年级各有三种班级,称为高、中、低组,或者快、中、慢轨。转入或转出的学生很少属于高能力组或占学生 1/3 的高成绩组。在低能力组中,墨西哥血统的儿童的人数和来自其他低收入家庭的儿童人数都很不相称。墨西哥血统的儿童占该校学生总数的 17%,但快轨儿童中只有不到 6% 的儿童是墨西哥血统,而慢轨儿童中将近 29% 是墨西哥血统,这一分布上的差异偶然产生的情况极少。①

在墨西哥血统的儿童中,男孩和女孩均等地分布在三个轨之中。而在非墨西哥血统的儿童中,男孩过分集中于慢轨,女孩过分集中于快轨。奥克学校里非墨西哥血统的儿童中约有 53% 是男孩,快轨儿童中却只有不到 38% 是男孩,慢轨儿童中近 69% 是男孩,这一分布上的差异有很显著的统计意义。②

奥克学校儿童不是根据 IQ 分数而是根据阅读成绩分班,这种阅读成绩主要是由教师的判断和成绩测验分数来确定的。不过,三

---

① 就我们实验中包括的一个有 370 名儿童的子样本而言,墨西哥血统的儿童与非墨西哥血统的儿童在三轨中的分布差异 p 远不到 0.01 ($\chi^2=24.9$, $df=2$)。

② 就我们实验中包括的有 308 名非墨西哥血统的儿童这一子样本而言,男孩和女孩在三轨中分布的差异 p 远不到 0.01 ($\chi^2=23.8$, $df=2$)。

轨的平均 IQ 却有很大的差异。在实验开始前，对该实验所包括的有 370 名儿童的子样本做了非言语的智力测验。表 6-1 显示了三轨中每一轨的平均 IQ，以及全校墨西哥血统与非墨西哥血统的男孩、女孩的平均 IQ。在所示四个小组的每一组中，所在轨愈高，平均 IQ 也愈高（这样一种序列的确切 p 值等于 0.004 6）。表 6-1 还表明，墨西哥血统的儿童的 IQ 大大低于非墨西哥血统的儿童的 IQ；与快慢轨中非墨西哥血统的女孩的 IQ 之间的巨大差异（26.7 分，$t=8.59$）相比，快慢组中墨西哥血统的女孩的 IQ 之间的差异相对来说很小（9.8 分，$t=1.53$）。

教师在下一学年升级时提出分组建议。在这一学年期间，教师可以不顾前任教师的建议而把儿童转到较高能力组或较低能力组，但是这类调动不多，上下调动大多为下一学年提出。

表 6-1 三轨中墨西哥血统与非墨西哥血统的男孩与女孩的非言语 IQ 分数

轨	男孩				女孩			
	墨西哥血统		非墨西哥血统		墨西哥血统		非墨西哥血统	
	N	IQ	N	IQ	N	IQ	N	IQ
快	5	100.6	52	112.0	3	93.3	85	109.0
中	10	89.4	57	99.5	12	91.8	34	97.5
慢	15	82.6	55	89.9	17	83.5	25	82.3
总计	30	87.6	164	100.2	32	87.6	114	101.7

这种关于能力分组的学区命令所依据的宗旨是，不论儿童是高成就者还是低成就者，课堂内的能力分布范围愈窄，儿童遇到的挫折愈少，取得的成果愈多。奥克学校的成绩是全镇 12 所小学中成绩最差的。应该注意到，其他 3 所成绩最差的学校招收的学生也主要来自下层阶级和（或）不同文化的家庭。在进行该研究时，这些

成绩差的学校的行政人员质疑能力分组的可取性。

教　师

奥克学校有20名教师，其中男教师仅2名，2位教师教4个半日制幼儿班的全体儿童，其余的教师则负责教其余6个年级的各轨儿童。教师往往年复一年在同一个年级任教。但在年级内各轨轮流依次更替。

教师的平均年龄是35.1岁（$\sigma=10.4$），年龄最小的23岁，最大的50多岁。教学经验与我们从年龄范围中所期望的一致，从1年到30多年不等，平均为7.7年（$\sigma=8.4$）。教师全都有学士学位，1/3的教师在综合性大学获得了学士学位，其他教师中大多数在州立学院和师范学院获得了学士学位。

一个访问该校的人发现，像儿童一样，教师多半是引人注目和友善的。把教书作为唯一职业的只有几个人，大多数教师渴望讨论教育哲学、他们的教学技巧、他们学生的宝贵之处与局限。因此，许多教师应该说是忠诚于教育的。

研 究 程 序

现在让我们来看看在奥克学校使用的研究计划，这个计划基本上是仿照第四章中所描述的动物研究。在那些研究里，我们观察到，那些据称遗传上处于劣势的动物向主试做出的是劣等的表现。另一方面，主试相信遗传上处于优势的动物做出的是优异的表现。如果动物像主试所期望的那样变得"更加聪明"，那么，看来可以合乎情理地认为，儿童可能像教师所期望的那样变得更加聪明。

如果被试是动物，据说我们能够把极普通的老鼠特别饲养得聪明或迟钝。但是这种办法不能运用于奥克学校，必须以其他某种方式来形成期望。再者，由于那些据称是迟钝的动物看上去学得差，所以，伦理上的要求是：只能按更有社会效用的方向——提高——形成期望，而不能期望任何儿童有更坏的表现。

该实验的另一个要求是，在实验开始前要有衡量学校所有儿童理智能力的某种测度。这样一种测度必然就像用来测量实验组与控制组儿童的增量的一把尺子。一种常用而且在方法论上站得住脚的程序是：不进行预测，只是随机地把一些被试分配到实验组，把另一些被试分到控制组，希望两组的机遇在开始时是相等的。但是，正如波林（E. G. Boring，待出版）指出的，我们从来就不能有十足的把握说，这样组成的两个组确实首先就是相等的。

这项实验可以把以下两个方面结合起来：一方面在全校范围进行智力预测，另一方面则为形成有利于奥克学校某些儿童的智力增长的期望提供一种似乎可信的依据。

哈佛习得变化测验

1964年春，对秋季可能返校的奥克学校的全体儿童进行了"哈佛习得变化测验"（Harvard Test of Inflected Acquisition）。这意味着，幼儿园和除六年级以外的各个年级的儿童都参加了测验。六年级儿童准备进初级中学，秋季不来上学了。该测验据称可以预测学业的"大发展"或"激增"。在第一次测验举行前几个月，向每位教师发了一份研究说明书的复印件，内容如下。

习得变化研究

（哈佛—国家科学基金会）

所有儿童的学业进步都表现出上升、平缓和下降的现象。哈佛进行的这项研究得到了国家科学基金会的资助，它所感兴趣的是那些学业进步异常"激增"的儿童。这些"激增"能够

第六章 奥克学校实验

而且的确发生在学业和理智活动的任何一个层次。如果这些"激增"发生在学业不太好的儿童中,结果就通称为"迟来的增长"。

作为我们研究的一部分,我们进一步验证一项测验,这个测验预言儿童在不远的将来会显示出一个转折点或"激增"的可能性。这个测验将在贵校实施,它将使我们预言哪些少年最可能显示出学业上的"激增"。我们可能发现在这个测验中20%(近似值)得分最高的儿童处在学习活动的各个不同层次。

预言变化或"激增"测验的编制还不能够预言20%得分最高者中每一个儿童都会表现出"大发展"或"激增"的效应。但是20%得分最高的儿童将在下一年或更短时间内的学习中表现出比其余80%的儿童更显著的变化或激增。

由于这些测验的实验性质,测验编制的基本原则不允许我们同家长或儿童本人讨论这个测验或测验分数。

本研究结束后,参加研究的各个学区即将获得研究结果。

说明书还规定了测验的日期为1964年5月、1965年1月、1965年5月,但未提及原定于1966年5月进行的追踪测验。在奥克学校进行测验的表面理由是最后检核这项测验的效度,即已经得到充分确认的效度。实际上,"哈佛习得变化测验"是一种标准化的、相对地非言语的智力测验,即弗拉纳根(Flanagan)的一般能力测验(TOGA)。

使用弗拉纳根的一般能力测验的理由如下:首先,这个测验看起来不像平常在奥克学校使用的任何智力测验,而且教师不可能在其他地方看到过或听说过这种测验。其次,像大多数这类测验一样,它是对小组实施的测验,这是出于对所计划的两千多项测验的考虑而定的一个根本要求。① 再次，它是一种完全同类型的测验，因为规定给儿童的任务类型对于小学这一阶段的各年龄都是相似的。最后，而且也许是在有大量会两种语言的学生的以下层社会儿童为主的学校中使用弗拉纳根一般能力测验的最重要的理由，即一般能力测验"旨在提供基本学习能力的测度"（Flanagan, 1960, p.6），基本学习能力并不很明显地依赖于读写算这类在学校获得的技能。

小学各个年级使用的一般能力测验有三种形式，分别是为幼儿园至二年级、二至四年级和四至六年级这三个层次设计的。在幼儿园至二年级这个层次，由任课教师对所有幼儿园与一年级班的儿童做预测；在二至四年级层次，对二、三年级进行预测；在四至六年级层次，对四、五年级实施预测。下一个学年的复测用的是面向全体儿童的相同水平的测验，这样我们就会期望得到某种练习效应。然而，练习效应不会对实验组与控制组儿童产生不同影响。我们还应该记得，在相继的几年中，儿童必须有更好的学习成绩才能保持其IQ分数，因为随着儿童年龄的增长，必须提高他们的学习成绩才能保住已有的位置。

预测两年之后，对儿童又进行复测。这时，那些预测时在上幼儿园、二年级和四年级的儿童又接受相同的一般能力测验，而那些在一年级和三年级的儿童则参加比原来高一层次的测验。参加预测

---

① 这种情况的后勤问题要求进行小组测验，而且人们普遍感到，只有后勤问题才能证明进行小组测验是合适的。然而，可能还有一些更确实的理由赞成采用主考与考生之间个人交互作用较少的小组测验。例如，当控制主考期望的无意影响变得重要时，第四章中描述的证据表明，小组测验可以比个别测验提供更好的保护措施。在主考向小组读出指导语期间，主考很难对不同的考生做十分不同的朗读。也许主考更难不以十分不同的方式对待他的受到个别教育的考生。

的五年级儿童在两年后就不参加复测,因为他们已是七年级学生,不再在奥克学校了。

无论在哪一个层次,一般能力测验都由两个相对独立的分测验组成,一个分测验测言语能力,另一个分测验测推理能力。言语分测验题目旨在测量知识、词汇和概念的水平。下面是幼儿园至二年级层次的一个言语测验题的例子:一套夹克服、一朵花、一个信封、一个苹果和一杯水的图片,要儿童用彩笔圈出"能吃的东西"。尽管对这类测验题的回答取决于儿童是否能够理解英语,但他们不必像在许多其他智力测验中那样用英语讲、读和写。

推理分测验题目旨在测验理解关系和形成概念的能力。每个题目有5幅抽象线条画,其中有一幅与其他4幅有某点不同,并要求学生指出不同之处。下面是幼儿园至二年级层次上的这样一个题目的例子:4个四方形和1个圆形,要求学生用彩笔划掉这个圆形。在我们的样本中,推理分测验与言语分测验分数之间的相关为$+0.42$,弗拉纳根(Flanagan, 1960)在10项研究中获得的相关中位数是$+0.43$。

两个分测验的实施有重大差异。言语题目大都是大声念给儿童听的,教师在教室走廊前后频繁走动,看儿童是否都翻到了试卷中正确的页码。推理题目由儿童自己作答,但是两个例子例外,这两个例子在学生开始答卷前由教师在班上作为范例来解答。推理分测验也是在规定时间内进行的。总之,在实施言语分测验期间的师生交互作用比在实施推理分测验期间多得多。这一事实我们后面将有机会提到。

智力增长评定

智力增长被界说为儿童的预测 IQ 与后测 IQ 之差。这个基础实验的目的是要表明,教师特别抱有有利期望的那些儿童是否会比其余的或控制组的儿童有更大的智力增长。基础后测在实验开始（如下所述）后八个月、预测后一年进行。

另外还进行两次复测。其一为预测后两年的追踪测验，目的在于了解在教师有利期望有些影响的情形中，这些影响是否持续至少一年。知道是否持续是重要的，因为在任何变化实验中，人们都要知道变化是否只是昙花一现。此外，由于在这个实验中教师是变化的动因，所以重要的是要知道，即使在儿童离开他们的变化动因而由另一位未曾对任何儿童抱有特别期望的教师来施教后，任何来自期望的增量是否会保持下来。

另一次复测在基础后测之前而不是在基础后测之后实施。这次复测在第一学期末进行，介于实施实验性变化计划与基础后测之间。这种初步复测的目的是要了解，如果这种变化计划产生一些影响，那么，这些影响是在实验那一年的早期还是晚期产生的。这是很有用的信息，因为它可能表明有利期望（如果有的话）的益处在这一年中是否逐渐增加了，是否在这一年中没有进一步变化的情况下发展很快，或者是否表现出一种年初没有任何变化的孕育效应，随后则是有利期望益处真正的"迟来的增长"。

这一初步的复测与基础后测由持有利期望的任课教师实施，追踪测验也由任课教师实施，但是这些任课教师是新教师，是儿童升级后的教师，他们不知道上一学年哪些儿童是实验组的，哪些儿童是控制组的。从理论上说，如果前任教师告诉了他们，他们就可以知道这些情况。但事实上他们不知道。尽管前任教师通常都会告诉继任教师接任班级的情况，但前任教师没有一个告诉他们的继任者班上哪些儿童是实验组的，哪些是控制组的。的确，这种证据表明，前任教师不可能告诉这些情况，因为他们自己也不知道。对教师的一次记忆测验表明，他们不能准确回忆，甚至不能从一大串姓名中准确选出他们自己的学生中被选入实验组的名单。

第六章 奥克学校实验

在参加预测的 500 多名儿童中,参加第一年复测的不到 400 人,部分原因是有转入他校的学生,部分原因是复测期间有生病的学生。在两年追踪测验中,参加的儿童不到 300 人,部分出于相同的原因,部分因为参加预测的整个五年级那时已离开奥克学校进初级中学了。只有那些有预测 IQ 又至少有一个复测 IQ 的儿童才可以说是参加了这项实验。

复测并未向教师如实说明是复测,而只是说这种测验旨在进一步预示智力增长。

尽管教师实施了这些测验,但他们不对测验评分。所有测验——预测、初步复测、后测、追踪测验——都评两次分,而且由助理研究人员独立评分,他们并不知道哪些儿童是控制组的,哪些儿童是下面所界说的智力变化实验计划的对象。

智力变化计划

1964 年夏末,对各班已进行了预测。就在教师接任新班级之前,奥克学校中 20% 的儿童被认定是学业上的"激增者"。表明这种认定似乎合理的背景情况在上一学年的春季就已确定了。现在的任务实际上是着手实施智力变化计划。

该计划的实施从分发 18 张名单开始。每张名单发给一至六各年级的教师以及每个年级的快、中、慢轨班的教师。每个教师得到的名单上都列有 1 到 9 名儿童的姓名,她班上的这些儿童被说成是在奥克学校中属"哈佛习得变化测验"得分最高的 20% 之列。这些名单包括学校儿童中所有属于这 20% 之列的儿童,但是,如果每个教师不知道自己班上的儿童列在这份名单上的确切数字或百分比，则会感到似乎更为可信。① 作为给予他们名单的一个理由，只是告诉教师，他们可能觉得知道哪些儿童即将"有大发展"是很有趣的。同时也告诫他们，不要和学生或学生家长讨论测验的结果。

20%子样本的"特殊儿童"的姓名从随机排列的名册中选出。有智力增长标记的儿童与未作标记的控制组儿童之间的差异只存在于教师的心目之中。

---

① 出于相同理由，在每位教师的名单上男孩和女孩的比例允许变动的范围是，最低为所指定儿童的40%，最高为所指定儿童的60%。

第七章 富有魔力的加拉太儿童

本章要回答的基本问题是，在一年或不到一年的时间中，那些被期望有较大智力增长的儿童，是否会比没有指定的控制组儿童有更大的智力增长。还有四个重要的附带问题。如果教师的有利期望对儿童的智力发展有益，那么，哪些儿童从中得益更大：

1. 是低年级儿童还是高年级儿童？
2. 是快轨、中轨还是慢轨的儿童？
3. 是这一性别，而不是另一性别的儿童？
4. 是少数民族群体还是非少数民族群体的儿童？

主 要 变 量

年 龄

我们文化的民间知识、人类发展的当前理论，特别是心理分析理论以及发展心理学家、实验心理学家和生态学家的工作一致认为，年龄是决定有机体能够在多大程度上得以形成、塑造或影响的一个重要因素（Scott，1962）。一般来说，有机体越年轻，对社会影响的敏感程度就被认为越大。科芬（Coffin，1941）在其经典性的专题论文中断言，易受影响性从婴儿到7—9岁逐渐增加，而在7—9岁以后减少。最近，在一篇总结对儿童产生明显社会影响的证据的文章中，史蒂文森（Stevenson，1965）指出，5岁儿童的易受影响性大于12岁儿童的易受影响性，这是与科芬的总结相一致的研究结果。科芬和史蒂文森写作的文章讨论明显社会影响的多于教师预言之微妙的无意影响，但是，一种更微妙的无意影响因素的影响过程是否也表明年幼儿童更易受影响，这还是很有趣的问题，值得研究。

能　　力

我们还感兴趣的是，了解这三轨儿童在他们从教师的有利期望中得益的程度上是否有所不同。然而，就能力来说，文献材料对我们了解能力方面的情况并没有多少帮助。史蒂文森（Stevenson，1965）指出，易受社会影响性这一点可能不太依赖儿童的智力状况，而且我们知道这三轨在平均 IQ 上有很大不同。桑代克（Thorndike，1966）最近研讨了智力增量，他说，最初的智力状况与智力状况的变化之间只有中等程度的相关。在本研究中，无论如何，我们感兴趣的与其说是增量本身，不如说是"特殊"儿童可能表现超出"普通"未被指定儿童的增量。简言之，我们感兴趣的是各轨在可能发现的期望益处的程度上的差异，但我们几乎不知道期望什么。这个问题由于下面的事实变得更复杂了：我们感兴趣的两个变量——性别和少数民族群体身份——和分轨不是没有关系的。在上一章里我们看到，男孩往往过分集中于慢轨，女孩则往往过分集中在快轨；奥克学校的少数民族群体，墨西哥人血统的儿童，往往过分集中在慢轨，很少有在快轨的。

性　　别

对社会影响过程更敏感的是男孩还是女孩，这取决于影响者是男性还是女性（Stevenson，1965）。由于奥克学校教师中绝大多数是女性，我们最感兴趣的是对女性影响者的研究所得出的结果。史蒂文森（Stevenson，1965）总结道，这些研究结果表明，男孩对

第七章　富有魔力的加拉太儿童

社会影响更敏感。然而，如同在儿童年龄情形中一样，所使用的社会影响过程既不是无意的，也不是十分微妙的。教师期望的影响可能两者兼有。

少数民族群体身份

我们对少数民族群体身份变量感兴趣的理由无须证明。有关处境不利儿童的研究文献很多都集中在少数民族群体儿童身上，"处境不利者"几乎就意味着"少数民族群体"。探讨处境不利的最著名的出版物之一是《少数民族聚居区的青年》。如果期望益处真的发生，我们特别感兴趣的就是，期望给少数民族群体儿童的益处是胜于还是逊于非少数民族群体儿童的益处。

在奥克学校，少数民族群体儿童是墨西哥血统的。然而，在本研究中，少数民族群体儿童的界说比简单地确定姓名是否为墨西哥人姓名更严格。要称得上是"少数民族群体儿童"，则儿童本人或者其双亲必须来自墨西哥，必须在家里讲西班牙语，必须对儿童实施过某些程序的管理。这些程序与另一研究有关（Jacobson，1966），包括用西班牙语实施 IQ 测验、阅读能力测验和为儿童本人照相。在墨西哥血统的少数民族群体儿童这个样本内，每个儿童像"墨西哥人"的程度各不相同。一个与奥克学校或奥克学校儿童没有任何关系的十人教师小组，根据"儿童有多像墨西哥人"对每张照片做等第评定。对儿童"实际上"像墨西哥人的程度的确定，是十位教师平均的等第评定。这些等第评定是很可信的。奥克学校的教师对这些相同儿童的平均等第评定，和与奥克学校无关的鉴定人的等第评定有 0.97 的相关。

智力增长

各年级的期望益处

表 7-1 的底行表明奥克学校的总结果。在实验的这一年中，没有指定的控制组儿童的 IQ 增加了 8 分以上，而实验组儿童即特殊儿童的 IQ 增加了 12 分以上。这种增量的差异可归因于 100 次中大约 2 次的机遇（$F=6.35$）。[①]

[①] 对实验的设计和分析的更加技术性方面感兴趣的读者将认识到，我们的陈述仿效的是多因素方差分析计划，兴趣主要集中在实验处理的主要效果上，亦即各年级的实验处理、各轨的实验处理、各性别的实验处理和少数民族群体身份的实验处理的双向交互作用上。另外还计算了各轨各性别的实验处理、各年级各性别的实验处理以及各性别的少数民族群体身份的实验处理的三向交互作用。所有其他可能的三向的和更高级的交互作用得出了一个或更多的样本容量为零的单位或者得出几个样本容量为 N 的单位，但是，由于样本容量太小，以至即使这样的分析在理论上是可能的，也削弱了对结果的信任。

在所有双向和三向分析中，每个单位有不等的或不成比例的样本容量 N，而且运用了沃克与列夫（Walker and Lev, 1953）的近似解法。鉴于所有双向交互作用是直接计算出来的，而且也是在一种或多种三因素方差分析中估计出来的，所以应该指出的是，无论什么时候讨论简单的交互作用，F 检验都是基于双向分析而不是三向分析之上，因为双向分析的每单位较大的样本容量 N 提供了较稳定的估计。然而，当一特定的双向交互作用成了某三向交互作用的一部分时，原文中表明了这一事实，而且对双向交互作用的解释也做了相应的修正。实验处理的主要效果当然是在每个方差分析中求得的，而且与 F 检验相联系的 p 值介于 0.05 与 0.002 之间。当我们把班级作为取样单位（$N=17$）考虑时，我们发现，在可加以比较的 17 个班的 11 个班中（一个班因疏忽没有参加推理 IQ 的后测），实验组儿童的总体 IQ 的增量多于控制组儿童。与符号检验、魏尔柯克松配对符号秩次检验以及相关平均数的 t 检验相联系的单尾 p 值分别为 0.17、0.06 和 0.03。附录表 A-7 提供了所要的数据，表 A-1 至表 A-6 提供所有班级内在两种实验条件中预测和后测的总体 IQ、言语 IQ、推理 IQ 的算术平均数、样本容量和标准差。

第七章　富有魔力的加拉太儿童

表 7-1 和图 7-1 的其余部分表明了每个年级两组儿童各自的 IQ 增量。我们发现，从六年级到一年级期望益处逐年递增，年级与期望益处量之间的相关（$r=-0.86$）在 0.03 的水平上是显著的。交互作用效应或在不同年级有显著的较大期望益处的可能性在 0.07 的水平上（$F=2.13$）是显著的（然而，交互作用对差异的排列并不敏感，这也就是说，$p=0.07$ 是保守数字）。

表 7-1　一年后各个年级的实验组与控制组儿童总体 IQ 的平均增量

年级	控制组		实验组		期望益处	
	N	增量	N	增量	IQ 分数	单尾 $p<0.05$[a]
一	48	+12.0	7	+27.4	+15.4	0.002
二	47	+7.0	12	+16.5	+9.5	0.02
三	40	+5.0	14	+5.0	−0.0	
四	49	+2.2	12	+5.6	+3.4	
五	26	+17.5（−）	9	+17.4（+）	−0.0	
六	45	+10.7	11	+10.0	−0.7	
合计	255	+8.42	65	+12.22	+3.80	0.02

[a] 各班级的实验处理的均方等于 164.24。

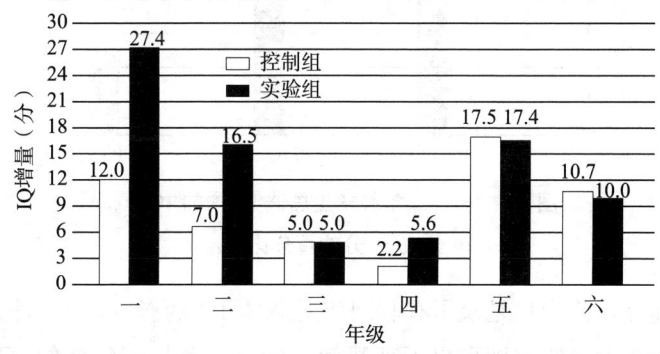

图 7-1　6 个年级总体 IQ 的增量

在一、二年级，教师预言的效应是引人注目的。表 7-1 表明了这一点，表 7-2 和图 7-2 也表明了这一点。在表 7-2 和图 7-2 里，我们看到了一、二年级实验组与控制组儿童取得不同增量的百分比。在这些年级中，大约每隔四个控制组，儿童 IQ 增加 20 分或更多，但在特殊儿童中，差不多每隔一个儿童就增加了 20 分以上。

表 7-2　一、二年级总体 IQ 至少增加 10 分、20 分或 30 分的百分比

IQ 至少增加	控制组 $N=95$	实验组 $N=19$	单尾差异 p
10 分[a]	49%	79%	0.02
20 分[b]	19%	47%	0.01
30 分	5%	21%	0.04

[a] 包括增加 20 分、30 分或更多分的儿童。

[b] 包括增加 30 分或更多分的儿童。

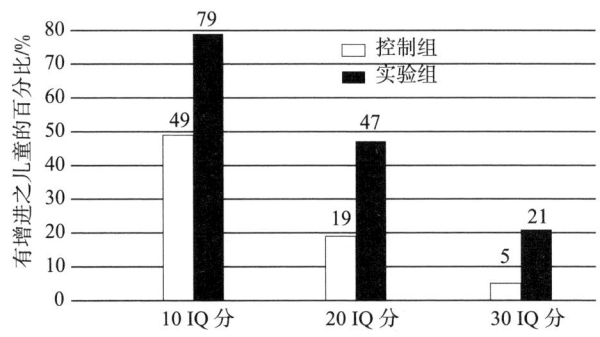

图 7-2　一、二年级学生总体 IQ 增加 10 分、20 分或 30 分的百分比

迄今，我们只是谈了有利期望对总体 IQ 的影响，但弗拉纳根的一般能力测验分别得出了理智活动的言语和推理领域的 IQ。这些 IQ 彼此很不相同，所以给出各自的结果并不多余。就言语 IQ

第七章 富有魔力的加拉太儿童

而言,全校控制组儿童增加了不到 8 分,特殊儿童增加将近 10 分,这个差异可能很容易是因机遇造成的。交互作用项并不很显著($p<0.15$),我们不能断言这些年级的期望益处大于那些年级。但我们现在的确对一、二年级学生有特殊的兴趣,这种兴趣并不妨碍我们详细了解那里所发生的情况。在那些混合年级中,控制组儿童的言语 IQ 增加 4.5 分,而特殊儿童确切地增加了 10 分以上或 14.5 分。如果我们可以做 t 检验(即便交互作用效应不显著),我们会发现,$t=2.24$,单尾 $p<0.02$。

就三至六年级而言,控制组的增量比实验组多 1.6 分,这个差异几乎没有显著意义。表 7-3 概括了这些结果。①

表 7-3 一年后一至二与三至六年级实验组与控制组儿童言语 IQ 的平均增量

年级	控制组		实验组		期望益处	
	N	增量	N	增量	IQ 分	单尾 $p<0.05$[a]
一至二	95	+4.5	19	+14.5	+10.0	0.02
三至六	174	+9.6	49	+8.0	−1.6	
合计	269	+7.79	68	+9.85	+2.06	

[a] 均方等于 316.40。

如表 7-4 所示,有利期望的益处更清楚地表现在推理 IQ 上。就整个学校而言,有利期望的益处是推理 IQ 净增 7 分($F=6.98$),而

---

① 如果把班级作为取样单位($N=18$),我们发现,在 18 个班的 12 个班中,实验组儿童的言语 IQ 增量大于控制组儿童。与符号检验、魏尔柯克松检验和 t 检验相联系的单尾 p 值分别为 0.12、0.23 和 0.25。附录表 A-8 提供所要的数据,并表明,一个班中出现了明显的反向,那就是控制组儿童的增量多于实验组儿童的增量。在提供奥克学校实验的结果中,运用了单尾检验来预测差异。严格遵循单向检验逻辑,并不会使我们考虑诸如附录表 A-8 中显示的这类预料之外的结果。不过,我们提供了非预期结果的双尾 p 值,使得那些喜欢完全使用双尾检验的人和那些必得把所有已知单尾 p 值加一倍的人感到方便。

表 7-4　一年后一至二年级和三至六年级实验组
与控制组儿童推理 IQ 的平均增量

年级	控制组		实验组		期望益处	
	N	增量	N	增量	IQ 分	单尾 $p<0.05$[a]
一至二	95	+27.0（−）	19	+39.6（+）	+12.7	0.03
三至六	160	+9.1（−）	46	+15.9（+）	+6.9	0.06
合计	255	+15.73	65	+22.86	+7.13	0.005

[a] 均方等于 666.58。

六年级在期望得益程度上没有显著的差异。① 这又是年幼儿童获益最多。虽然我们并不特别对控制组的 IQ 增量感兴趣，但看来的确值得注意的是，甚至控制组的年幼儿童在推理 IQ 上也有这样大的增量。表 7-4 表明，控制组儿童的总体 IQ 有大幅度的增加，而且不只是年幼儿童，我们原来期望练习效应在这个年龄最为显著。这一问题尚无定论（我们将在下一章中再回到这个问题上来），但可以说，实验对儿童是有益的，即便儿童处于无处理的控制组也得益。

各轨与各性别的期望益处

没有统计检验表明三轨在得益于教师有利预言的程度上有任何差异。这是就总体 IQ、言语 IQ 和推理 IQ 而言。当整个学校在总体 IQ 与推理 IQ 上受益时，所有三轨都受益；当整个学校的受益不多时，像在言语 IQ 中，没有一轨表现很多受益。就所有三种 IQ

---

① 如把班级作为取样单位（$N=17$）考虑，我们发现 17 个班中有 15 个班产生了有利期望的益处。与符号、魏尔柯克松和 t 检验相联系的单尾 p 值分别是 0.001、0.003 和 0.003。附录表 A-9 给出了必要的数据。言语 IQ 与推理 IQ 中表现出来的期望益处（表 A-8 与 A-9）之比较表明，在 17 个班的 14 个班中，推理 IQ 中表现出来的益处大于言语 IQ。与符号、魏尔柯克松和 t 检验相联系的双尾 p 值分别是<0.02、<0.05、<0.20。

第七章 富有魔力的加拉太儿童

测度而言，中轨即较一般的儿童在被期望有智力增长时往往受益最大，但这种差异很可能因机遇造成。

在总体 IQ 上，被期望有智力激增的女孩得到的益处略胜于男孩。但要了解真正的情况，我们必须查看男孩和女孩在两类 IQ 上获得的期望益处。表 7-5 表明了实验组与控制组的男孩和女孩在所有三类 IQ 上的增量。在言语 IQ 中，表现出期望益处的是男孩（交互作用 $F=2.13$，$p=0.16$）；在推理 IQ 中，表现出益处的是女孩，而且益处很大（交互作用 $F=9.27$，$p=0.003$）。为什么会是这样，还不清楚。在预测中，男孩的言语 IQ 高于女孩（4.4 分），女孩的推理 IQ 高于男孩（8.5 分）。显然，每组从教师预言中得益较多的是在他们已稍占优势的理智活动领域。①

---

① 这一脚注将有助于阐明自然的复杂性和行为研究者不可自满的需要。与朱迪·埃文斯（Judy Evans）一道进行的一项研究得出的初步结果恰恰相反，而且具有同等显著的概率水平。埃文斯在中西部一个小镇的两所小学中重复了与在奥克学校所做的相同的基础实验。奥克学校的学生来自下层阶级社区，而这两所小学的学生来自一个富裕的中产阶级社区。奥克学校的学生总体包括很大一部分少数民族群体成员，而这两所中西部小学则没有。奥克学校的平均预测总体 IQ 是 98 分，而这两所中西部小学的平均预测总体 IQ 为 105 分。在把"特殊"儿童名单给教师后 8 个月，进行复测，这两所小学的研究结果十分相似，这些结果可以合理地并在一道。结果发现，无论是男孩还是女孩，在总体 IQ 或言语 IQ 上都没有表现出期望益处。然而，在推理 IQ 上，结果与在奥克学校发现的情况相反。在这两所小学中，受益于教师有利期望的是男孩。那些被期望会有大发展的学生的 IQ 增加了 16 分以上，而控制组男孩的 IQ 的增量不到 9 分。在女孩中，控制组儿童的 IQ 增加了大约 15 分，而实验组女孩的 IQ 只增加了 5 分多（交互作用 $F=9.10$，$p<0.003$）。在这两所小学中，正如在奥克学校一样，男孩的预测言语 IQ 高于女孩，而女孩的预测推理 IQ 高于男孩。所以，在这些中产阶级学校中，如果说每一性别的儿童都在他们稍占优势的领域从教师有利的期望中受益最多，这是不正确的。在撰写本书时，对这两项研究中出现的这种戏剧性的而且统计上十分显著的不一致时还难以做出解释（$p=0.000\ 04$）。但现在我们确实知道，奥克学校的结果像所有行为实验的结果一样，没有普遍性。

表 7-5　一年后实验组与控制组的男女儿童
在三种 IQ 分数上的平均增量

	控制组		实验组		期望益处	
	N	增量	N	增量	IQ 分	单尾 $p<0.06$
总体 IQ						
男孩	127	+9.6	32	+12.5	+2.9	
女孩	128	+7.3	33	+12.0	+4.7	0.04
言语 IQ						
男孩	136	+8.4 (−)	34	+13.9(+)	+5.6	0.06
女孩	133	+7.2	34	+5.8	−1.4	
推理 IQ						
男孩	127	+19.2	32	+15.3	−3.9	
女孩	128	+12.3	33	+30.2	+17.9	0.000 2

前面已提到过，期望益处并不取决于安置在三轨中的哪一轨。当我们分别考察三轨中男孩和女孩的期望益处时，这一结论就得修正。只是在推理 IQ 上，教师期望在统计上有显著的影响（三向交互作用 $F=3.47$，$p<0.04$）。表 7-6 表明了三轨中每一轨的实验组男女儿童在推理 IQ 增量上超出控制组男女儿童的量。我们已经知道，在推理 IQ 上，女孩的期望益处更大，而且从表 7-6 中我们看到，在中轨即比较一般的儿童轨，情况更是这样。

表 7-6　一年后实验组男女儿童的推理 IQ
增量超出控制组男女儿童的量

轨	男孩	女孩
快	−2.6	+9.1
中	−12.0	+42.0[a]
慢	−0.3	+12.5
合计	−3.9	+17.9

[a] $p=0.000\,03$，单尾。

第七章 富有魔力的加拉太儿童

我们还知道，女孩过多地集中在快轨。这些是聪明的女孩，对她们的期望已经很多。奥克学校的慢轨的女孩往往相对地很迟钝，而且我们知道，只有极少数女孩安置在慢轨，她们才是对奥克学校教师的真正挑战。中轨女孩极少说及，教师往往发现她们兴味索然；对她们智力原有的期望既不像快轨那么有利，也不像在慢轨中那么十分不利和有挑战性。也许导致更大的收益增量是在给予教师对这些儿童的有利期望时，而不是给予教师对其他轨的女孩的期望时。这是对一般轨中教师的有利期望对女孩的智力增长有较大影响的一种可能的解释。为什么增长在推理 IQ 上突出，还不清楚，但我们的确知道，就这一实验中的女孩而言，当教师预言有益处时，这些益处往往发生在理智活动的推理领域。

学生的性别证明是使三轨中所发现的期望益处复杂化的一个因素。与四个高段年级的年龄较大的儿童相对比，性别还使在一、二年级的年幼儿童中发现的期望益处量复杂化了。表 7-7 表明了实验组儿童的 IQ 增量超过控制组儿童增量的分数。这些期望益处分数分别表明了高低年级段男女儿童在三个 IQ 测度的每一个测度的情况。就总体 IQ 而言，尽管低段年级的"特殊"男孩的确因被期望有智力上的增长而得益，低年级女孩的 IQ 因有利期望而获得的增量却将近是男孩的三倍（三向交互作用 $F=2.96$，$p=0.09$）。就言语 IQ 而言，无论是哪个年级，男女儿童在得益于有利期望的量上没有差异（三向交互作用 $F<1$），尽管如我们早些时候所了解的，低段年级男女儿童得到的帮助多于三至六年级的儿童。在推理 IQ 上，不同年级的男女儿童表现出十分不同的期望益处的量。高年级的男孩成绩较好，与低年级女孩形成对照，当女孩被期望学得更好时，她们的成绩果然较好（三向交互作用 $F=8.14$，$p<0.005$）。这种效应大都是一、二年级实验组的女孩非常的表现所致，她们的 IQ 增量比一、二年级控制组女孩的增量高 40 多分。

表 7-7　一年后两个年级层次实验组男女儿童在三个
IQ 分数增量上超出控制组男女儿童的量

	男孩	女孩
总体 IQ		
一至二年级	+6.1	+17.1[b]
三至六年级	+2.3	−0.1
言语 IQ		
一至二年级	+10.8[a]	+9.5
三至六年级	+2.8	−5.8
推理 IQ		
一至二年级	−10.7	+40.4[c]
三至六年级	+3.6	+10.0[a]

[a] $p<0.05$，单尾（或 0.10，双尾）。

[b] $p<0.0002$，单尾。

[c] $p<0.00002$，单尾。

总结我们涉及学生性别这一因素的有点复杂的研究结果，我们可以最简单地说，当被期望有某种未加规定的大发展时，女孩在理智活动的推理领域增长更多，男孩则在言语领域增长更多。而且，这些增量更可能显著地发生在低年级。低年级对做出预言的教师的无意影响的敏感性较大，这并不特别令人惊奇。所有各方面的证据往往表明，对影响过程的各种形式更加敏感的是年幼儿童。抱有利期望的教师的影响可能并不是那么十分不同。为什么当期望有智力上的增量时，男孩在言语 IQ 上增进较多，而女孩在推理 IQ 上增进更多？这不容易解释得清楚。我们在前面的确提到了这种可能性：儿童在他们往往首先就稍占优势的那些理智活动领域得益于模糊的教师期望较多。奥克学校的男孩在预测言语 IQ 上高出女孩 4 分以上，女孩则在预测推理 IQ 上高出男孩 8 分以上。

第七章　富有魔力的加拉太儿童

少数民族群体身份的期望益处

在总体 IQ、言语 IQ，尤其是在推理 IQ 上，少数民族群体儿童比其他儿童更得益于有利期望，尽管这种差异在统计上并不显著。

每一个墨西哥血统的儿童的期望益处的量等于其 IQ 增量与其所在班中控制组儿童的 IQ 增量之差。① 然后，我们把得出的期望益处的量与儿童面部的"墨西哥人特征"关联起来。表 7-8 表明用总体 IQ、言语 IQ 和推理 IQ 来限定期望益处时在墨西哥血统的男女儿童中获得的相关。在总体 IQ 和推理 IQ 上，那些看来更像墨西哥人的墨西哥血统的男孩比看来不大像墨西哥人的墨西哥血统的男孩更得益于教师的有利期望。这些研究结果还没有清楚的解释，但我们可以推测，教师实验前对看上去更像墨西哥人的男孩的理智成绩的期望可能最低，这些儿童可能因教师心目中有较有利的期望而获得最大增量。

表 7-8　一年后墨西哥人的面部特征与有利期望的益处之间的相关

	男孩		女孩		总体	
	N	r	N	r	N	r
总体 IQ	7	+0.70[a]	9	−0.14	16	+0.27
言语 IQ	7	+0.54	10	−0.11	17	+0.21
推理 IQ	7	+0.75[b]	9	−0.01	16	+0.14

[a] $p=0.08$，双尾。
[b] $p=0.05$，双尾。

---

① 每个班级中的所有控制组儿童都被用作比较的依据，而不仅仅是用墨西哥血统的儿童做比较的依据。这样做是为了得出一个更准确的控制组增量的估计数。在一些班级中，墨西哥血统的儿童太少了。在控制组儿童中，墨西哥血统的儿童与非墨西哥血统的儿童的 IQ 增量之间有高的等级相关，在 15 个可做比较的班级中，相关为 +0.74（$p<0.003$）。而所有儿童的 IQ 增量与纯粹墨西哥血统儿童的 IQ 增量之间的对应相关为 +0.90（$p<0.001$）。

讨 论

我们详细描述了这项实验的结果，这些结果提供的进一步证据表明，一个人对另一个人行为的期望可以充当一种自我实现的预言。当教师期望某些儿童表现出较大的智力发展时，这些儿童果然表现出较大的智力发展。就实验的基础年份而言，自我实现的预言主要在低年级很明显；要确定为什么会这样是困难的。人们提出了许多解释，但是这些解释并不是互不相容的。

第一种解释认为，年幼儿童一般被认为是更可塑的、不大定型的、更易变化的、更易受关键期影响的（Scott，1962）。于是，仅仅因为年幼儿童比年长儿童更易变化，我们所做实验的实验条件对年幼儿童就更有效。（应该回想得起，我们这里所说的变化是指相对于控制组变化的变化。表 7-1 表明，甚至五年级儿童在 IQ 上也能发生显著的变化，但是五年级实验组儿童的变化并不比控制组儿童的变化大。）

第二种解释是，某一学校内的年幼儿童在学校里得到的充分确认的声望不大。因此，告诉教师年幼儿童将表现出智力增长，教师感到比较可信。教师可能根据儿童的声望非常"了解"某个年龄较大的儿童，因而不大容易仅根据别人的说法就相信这个儿童智力上会有所增长。

第三种解释在某种意义上是前两种解释的综合。它认为，年幼儿童表现出与教师期望相联系的较大的增量，不是因为他们必然是更可塑的，而是因为教师相信他们是更可塑的。

第四种解释认为，年幼儿童更敏感于而且更易受教师借以传递期望的特定过程的影响。根据这种解释，如果教师相信儿童能够获得智力增量，则教师可能以相同的方式对所有年级的儿童做出反

第七章 富有魔力的加拉太儿童

应。但也许只是年幼儿童的成绩受教师对他们说的某些特殊东西的影响,受教师对那些期望有较大智力增长的儿童的说话的特殊方式、一举一动的方式的影响。

第五种解释认为,教师期望的影响在低年级更有力,这不是因为与儿童年龄相联系的任何差异,而是因为与一些取样的"误差"相联系的差异。因此,低年级儿童的家庭可能与高年级儿童的家庭有彻底的不同。

第六种解释也认为,归因于教师期望的年幼儿童的较大的 IQ 增量,是取样"误差"的结果,但这次误差不在儿童的取样而在教师的取样。情况可能是在各种不同的人口统计、智力和个性变量上,年幼儿童的教师与年长儿童的教师可能十分不同,以至教师可能:(1)更相信"特殊"儿童方面的信息;(2)已是向儿童传递对他们成绩的期望的更有效的传递者。

有某种证据表明,奥克学校的低年级教师确实与高年级教师不同。两位很熟悉全体教师的行政人员根据教师的总效能对各个教师做了等第评定。这两位行政人员的等第评定很一致($r=+0.88$),而且尽管有许多例外,低年级教师都被这两位行政人员判定为更有效的教师(效能与所教的年级之间的平均相关 $r=-0.57$,$p<0.02$)。

只有年幼儿童一年后得益于教师的有利期望,这一研究结果才有助于我们更好地理解克利福德·皮特(1956)和查尔斯·弗劳尔斯(1966)(见第五章)这两位实验者的研究结果。我们记得,皮特把他五年级男孩的样本划分为三个组。在一个组,把人为地加了 10 分之后的男孩的 IQ 分数告诉教师;在另一个组,把减少了 10 分之后的男孩的 IQ 分数告诉教师;在第三组,把男孩的实际 IQ 分数告诉教师。皮特发现,在学年末,教师得知有关他们学生 IQ 的虚假信息对学生的学业成绩没有任何影响。

我们自己研究的结果表明，一年后，五年级学生可能没有表现出教师期望的效应，尽管一、二年级学生表现出了教师期望的效应。然而，皮特的研究与我们自己的研究在许多方面大不相同，难以直接比较。例如，皮特没有复测儿童的 IQ 本身，而只是复测了学业成绩。也许更为重要的事实是，皮特所选的教师在知道学生 IQ 分数前近两个月就认识了他们的学生。教师有了一段很长的时间足以对学生成绩形成实际的期望，这种期望比增减 IQ 分数引起的期望更为有力。

弗劳尔斯实验未能确定的结果与我们自己得出的数据也不能直接加以比较。弗劳尔斯的学生是年龄大的儿童（七年级学生），而且每个儿童都受教于许多不同的教师，而不仅仅是一个教师。也许教师期望的效应由于分配在许多教师身上而被冲淡了。就弗劳尔斯的研究而论，我们也必须记住，人为地标明为更聪明的班级所配备的教师与配给控制组的教师是不同的。所以，控制组与实验组之间的任何差异都可能是配给各班教师的素质之差异造成的。

一打富有魔力的儿童

实验研究、定量研究、行为研究常常付出的一个代价是，没有直接意识到其行为被研究的那些人。为便于我们确定和描述人这个要素以及奥克学校实验的定量测量单位，让我们略为详细地描述奥克学校儿童的学校行为。在教师对其智力抱有利期望的儿童中选出 12 个儿童（男女各半）分别加以描述。

由于教师有利期望的效应只是在一、二年级显著，所以，要描述的年幼儿童都选自这两个年级。在所选择的儿童中，每一性别都包括两个一年后总体 IQ 有最大增量的儿童、两个增量中等的儿童和两个增量最低的儿童。标明每一个儿童的预测 IQ、后测 IQ 与增加分数，以及儿童在实验这一年是一年级还是在二年级。描述本身

第七章 富有魔力的加拉太儿童

根据的是对每个儿童的个人了解和学校记录,姓名当然是虚构的而且改变了某些细节以确保匿名性。

最高增量

马里奥　预测 IQ：133
　　　　后测 IQ：202
　　　　IQ 增量：+69
　　　　年级：二

马里奥是位高个、英俊的白肤金发蓝眼的意大利人和北欧人的后裔。他是两个男孩中的老大,父亲是半熟练的产业工人,母亲是打字员。马里奥和弟弟在白天由他们只会讲意大利语的祖母照管。自马里奥进入奥克学校幼儿园以来,全家就一直住在同一幢房屋中。

在一年级,马里奥没有学业上的问题,但在二年级初,他在掌握词汇和朗读上遇到了困难,他写的印刷字体中有许多字母被写反了。到第二年末(这一年他被指定为"有大发展的学生"),他的阅读技能有了改进。他的三年级教师发现,他在作文中很好地表达了自己的思想。他还开始接受言语治疗,以克服从前没有注意到的缺陷。在他升到四年级时,对他的评语是,他是一个认真负责、一丝不苟的学生,不应强迫他学得更快。三年级期间注意到他有点坐不住。在三年级,教师并不知道他是个"特殊"儿童,所以很容易做出这样的推测:他相对地较少受到挑战,因而变得比较厌烦。这种推测是可以成立的,因为在某种历史上说,我们对每一个儿童都了解很多,但同时这种推测又有助于阐明历史重建的冒险性。我们永远不会知道这种推测是否有价值。

家长会议记录表明,当告诉马里奥的家长马里奥在二年级初有阅读问题时,他们便努力在晚上帮助他。家长对他的学业进步表现出兴趣和关注。当他所在班级演出由他创作和导演的一个简短的独幕剧时,他母亲请假去观看了演出。

马里奥不苟言笑,是个严肃的男孩。他与班上同学友好相处,从未有被叫到办公室去受训。他看上去沉着冷静和成熟。

自从一年级以来,马里奥一直在高能力组(快轨),而且显然将继续留在高能力组。

何塞　预测 IQ:61

　　　后测 IQ:106

　　　IQ 增量:+45

　　　年级:一

何塞是个漂亮的墨西哥血统的男孩,讲话带点西班牙语口音。他的父亲是熟练的铸造工人,母亲是肉类包装工人。父母都出生在墨西哥。何塞的母亲参加了工作,这在该社区的墨西哥人家庭中是不多见的。何塞只有一个弟弟,这也是不多见的。一位讲西班牙语的大妈是他们婴儿时的临时保姆。自何塞上奥克学校的幼儿园以来,全家就一直住在两幢房屋中。

何塞因幼儿园教师的建议进了一年级的低能力组,二年级还是在低能力组,但是到三年级时他将进中能力组。

何塞的一年级教师发现他渴望学习。就在这年他被指定为"有大发展的学生"。他取得了良好的进步,但起点低,所以还得进一步努力。他的二年级教师说,他注意力集中、谦恭和友好。他想在二年级尽最大的努力去学习。

家长会议记录表明一年级没有举行过家长会议。在二年级,何塞的母亲希望他能升到中能力组。在他升到三年级时,对他所做的评语指出,他对阅读表现出了很大的兴趣。他母亲晚上听他朗读。在二年级结束前三个月他开始阅读一本二年级读物,并将在三年级中班继续读这本书。

何塞有点孤僻,但看来没有社交问题。他看上去文静和安稳。

第七章　富有魔力的加拉太儿童

他从没有被叫到办公室受训斥。

玛丽亚　预测 IQ：88
　　　　后测 IQ：128
　　　　IQ 增量：+40
　　　　年级：一

玛丽亚是个活泼的小女孩，白肤金发蓝眼。墨西哥祖籍的儿童有她这样浅淡肤色的不多见。她不讲西班牙语，但听得懂家庭中的简单用语。她走起路来像跳舞，而且在她走动时，小巧的金耳环亮光闪闪。她家有五个小孩，她排行第四，是家中最迷人的孩子。她父亲是位仓库保管员，母亲是家庭主妇。自她上奥克学校幼儿园起，全家就一直住在同一幢房子中。

玛丽亚因幼儿园教师的建议进了一年级中班。在一年级开始时（在一年级她被指定为一位潜在的"有大发展的学生"），教师发现她是位细心、认真负责的学生。她很明显具有非同寻常的艺术才能，教师向她母亲建议，进专门的艺术班对她是恰当的。教师在一年级结束时写的评语指出，该儿童除算术以外，其他所有学科都学得不错。她卓越的艺术才能得到了注意。在升级时，她被建议进了二年级高能力组。

二年级的进步开始时很一般。阅读理解能力似乎有点不行。二年级末，玛丽亚的阅读能力大大提高了。她的算术也学得很不错，而且她的学习总的来说提高很快。

家长会议记录表明，家长对玛丽亚的进步很感兴趣，而且对她在二年级进入高能力组很满意。当她在二年级遇到麻烦时，母亲答应在家里帮助她提高阅读能力。

玛丽亚不调皮，但不能认为她羞怯。她的艺术作品很受成人的表扬，这样年幼的儿童有这样的艺术作品是异常好的。在课间休息时，她主要与比她大一岁的姐姐玩耍。家庭关系似乎密切。

维奥莱　预测 IQ：60
　　　　后测 IQ：97
　　　　IQ 增量：+37
　　　　年级：一

　　维奥莱是个消瘦、结实、顽皮的小姑娘。她有一双黑黑的小眼睛，头发剪得像男孩，因为她的头发卷得无法梳理。她的祖先是法国人和葡萄牙人，但家人只讲英语。维奥莱在六个孩子中排行第五，他们大多上奥克学校。自维奥莱上幼儿园以来，全家就一直住在同一幢房子中。她父亲是屠夫，母亲是家庭主妇。父亲因婚姻冲突不时外出。每当吵架时，她父亲就来到学校，诉说他的问题并每日检查孩子们的上学情况。当他是全家之一员时，他常常去孩子们的教室看看。他对孩子的兴趣不时给学校工作人员增添麻烦。例如，维奥莱得到了父亲强有力的鼓励要勇于进取，她在运动场上像只小老虎。此外，她的语言时常与一个小女孩的身份不相称。她常常因好斗或对任课教师与游戏课教师的对抗性行为而被送到办公室挨训。

　　维奥莱开始是在一年级低班，二年级时仍将在低班，而且三年级仍将在低班。她的一年级教师认为：维奥莱注意力分散、爱吵闹、不听话，但当她注意力集中时，所做反应良好。在一年级，她就被指定为潜在的成绩激增者。二年级教师批评了她在不能为所欲为时所表现的那种闷闷不乐的态度。在二年级初，教师评论她对阅读没有兴趣，但她努力的话还是能够学好的。在二年级末，教师对她的评语是，她在尽最大努力搞好阅读，在艺术上她是一个有能力、富有创造性的儿童。

　　维奥莱在课堂里和在运动场上都有情绪和行为方面的问题。她与其他儿童的关系不很好。她在学校与比她大一岁的姐姐的关系从密切保护转为相当任性的对抗行动，如咬、抓、踢。她对学校工作

第七章 富有魔力的加拉太儿童

人员的态度有点受她父亲的影响。她父亲常常在教室和办公室说奥克学校教师应对他两个孩子的学业成绩不佳负责。她母亲很少到学校去。她看上去文静、顺从,而且有点羞怯。维奥莱的父亲说,他的妻子既不会读也不会写,他的孩子一定是继承了这些素质。对学校工作人员来说,她父亲是一个十分有趣但又十分使人恼怒的人。维奥莱似乎在步其父亲而非其母亲的后尘。

中等增量

康斯坦丁　预测 IQ：116

　　　　　后测 IQ：137

　　　　　IQ 增量：+21

　　　　　年级：一

康斯坦丁是个瘦小、温和、逗人喜爱的男孩,他的每一位教师都很喜欢他。他祖籍希腊,懂希腊语。自上奥克学校以来,他就与父母住在同一幢房屋中。他父亲是半熟练工人,母亲是熟练教师。他是独生子。

教师在一年级头几个月所做的记录表明,康斯坦丁在技能方面表现很不错。他喜欢独处。这年他被指定为潜在的"有大发展的学生"。圣诞节后,他从中等水平跃至一年级的高水平。他的新教师评论,他在各方面都学得很好,而且对转入高水平很适应。他依然是个"孤独者",课间休息时他喜欢与教师谈话而不是玩。

他的二年级教师发现,康斯坦丁很有音乐禀赋。他在阅读上进步很大。

家长会议记录表明,康斯坦丁的父母没有出席一年级会议。二年级会议记录指出,他母亲答应带他去图书馆,却要求教师鼓励他多参加体育活动。

康斯坦丁喜欢与成人交往。他不大喜欢同其他儿童打闹或放肆玩耍。他有点胆怯,但当他感到有被人接受的自信时,他可以无拘无束地谈话。

  凯西 预测 IQ：105

      后测 IQ：125

      IQ 增量：+20

      年级：二

  凯西是个很羞怯、发育快的瘦长的女孩。她脸上长有雀斑，有一双蓝眼睛和一头松软的长发。凯西还没有发育完全。她在家里的三个女孩中是老大，父亲是消防队员，母亲是家庭主妇。自从她在一年级的学期中间进入奥克学校以来（当时她在高能力组），全家就一直住在两幢房屋中。

  教师的评语指出，凯西在家有点娇生惯养，据说她讨厌多种食物。她的一年级教师发现她注意力不集中和幼稚。在二年级（在这一年级她被指定为潜在的"有大发展的学生"），教师注意到她怕羞，但也注意到她的自信心在逐渐增强。二年级开始时，凯西表现出缺乏算术理解力。到年末，她的算术有了改进。凯西对她所阅读的东西不大理解。三年级教师注意到，她在算术、书法和理解上仍然有些问题。

  家长会议记录指出，凯西的父亲每次都出席了会议。他显然最渴望她在学校中取得成功，因为他自己在学校中没有取得成功。他承认自己对她没有耐心，所以帮助她做家庭作业的是她母亲。学校一直要求她父亲在她完成了作业时予以表扬，而不要因为她"慢吞吞"就批评她。

  凯西很害羞。与她打招呼时她会满脸通红，向她笑时她会低头盯着自己的鞋。然而，她与同伴没有社交方面的问题。羞怯似乎只在同成年人打交道时才有。由于她父亲就凯西明显害怕选修课教师拜访了校长，故办公室里的人都知道了她。这个儿童显然是因成人的注意而苦恼，所以要了解她是很困难的。

第七章 富有魔力的加拉太儿童

贝齐　预测 IQ：95

后测 IQ：113

IQ 增量：+18

年级：一

贝齐是个顽皮、爱挑剔的小女孩，有双黑眼睛和长长的棕发。她有两个姐姐和几个异父弟妹。她和姐姐最近才被继父收养。她们用他的姓，因为他们不想要一个与其母亲和弟妹们不同的姓。贝齐自上奥克学校幼儿园以来就一直住在同一幢房屋中。她的继父是管理人员，母亲是家庭主妇。

贝齐因幼儿园教师的建议进了一年级高能力班。她的一年级教师在年初注意到（这一年她被指定为潜在的"有大发展的学生"），她是个认真发奋的学生，并正在取得令人满意的进步。她的二年级教师发现她做起事来太快。贝齐对科学有强烈的兴趣。二年级末的评语说，她很能干，但需要鼓励，否则她就会松懈下来。

家长会议记录指出，贝齐的母亲对她的进步很感兴趣。她帮孩子改进学习习惯，当孩子有了改进时她就十分高兴。贝齐是个欢快的孩子，不关心学校，亲切而友好。她没有纪律上的问题。她所关心的看来主要是社交方面的事情。

托尼　预测 IQ：109

后测 IQ：123

IQ 增量：+14

年级：二

托尼是个黑眼睛、胖乎乎的小男孩，门牙很大，脸颊红润，面带微笑。托尼在家里的两个孩子中排行老二。许多人都会说他的父母和姐姐"漂亮"，托尼也的确很帅。自进奥克学校幼儿园以来，他一直住在同一幢房屋中。他父亲在制造业工作，母亲是家庭主妇。在一起生活的还有一位讲意大利语的祖母。

托尼因幼儿园教师的建议上了一年级高能力班,而且以后一直在高能力班。他的一年级教师发现他是一个极守规矩的儿童,他的词汇量异常地大。一年级他常常哭鼻子。在二年级(这年他被指定为潜在的"有大发展的学生"),他的自我控制能力增强了,尽管他仍旧寻求教师的表扬和指导。教师在二年级末的记录中指出,托尼在家和在学校都缺乏责任感。在三年级,他的学习习惯看上去很差。他完成布置的作业有困难。

家长会议记录表明,他的父亲不要托尼在家里帮助干"妇人的家务活"。

这个年轻人很可爱,但没有责任感。他的成绩中等偏下,但他的潜力显然没有充分发挥出来。他似乎在学校感到安全,并且比在家里显得更加成熟。

最低增量

路易丝　　预测 IQ:101

　　　　　后测 IQ:114

　　　　　IQ 增量:+13

　　　　　年级:二

路易丝是个白肤金发碧眼而又严肃的高个女孩,她显得异常成熟。就她的态度和责任感看,她不像儿童,她很可靠。自上奥克学校幼儿园以后,路易丝、弟弟和他们的父母住在一幢公寓里,直到她二年级末举家迁离该镇。她父亲是宇航技术专家,母亲是家庭主妇。

幼儿园教师建议她上了一年级高能力班。在二年级,她还是在高能力班,并在这一年被指定为潜在的"有大发展的学生"。

有关路易丝的一些学校记录被送到了新学校,所以在奥克学校找不到教师对她的评语。不过,办公室人员都知道她,她经常被办公室雇作信使。办公室人员发现她可靠、勤奋、严肃,而且讨人喜

第七章　富有魔力的加拉太儿童

欢。她不苟言笑，总是忙于生活事务。当然，她的成绩是优异的。路易丝可能认为没有任何东西是不令人满意的。

帕特里夏　预测 IQ：89

后测 IQ：90

IQ 增量：+1

年级：二

帕特里夏是个短脸形、个高、体重的儿童。她爱笑，性情开朗，常常咯咯地发笑。她在家里 4 个女孩当中排行最小。自她上奥克学校幼儿园以来，全家一直住在同一幢房屋中。她父亲是推销员，母亲是出纳兼侍应员。

在帕特里夏的学校记录中几乎没有教师的评语。一、二年级时，她在中能力组，但在二年级时她的成绩明显地超出了平均水平，所以在三年级时她升到了高能力组。在二年级，她被指定为潜在的"有大发展的学生"。

家长会议记录也很缺乏，这也许是因为帕特里夏的母亲工作繁忙无法出席会议，或者也许是因为她母亲不关心，这种情况一直到帕特里夏上三年级时举行的电话会议才改变。那时，她母亲得到通知，帕特里夏学习有点马虎，尽管她总的进步是令人满意的。

帕特里夏没有表现出特别问题——学业的、个人的或社交方面的。她给人的印象是快乐和适应能力强。

道格拉斯　预测 IQ：111

后测 IQ：107

IQ 增量：-4

年级：二

道格拉斯是个黑皮肤、高个、瘦细的男孩，他总是收拾得漂漂亮亮。他有 4 个姐姐和 1 个弟弟。自他入奥克学校幼儿园以来，全家就一直住在同一幢房屋中。他父亲在家干个体经营，别人不知道他父亲的身份，他母亲是秘书。

道格拉斯显得十分害怕一年级和二年级的教师。在第一年中期，由于他在一年级的良好成绩而从低能力组进入中能力组。整个二年级和三年级他都在中能力组。在二年级时，他被指定为潜在的"有大发展的学生"。教师的评语是，他做事粗心，作业草率。

家长—教师会议记录表明，道格拉斯的母亲总是出席会议。当他在二年级时，她就担心也许他进不了中能力组。看来她对他的进步很满意，并且从不对他施加压力。

道格拉斯是个离群索居、沉默寡言的儿童。他与同伴友好相处，但不参加富有挑衅性的游戏。办公室人员对道格拉斯的了解还不如对他母亲的了解。

胡安　预测 IQ：123

　　　后测 IQ：117

　　　IQ 增量：-6

　　　年级：二

胡安是个绿眼睛、瘦小的黑人男孩，他有语言方面的缺陷，但不大明显。自入奥克学校幼儿园以来，他就与父母亲、妹妹和弟弟住在同一幢公寓。胡安的父亲是技术工人，母亲是家庭主妇。胡安是葡萄牙人和墨西哥人的后裔，但在家里只讲英语。

按照教师的评语，胡安自入校起就一直是模范儿童。在一年级，他显得有点胆怯，但不久就胆壮了。二、三年级教师发现他的学业不错，表现出色。在二年级时，他被指定为潜在的"有大发展的学生"。作为一个小男孩，他异常整洁和细心。他显然不满于纠正他的语言，但在其他方面，他能很好地遵循学校的各项要求。

家长—教师会议记录表明，胡安的母亲对他显著的进步感到高兴。她所关注的是，他仍在上口语班，而口语班可能使他形成了急躁的情绪。

第七章 富有魔力的加拉太儿童

胡安是个追求完美的小家伙。他的教师发现他是个好孩子,但并不特别惹人喜爱。他在学校里似乎没有充分表现出他的"个性",这是值得注意的,因为他的弟弟富有魅力和感染力,受到教师的广泛喜爱。胡安始终在高能力组,而且可能继续在快轨。

一 些 感 想

这些儿童大概可以代表奥克学校的儿童。12 个儿童中,有些首先就很聪明,有些则不很聪明。1/3 的儿童懂一点外语。有几个人是非盎格鲁-撒克逊人。他们来自大小不一的家庭。其中有两个儿童显然可以被说成是教育处境不利者,而且这两个人的智力增量最高。尽管所做的叙述简短,但还是产生了一些感想。

使用个案履历、传记和轶事来检验科学假设通常不是最有用,但它们在形成这些科学假设时特别有用。例如,在前面的叙述中,给我们印象很深的是贯穿于那些从教师的有利期望中得益最多的儿童的经历之中的两条线。他们的父母似乎对他们的学业进步特别有兴趣[1],而且,这些儿童常常被描述为外表极有吸引力的儿童。我们不是要检验这些假设,而是要更清楚地系统阐述这些假设,对 12 个儿童中的每一个,都根据其父母对他们的学业感兴趣的程度以及根据他们外表的吸引力做出等第评定。这些等第评定是由很了解儿童的本书作者之一做出的。评定者对每个儿童表现出来的 IQ 增量的大致了解,可能影响等第评定。然而,对这类告诫的考虑,看来在形成未来要加以检验的假设中不如在对假设的实际检验中重要。

---

[1] 布鲁科弗、艾里克森、哈梅切克、乔伊纳、莱佩里、帕特森与托马斯最近的一项研究(Brookover, Eriekson, Hamacheek, Joiner, Lepere, Patterson, and Thomas, 1966)表明,父母对他们孩子的学业和能力的兴趣的增强可以显著提高儿童的学业成绩。

这 12 个儿童中 IQ 增量与家长兴趣的相关是+0.40，IQ 增量与外表吸引力的相关是+0.48，这些变量之间的相关则为+0.43。这几个相关中没有一个甚至在 0.10 的水平上具有显著的统计意义。当家长的兴趣与外表吸引力的等第加在一起并重新做等第评定时，这一新结合的变量与 IQ 增量的相关达+0.62（$p<0.04$，双尾）。按这种结合的变量，等第评定最高的 6 个儿童的 IQ 平均比等第评定最低的 6 个儿童增加 20 分以上。然而，这 6 个等第评定最低的儿童的 IQ 仍然比一、二年级的一般的控制组儿童增加了 7 分以上。

所有儿童而不只是那些被期望有特殊增长的儿童，在家长对他们的学业比较感兴趣而且他们的外表又比较有吸引力时，智力增进是否更多，了解这一点是很有趣的。大概在较早年级，这样一种结合既是最有帮助的，也是最可能发生的。儿童有吸引力的外表和家长的兴趣不可能年年都有显著的变化。要是有的话，有吸引力的外表与家长的兴趣可能从入学的第一天就表现出来了。

第八章　教师的评定

现在看来，教师的有利期望可能是造成他们学生 IQ 增量的原因，而且在低年级这些增量可能十分显著。但是，一个提高了的 IQ，甚至一个有显著提高的 IQ 并不保证该 IQ 的拥有者会在比进行 IQ 测验的情境更"真实"的情境中表现出他获得的益处。对学校中的儿童来说，没有比课堂情境本身更"真实"的情境了。所以，我们想知道，归因于教师有利期望的 IQ 增量，是否也反映在可以更加直接观察到的特殊儿童的课堂行为之中。理想地说，应雇用独立的观察者来记录学生的课堂行为，但在奥克学校实验中不可能采用这种方法。

所以，我们对儿童课堂行为的观察必须依赖教师本人对儿童的学业成绩和对儿童的一般课堂行为的评定。用教师的评定作为儿童方面信息的来源，有利有弊。一方面，丰富的教育研究传统表明，教师在评定学生的智力和个人适应上往往是不准确的。另一方面，在编制甚至最复杂的智力和个人适应测验中，对学生的"真实"能力和适应的一个常用的界定，是教师对这些品质的评定。这是不难理解的，因为没有一个成人像教师那样了解儿童的课堂行为。

本研究中所面临的专门问题是，教师对学生课堂行为的观察可能受实验中形成的期望的影响。教师可能会把更理想的行为归于特殊儿童，即使特殊儿童的实际课堂行为与控制组儿童的行为没有什么不同。这是光环效应的实质，而且我们从前面描述过的卡恩(1966) 的研究中得知，教师的期望可能歪曲他们对学生成绩的评定。根据本研究还无法确证教师的评定是否受光环效应的影响，但即使受到影响，教师评定的生态效度（ecological validity）或"真实性"并没有被削弱。光环效应也发生在现实生活中，教师对学生有成见的或者无成见的评价，对学生学业上和非学业上的未来都是举足轻重的。在谈及教师的评定之前，我们应该记得，尽管我们知道那些被期望智力上会有更多增量的儿童确实比控制组儿童的增量大，但教师并不知道这一事实。如果教师带着"光环"观察，那么，据说是大有发展的儿童的智力确实增长了，这种了解至少没有强化他们心目中的光环。

学 业 成 绩

所有教师平常都要对他们学生的学业成绩做出评定，而且他们通常用字母等级来表示其评定并把它们记录在成绩卡上。奥克学校用"A""B""C""D"表示及格等第，用"U"表示不及格等第。所有儿童在每次的成绩卡上都记有下列科目的等第：阅读、算术、语言、书法、社会常识、科学、卫生、体育、工艺美术和音乐。此外，在三到六年级对拼写评等第，而在一、二年级不评等第。

在对被期望有智力增长的儿童的课堂学业成绩与控制组儿童的学业成绩进行比较时，所用的分析方法与比较 IQ 增量时所用的方法相同。奥克学校的每一个儿童无论是在控制组还是在实验组，1964 年春季学期的期终成绩卡等第都被当作"预测"，1965 年春季学期的期终成绩卡等第被当作"后测"。然后把字母等第换算为整数，4 分代表"A"等，0 分代表"U"等。再用后测分数减去预测分数得出增高分数，然后，正如在 IQ 情形一样，对特殊儿童的增量与控制组儿童的增量进行统计比较。

就整个学校而论，11 门学校科目只在 1 门科目中，特殊儿童

第八章 教师的评定

与控制组儿童的积分点增量之间有显著差异。这一科目就是阅读。被期望有较大智力增量的儿童表现出较大的增量。

各年级的期望益处

整个学校的结果见表 8-1 的底行。① 我们将看到，只是在把学校作为一个整体来考虑时，效果才是小的。表 8-1 的其余部分（和图 8-1）表明了 6 个年级的两组儿童的阅读积分点的增量情况。正如在 IQ 情形中一样，我们发现从六年级到一年级期望益处是增加的，年级与期望益处的量之间的相关（$r=-0.91$）在 0.02 的水平上是显著的。② 这个相关很接近于 IQ 中期望益处与年级水平的相关（$r=-0.86$）。某个年级的 IQ 增量得益于有利期望愈多，在阅读增量上也得益于有利期望愈多（$r=+0.74$，$p<0.05$，单尾）。看来特别有趣的是，阅读分数上的期望益处很类似于 IQ 分数上的期望益处，因为 IQ 测验是经过特别选择的，参加 IQ 测验对阅读能力没有要求。在其余的 10 门科目中，还有 1 门学科在不同年级

---

① 这种统计分析与上一章所描述的方式相同，即双向与三向方差分析。表 8-1 所示阅读等第增量之总差异的 p 值，是基于总 t 之上的。然而，实验处理的主要效果的 F 值，是在所有方差分析中求得，与各 F 值相联系的 p 值在 0.23 与 0.005 区域内，双层 p 的中数值为 0.04。

把班级作为取样单位来考虑（$N=17$，缺一个班的成绩），我们发现，在 17 个班的 14 个班中，实验组儿童阅读分数的增量多于控制组儿童。与符号、魏尔柯克松和 t 检验相联系的单尾 p 值分别为 0.006、0.002 和 0.002。即使考虑到阅读是达到 $p<0.10$ 水平的唯一科目这一事实，获得的这些阅读分数的 p 值看来也太低，不能证明我们把它们归因于机遇是正确的。如果 11 门科目是独立的，事实上它们不是独立的（后侧等第间的平均相关是$+0.47$），一般说来，我们就可以期望偶然发现一个 $p<0.09$，这个所期望的 p 值大约比以班级为取样单位时获得的 p 值大 10 倍。

② 两种处理与 6 个年级间的交互作用不显著（$F<1$）。

表现出相同形式的期望益处。这门科目是算术,整个学校在算术科目中没有表现出与教师有利期望相联系的显著益处。不过,低年级特殊儿童在算术成绩上的增量大于控制组儿童的增量,但后者在高年级获得的增量较大。在算术中,年级与期望益处的相关为-0.87($p<0.03$,双尾)。某年级在算术成绩的增量上得益愈多,在 IQ 增量上受益就愈多($r=+0.90$,$p<0.01$,单尾),在阅读成绩的增量上得益也愈多($r=+0.89$,$p<0.01$,单尾)。似乎相当清楚的是,在至少这两门科目——两门最重要的科目中,年幼儿童由于被期望有智力上的增长而得益较多。

表8-1 6个年级中每个年级实验组与控制组儿童
一年后在阅读等第上的平均增量

年级	控制组		实验组		期望益处	
	N	增量	N	增量	积分点	单尾 $p<0.05$[a]
一	49	+0.16	7	+0.71	+0.55	0.03
二	39	+0.23	7	+0.71	+0.48	0.05
三	26	-0.27	13	+0.15	+0.42	0.04
四	47	-0.49	12	-0.42	+0.07	
五	41	-0.44	11	-0.46	-0.02	
六	47	+0.17	12	+0.25	+0.08	
合计	249	-0.09	62	+0.08	+0.17	0.05

[a] 各班级实验处理的均方等于0.484。

当估计的是总体 IQ 方面的期望益处时,最低两个年级的受益最大。当估计的是阅读分数方面的期望益处时,最低两个年级受益也最大,但三年级也获得了差不多同样大的益处。

各轨与各性别的期望益处

相对于控制组儿童获得的阅读成绩的增量而言,在奥克学校的

第八章 教师的评定

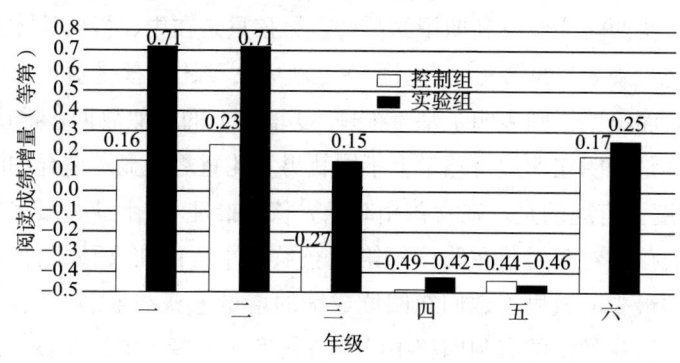

图 8-1 6 个年级儿童阅读等第的增量

三轨中,被指定为有增长的儿童的阅读成绩的增量各不相同(交互作用 $F=2.49$,$p=0.09$)。表 8-2 表明,快轨儿童在阅读分数上没有因教师的有利期望而受益,而中轨儿童和程度再降低一点的慢轨儿童,在教师期望他们有智力增长时得益很多。我们记得,当讨论涉及 IQ 增量方面的期望益处时,受益最多的也是中轨的特殊儿童,尽管他们的所得益处在统计上显然不如其他两轨的特殊儿童所表现出的期望益处。

表 8-2 三轨中各轨实验组与控制组儿童一年后阅读等第的平均增量

轨	控制组		实验组		期望益处	
	N	增量	N	增量	积分点	单尾 $p<0.05$
快	99	−0.09	27	−0.15	−0.06	
中	68	−0.31	17	+0.18	+0.49	0.07
慢	82	+0.09	18	+0.33	+0.24	

表 8-3 底行表明,整个学校的男女儿童获得了相同程度的期望益处。表 8-3 的其余部分表明,男女儿童因为处于不同的轨而得到不同的期望益处(三向交互作用 $F=4.63$,$p=0.02$)。女孩只是

· 113 ·

在中、快两轨才有有利期望的益处，男孩只是在中、慢两轨才有期望益处。表 8-3 的第三栏表明了在三轨中女孩比男孩受益更多的那一轨，而第四栏则表明了基于推理 IQ 增量上的类似数据，推理 IQ 的增量是表明在期望得益量上不同轨男女儿童之间显著差异的唯一 IQ 测度。有趣的是，在女孩相对于男孩在推理 IQ 上获益最多的轨里，女孩相对于男孩在阅读等第上获益最小。而在女孩于推理 IQ 上获益最少的轨里，她们在阅读成绩的增量上获益最多。实际上，快轨女孩从教师的有利期望中的获益的确并不多于中轨女孩。但是快轨男孩若被期望有智力上的增进，他们在阅读分数上就稍处于不利地位（$p=0.06$）。当被期望有智力上的增长时，这些男孩的阅读成绩实际上不可能是欠佳的。更有可能的情况是，对这些已超出平均水平的阅读者期望越多，教师对他们的评分就越严格。这些男孩也许实际上没有消极地受到教师有利期望的影响，证据是快轨男孩在总体 IQ 和言语 IQ 上的增量大于其他两轨的男孩。凭直觉来看，在 IQ 增量，尤其是言语 IQ 增量最大的轨，实际的阅读成绩是不可能下降的。

表 8-3　三轨中的实验组男女儿童一年后的阅读等第增量超出控制组男女儿童阅读等第增量的量

轨	男孩	女孩	偏向女孩的差异	
			阅读	推理 IQ
快	−0.50	+0.27	+0.77[a]	+11.7
中	+0.83[b]	+0.23	−0.60	+54.0[c]
慢	+0.42	−0.04	−0.46	+12.8
合计	+0.17	+0.18	+0.01	+21.8[b]

[a] $p<0.05$，双尾。

[b] $p<0.01$，双尾。

[c] $p<0.0005$，双尾。

第八章 教师的评定

当用 IQ 增量来界定期望益处时,学生的性别使得和四个高段年级的年龄较大的儿童相比较的两个低段年级的年幼儿童中发现的期望益处量变得复杂了。当用阅读成绩增量来界定期望益处时,没有这种复杂情况(三向交互作用 $F<1$)。在高段年级,男孩和女孩只表现出少量的而且近于相等的期望益处量(分别为 $+0.13$ 和 $+0.16$)。而在低段年级,男孩和女孩都表现出很大的期望益处,而且男孩得到的益处大约是女孩的两倍,尽管这种差异在统计上并不显著(分别为 $+0.69$ 和 $+0.35$)。

在总体 IQ 与推理 IQ 上,年幼女孩从教师有利期望中的获益要比年幼男孩多得多。但在言语 IQ 上,年幼男孩的得益稍多于年幼女孩,由这些男孩在阅读分数上较大的增量看来,这种情况是可以期望得到的。

在上一章,我们在概括教师有利期望对 IQ 增量的影响时,我们的结论是:女孩在理智活动的推理领域增长较多,而男孩在言语领域增长更多,在低段年级尤其如此。因此,我们要知道增长是否更可能发生在儿童往往首先就略占优势的领域。奥克学校女孩的推理 IQ 一开始就高于男孩,男孩的言语 IQ 一开始则高于女孩。与我们的解释十分一致的情况应是,男孩开始时的阅读等第胜过女孩。但事实并非如此。男孩与预测阅读等第间的点双列相关是 -0.25 ($p<0.001$)。奥克学校的女孩获得较高的阅读等第,而且事实上在其他所有科目中也获得了较高的预测等第($p<0.001$,平均 $r_{pb}=-0.22$)。

对两性间"拥有越多获益越多"这一解释的有偏向的支持,在于分别地看低段年级和高段年级的性别与预测阅读分数之间的相关。在四个高段年级,相关为 -0.33;在两个低段年级,相关为 -0.02。两个相关之间的差异在 $p<0.01$ 的水平上是显著的。相对地说,低段年级男孩首先就在阅读上比高段年级男孩好,而且低

段年级男孩往往在阅读分数上增高更多。

少数民族群体身份的期望益处

墨西哥血统与非墨西哥血统的儿童无论是在阅读分数还是在所有成绩卡分数总分中，表现出的期望益处量都没有显著的差异。当分别考虑墨西哥血统与非墨西哥血统的男女儿童时，在阅读分数的期望益处的程度上仍然没有差异。但在所有分数的总分和大多数个别科目上，墨西哥血统的男孩因被期望有智力上的增长而得到最大的益处。表 8-4 显示了墨西哥血统与非墨西哥血统的男女儿童在全部 11 门科目中的期望益处量。在墨西哥血统的男孩中，能找得到预测等第和后测等第并且被期望有特殊增长的男孩有 5 个。这 5 个男孩分别在一、二、四、五、六年级，他们在总分上的增量多于控制组中一般同年级墨西哥血统的男孩（符号检验 $p=0.03$，t 检验 $p<0.005$）。其他小组中没有一个小组表现出被期望有智力增长会对总的年级平均成绩有任何显著的影响。

总的看来，教师有利期望对学校等第的影响不如对 IQ 的影响显著。一个例外似乎出现在阅读分数情形中，阅读分数受益于教师有利期望的程度似乎同 IQ 分数差不多。我们不能说阅读分数中的期望益处在多大程度上是由于阅读能力的真正提高，或者只是由于光环效应。尽管光环效应会在卫生、体育、工艺美术以及音乐等科目中更起作用，但在这些科目中，被期望增长对学校分数没有影响。

确切地说，不是教师对优良成绩的期望导致特殊儿童较高的分数，而是这些期望也能导致较低的分数。快轨特殊男孩得到的等第评定看来可能还低于他们更一般的同年级同学。在其他小组中也可能发生同样的情况，因此，现在较聪明的儿童要比从前学得更好，方可得到教师相同的评价。曾使教师满意的学习成绩恰恰可能不再使教师满意。

第八章 教师的评定

表 8-4 一年后实验组儿童各科目成绩的增量超出控制组儿童的量

科目	墨西哥血统		非墨西哥血统	
	男孩	女孩	男孩	女孩
阅读	+0.24	−0.05	+0.15	+0.28
算术	+0.24	−0.17	−0.41	−0.05
语言	+0.49	+0.39	−0.23	−0.01
拼写	+0.53	+0.47	−0.07	−0.10
书法	−0.05	+0.38	−0.07	−0.11
社会常识	+0.39	+0.10	+0.17	−0.06
科学	−0.12	+0.04	−0.06	−0.01
卫生	+0.23	−0.41	−0.14	−0.08
体育	+0.19	+0.16	−0.14	−0.03
工艺美术	−0.02	−0.21	−0.03	−0.02
音乐	+0.40	−0.06	−0.01	+0.06
平均数	+0.23	+0.06	−0.08	−0.01
N（实验组）	5	9	25	23
N（控制组）	19	18	109	103

客 观 评 定

要核定教师对学业成绩的评定是否因教师的期望而带有偏倚，最好有些客观成绩测度以供奥克学校全体儿童使用。这不完全可能，但幸运的是，还能部分做到。1964 年春，对当时的四、五年级的全体儿童做了艾奥瓦基本技能测验（Iowa Tests of Basic Skills）。同年 11 月，又对已是五、六年级的这些儿童以及在上个春季没有测试过的新的四年级儿童重新进行了这些测验。一年以后，即1965年10月，再次对刚上五、六年级的儿童进行了相同的测验。但当时成绩测验的时间表与成绩卡等第评定的时间表不一致。与成绩卡等第评定前后两次间的一年间隔最相称的，是第二次和第三次实施成绩测验之间的一年间隔。时间间隔是完全相同的。但1964年11月的成绩测验是在教师已经知道特殊儿童的姓名后进行的。使用这种作为一种"预测"的测验的结果，会减少特殊儿童可能实际取得的增量。教师期望开始发挥作用越早，问题就越严重。在理论上说，自我实现预言的一切效应都可能发生在最初几周内，所以，我们的成绩"预测"实际上更像是一种后测。这种可能性是可以检核的。

艾奥瓦基本技能测验有五个主要分测验：阅读理解、语言惯用法、算术、词汇分测验和工作问题研究技能分测验（评定诸如使用地图、图表、参考资料的能力等）。前三个分测验也是教师用以评定儿童的类别。实验组与控制组儿童从1964年春到1964年11月在这三个科目领域中的增进被计算出了百分点。① 也许是由于中间有个暑假，所有儿童都减少了几个百分点。控制组儿童平均减少了4.6个百分点，实验组儿童则减少了4.4个百分点。显然，在实验的最初几周，教师期望对这三个分测验没有影响。

为了比较起见，我们还计算了1964年春季学期末到1964年秋季学期末这三个相同科目领域中成绩卡等第的增量。控制组儿童的积分点平均减少了0.10，实验组儿童的积分点减少了0.09。在教师的评定和客观成绩测验中，在对这三个科目领域进行比较后一个

---

① 通常，百分数用于统计分析时，首先要转换为一个同位角。因为所涉及的百分数都接近于50%，我们就没有用这种办法。1964年春测验的全体儿童的平均总测验百分位数水平是49.6%，这是基于全国性样本上的百分位数。

第八章　教师的评定

月，没有发现教师期望产生了益处。教师的判断与测验判断十分相似，以至我们在某种程度上可以自信地说，至少一个月后，教师的评定不可能受到他们的期望的影响。

这种比较的详细内容见附录表 A-10。增量的单位有百分点和积分点，两者不能直接比较，所以我们只好比较 t 检验本身，因为 t 值与所涉及的测量单位没有多少关系。基于成绩测验之上的三个 t 值的中位数是 $+0.37$，它等于基于教师评定之上的中位数 t。平均 t 值分别为 $+0.01$ 和 $+0.15$。

上述结果根据 1965 年秋季五、六年级儿童得出。下一年秋季（1966 年）六年级儿童已离校上初中了，五年级儿童成了六年级学生，1965 年秋季参加第一次成绩测验的四年级儿童已是五年级学生了。因此，可以把这最后两个年级中控制组与实验组儿童在测验分数（1964 年 11 月至 1965 年 10 月）和教师评的等第（1964 年 6 月至 1965 年 6 月）中的成绩增量做一比较。我们感到这种比较较好（就成绩测验而言，比较是基于实施实验计划后一个月进行的"预测"基础之上的），了解到所讨论的这三门科目到"预测"时没有受到教师期望的影响。

这种比较的详细内容见附录表 A-11，比较的详细内容是容易概括得出的。结果表明，当用比较客观的测验来界定成绩时，教师期望的影响在所有这三个科目领域中都较大。在语言领域，两种成绩测度都表明特殊儿童的增量多于控制组儿童，尽管所得益处的量并不显著。这是不足为奇的，因为我们早已了解到，在高段年级（三至六年级）得自于教师有利期望的 IQ 增量极少，而且在基础实验年即 1964—1965 学年间，这些儿童是在四年级和五年级，而这两个年级极少表现出期望益处。

在阅读成绩和算术成绩中，客观测验表明有小的但不很显著的期望益处，但在这两种情形中，教师对成绩的评定没有表现出期望益处。基于成绩测验上的三个 t 值的中位数为+1.41（平均数为+1.28），而基于教师评价上的中位数 t 为-0.69（平均数为-0.05），这个数字不很大但方向是相反的。

这些研究结果支持了早先提出的假设：当儿童被期望智力上有增进时，教师更可能以高标准来评价他们。威尔逊（1963）发现，教师对来自"城镇贫穷区"的儿童所持评价标准低于对来自"城镇富裕区"的儿童的评价标准。这种降低标准或者对一定的成绩水平评太高等第的做法，实际上可能导致在处境不利儿童中出现教育得益减少的情况。因此，看来重要的是，另外的研究应该针对根据我们自己的分析提出的假设。教师对学生理智成绩的期望的变化，可能导致他制定出不同的评定标准。不仅是教师期望越高，得到越多，而且是教师得到越多，期望也越高。但是并非所有循环都是"恶性的"，有些循环是良性的。

课 堂 行 为

教师对他们学生学业成绩的评定，通常可以从成绩卡等第中得到。但教师对与学业成绩关系不大直接的学生的课堂行为的评定不是经常能够得到的。所以，到进行基础研究的那一学年末，所有教师要对所有学生的一般课堂行为做几次判断。对每一个儿童，教师要说明他在将来会有怎样的成功，他的行为反映其理智好奇心的程度，以及他在多大程度上能被说成是有趣的、快乐的、有吸引力的、适应能力强的、富有感情的、有敌意的和受需要认可驱动的。教师就这9个变量中的每个变量根据1（"一点也不快乐"）到9（"极快乐"）的量表对每个儿童进行等第评定。

这部分研究包括一种所谓后量设计（after-only design）。这就是说，我们没有儿童现成的预测分数，所以，我们只是比较控制组

第八章 教师的评定

与实验组儿童实验后的等第评定。因为参与实验计划的儿童是随机选择的，没有预测不是一个太严重的问题，但是我们必须认识到，仅仅后测测度不如在我们研究的其他阶段所采用的变化或增进分数来得精确。

在 9 种课堂行为中的每种行为上，对给予实验组儿童的平均等第评定和给予控制组儿童的平均等第评定进行比较。表 8-5 表明了这 9 种比较。被期望有智力增长的儿童明显地被说成是更可能在未来取得成功、更有趣、有更强烈的理智好奇心，而且更快乐。被期望有智力增长的儿童似乎在其他方面也是受益的。

早先时候，当我们从 IQ 增量和学业成绩方面考虑期望益处时，我们想知道的是，年龄、最初能力、性别、少数民族群体身份是否影响期望益处的量。我们同样想了解用课堂行为界定的期望益处。然而，如果应用于 9 个不同的测度，必要的复杂分析可能难以做出解释，因为 9 种行为中有些行为彼此间的关系甚至可能比言语 IQ 与推理 IQ 的关系（$r=+0.42$）还强。所以，我们决定把 9 个变量归为几个变量组，其中每组变量与其他组的变量没有太高的相关。

根据彼此相关的程度来考虑这 9 个变量，就会产生三个令人满意的行为组，每个变量与同一组中其他变量的相关高于该变量与非本组的变量的相关。①

第一组变量由理智好奇心、未来成功的可能性和有趣的等第评定组成。这看来有点像一个理智好奇心组；如果这是一个贴切的称号，我们可以期望，在这三个变量上得分较高的儿童在预测和后测

---

① 就每组变量而言，一组内各变量之间相关的均方与该组变量同非本组变量之间相关的均方之比是 3.00 或更大。附录表 A-12 表明了各组之间和各组之内的所有相关情况。

IQ 上得分也会较高。事实证明的确如此，这组变量与预测 IQ 分数的平均相关为＋0.34，与后测 IQ 分数的平均相关为＋0.33（$p<0.0001$）。

表 8-5　实验组与控制组儿童一年后的课堂行为

行为	控制组	实验组	差异	双尾 $p\leqslant 0.20$
好奇心	5.50	6.25	0.75	0.01
有趣	5.46	6.43	0.97	0.0008
未来的成功	5.53	6.48	0.95	0.0006
适应能力	5.67	6.04	0.37	
吸引力	5.78	6.23	0.45	0.14
快乐	5.77	6.33	0.56	0.05
富有感情	5.72	6.01	0.30	
敌意	3.84	3.97	0.13	
需要认可	5.35	4.97	−0.38	0.20
$N\geqslant$	279	68		

第二组变量由在适应能力、吸引力、快乐、富有感情和非敌意方面的等第评定组成。① 这似乎是个适应—友爱组；如果是这样一个组，其变量同 IQ 分数的相关就不会有理智好奇心组的变量那么高。适应—友爱组变量与预测、后测 IQ 两者的平均相关只有＋0.11，虽然大于 0（$p<0.05$），但比 IQ 与理智好奇心组之间 0.33 和 0.34 的相关小得多（$p<0.0001$）。②

---

① "非敌意"这个变量的等第是 10 与每个儿童在"敌意"变量上的等第评定的差。

② Ⅰ组和Ⅱ组当然不是完全彼此独立的。Ⅰ组变量与Ⅱ组变量之间的平均相关是＋0.36。这个相关低于言语 IQ 与推理 IQ 测验之间的相关。

第八章 教师的评定

从只是由单个变量"需要认可"构成以及与其他任何变量相对地少有关系这两方面来说，第三组是独一无二的。需要认可与适应变量之间的相关程度是最高的，相关为-0.29（$p<0.0001$），在量上十分类似于克朗和马洛（Crowne and Marlowe，1964）所报告的需要认可同外显焦虑之间-0.25的相关。使人感到意外的是方向相反，这大概是因为适应与焦虑在某种程度上是同一事物的相对面。正是克朗与马洛关于需要认可的心理重要性方面的重要研究工作，使得本研究也包含了需要认可变量。克朗与马洛发现智力与需要认可测度间没有关系。类似地，我们也发现 IQ 与需要认可测度之间没有关系（与预测 IQ 的相关 $r=-0.06$，与后测 IQ 的相关 $r=-0.08$）。①

在这三组变量的每一组变量上，对实验组儿童与控制组儿童进行比较，以确定这三组行为是否像个别选取的一些行为一样有任何期望益处。此外，我们考察了每一组变量的期望益处量，以了解它们是否受学生的年龄、最初能力、性别和少数民族群体身份的影响。正如对 IQ 和学业成绩所做的分析，我们对各变量组分数做了正式的统计分析。

各年级的期望益处

理智好奇心

整个学校的结果见表 8-6 的底行。被期望有智力增长的儿童被教师判定在课堂行为中明显地表现出较强烈的理智好奇心。表 8-6 的其余部分（和图 8-2）表明了对 6 个年级中各年级实验组与控制

---

① Ⅲ组变量与Ⅰ组变量的平均相关是-0.07，与Ⅱ组变量的平均相关是-0.13。

组儿童理智好奇心的评定。① 正如我们现在所期望的那样，两个低段年级的实验组与控制组之间显示很大的差异。但是这里还有令我们吃惊的发现：六年级特殊儿童也在他们教师所看到的课堂理智行为中表现出期望益处。使人吃惊的当然是这样一个事实：这些六年级特殊儿童在 IQ 增量方面没有表现出期望益处。而且，当一、二年级的期望益处与后四个年级的期望益处进行比较时，年幼儿童表现出明显较大的益处（交互作用 $F=4.65$，$p=0.04$）。

表 8-6　6 个年级的实验组与控制组儿童一年后的理智好奇心

年级	控制组		实验组		期望益处	
	N	平均数	N	平均数	差异	单尾 $p<0.05$[a]
一	50	5.10	7	7.72	+2.62	0.001
二	46	5.42	14	6.67	+1.25	0.03
三	43	5.95	12	5.80	−0.15	
四	50	5.44	12	5.89	+0.45	
五	44	5.58	12	5.56	−0.02	
六	46	5.56	11	7.19	+1.63	0.02
合计	279	5.50	68	6.38	+0.88	0.002

[a] 各班级实验处理的均方等于 4.303 7。

由于六年级预料之外的期望益处，年级水平和期望益处之间的相关不大或不显著（$r=-0.41$）。然而，尽管六年级令人吃惊，

---

① 实验处理与年级间的交互作用在 $p<0.05$（$F=2.33$）的水平上是显著的。通过特定的方差分析，与实验处理的主要效果相联系的 p 值在 0.20 与 0.000 3 之间，双尾中位数 p 为 0.002。把班级作为取样单位来考虑时，我们发现，在 18 个班级的 14 个班级中，实验组儿童在理智好奇心上被判断为高于控制组儿童。与符号、魏尔柯克松和 t 检验相联系的单尾 p 值是完全相等的（$p=0.02$）。

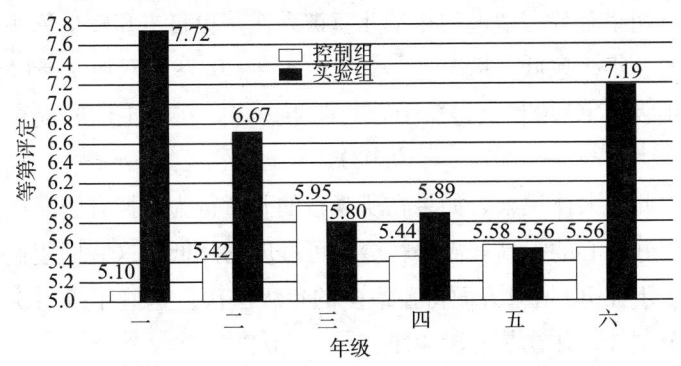

图 8-2 6 个年级儿童理智好奇心的等第评定

但某个年级在 IQ 增量上得益于有利期望愈多,该年级也往往在理智好奇心组的等第评定上得益愈多($r=+0.75$,单尾 $p<0.05$)。

适 应

就整个学校和各个年级而言,教师期望与称为"适应"的变量组未表现出有关系。就整个学校来说,被期望有智力增长的儿童一年后被认为要比控制组儿童快乐些。然而,快乐只是适应组的 5 个变量之一,其他 4 个变量没有差异足以减少整个实验组获得的益处。

需要认可

表 8-7 表明,只是在一年级和二年级(但程度有所降低)教师期望对教师判定的儿童的需要认可有影响。① 至少在教师的眼里,

---

① 交互作用 $F=1.89$,$p<0.10$。就主要的实验处理效果而论,与各 F 值相联系的 p 值范围在 0.28 和 0.04 之间,中位数 p 为 0.10。若把班级作为取样单位来考虑,18 个班的 12 个班中,实验组儿童表现出较低的认可需要。与符号、魏尔柯克松和 t 检验相联系的双尾 p 值分别为 0.24、0.12 和 0.09。当比较 2 个低段年级与 4 个高段年级的期望益处时,低段年级实验组与控制组的儿童之间表现出较大的差异,交互作用 $F=6.22$,$p<0.02$。

那些被期望有智力增进的年幼儿童被看作是更自主和较少依赖他人认可的。年级愈低,情况愈是如此($r=+0.79$,双尾 $p=0.07$);特定年级在 IQ 增量上得益于有利期望愈多,在自主性的提高上得益也愈多($r=-0.87$,$p=0.03$)。

因此,大体说来,如果在所观察的儿童行为中拥有的期望益处是理智好奇心的提高和需要社会认可程度的降低,这些期望益处就是发生于在 IQ 增量方面得益最多的年级层次。这些年级层次(只有一个例外)往往是低段年级。

表 8-7　各年级实验组与控制组儿童一年后的需要认可

年级	控制组		实验组		期望益处	
	N	平均数	N	平均数	差异	双尾 $p<0.05^a$
一	49	5.59	7	3.43	-2.16	0.02
二	47	5.24	14	4.22	-1.02	
三	44	5.46	13	5.38	-0.08	
四	51	5.10	12	5.66	$+0.56$	
五	44	5.44	12	5.00	-0.44	
六	48	5.29	12	5.59	$+0.30$	
合计	283	5.35	70	4.97	-0.38	

[a] 各班级实验处理的均方等于 4.724。

各轨与各性别的期望益处

理智好奇心

尽管相对中轨的控制组儿童来说,特殊儿童在理智好奇心上有被判定为最高这种趋向,该轨的期望益处并不是显著地大于其他两轨的期望益处。然而,若不考虑实验处理条件,快轨儿童在理智好奇心上得到的等第评定(6.34)要高于中轨儿童(5.28)或低轨儿童（5.20）。① 我们平常对与我们实验处理计划之效果无关的结果不是很感兴趣。然而，在这种情形中，各轨中的差异为教师对理智好奇心的等第评定的效度提供了另外的证据。我们可以料到，快轨儿童会表现出较强烈的理智好奇心，而且很可能知道教师的等第评定反映了这种合理的情况。

男女儿童在被视为理智好奇心的程度上没有显著的不同，不仅整个学校是如此，而且分别或综合考虑两种实验处理条件、三轨或者 2 个低段年级与 4 个高段年级的男孩和女孩时也是如此。女孩在推理 IQ 上表现出的期望益处比男孩大，在中轨和低年级尤其如此。实际上，女孩在理智好奇心上表现出较大的期望益处，而且在中轨和两个低段年级尤其如此，但与男孩的期望益处的差异在统计上并不显著。表 8-8 提供了相关的数据。

表 8-8 三轨以及高低段年级中实验组男女儿童的理智好奇心的等第评定超出控制组男女儿童的量

	男孩	女孩	差异
轨			
快	+0.21	+0.90[a]	+0.69
中	+1.16[a]	+2.22[b]	+1.06
慢	+0.17	+0.66	+0.49
年级			
2 个低段年级	+1.27[a]	+2.34[c]	+1.07
4 个高段年级	+0.26	+0.64[a]	+0.38
合计	+0.65[a]	+1.14[b]	+0.49

[a] $p<0.10$，单尾。

[b] $p<0.0025$，单尾。

[c] $p<0.001$，单尾。

---

① 各轨的主要效果在 0.004 的水平上（$F=6.07$）是显著的。

适 应

把适应—友爱诸变量放在一起考虑，实验组儿童没有任何优于控制组儿童的地方。在所有三轨和每一性别中也同样如此。若不考虑实验处理条件的话，就整个学校而言，女孩在适应—友爱上的等第（6.14）被认为要高于男孩（5.62）。这一研究结果（$p<0.03$，双尾）引起我们的兴趣，主要是因为它有助于证实该变量组构成的合理性。按照其他大多数准则，女孩也被认为比男孩适应力强、更加友爱，或者至少是少惹麻烦。

需 要 认 可

在早些时候我们看到，实验组儿童愈年幼，需要认可的程度愈小。现在我们则发现，当考虑到所处的轨时，中轨儿童在需要认可上表现出的差异最大，这取决于他们是在实验组还是在控制组（表8-9）。① 这些中轨儿童在被期望有智力增进时，往往在 IQ 上，尤其是在阅读等第上的增量最多。

表8-9 各轨实验组儿童与控制组儿童一年后的需要认可

轨	控制组		实验组		期望益处	
	N	平均数	N	平均数	差异	双尾 $p<0.05$
快	107	5.05	30	5.20	+0.15	
中	89	5.71	18	4.33	−1.38	0.02
慢	87	5.35	22	5.18	−0.17	

当分别或综合考虑实验组或控制组、高段年级或低段年级，或者不同的轨时，没有发现儿童的性别对教师评定儿童的需要认可有任何影响。

---

① 交互作用 $F=2.48$，$p=0.09$。

第八章 教师的评定

少数民族群体身份的期望益处

只是在理智好奇心组,墨西哥血统的儿童与非墨西哥血统的儿童之间存在期望益处量的差异。表 8-10 表明,被期望有智力增长对非墨西哥血统的儿童(男女一样)有很大的益处,对墨西哥血统的儿童却没有这样的益处。① 这是令人吃惊的,因为一般说来,在 IQ 和阅读等第的增量上,墨西哥血统的儿童从有利期望中得到的益处略多于非墨西哥血统的儿童。由于实验组中墨西哥血统的男女儿童的人数少,他们在期望益处上的差异在统计上没有显著意义。而且,值得注意的是,在任何一组被期望有增长的儿童中,墨西哥血统的男孩的得益都是最少的。这尤其令人吃惊,因为当被期望有智力上的激增时,墨西哥血统的男孩在 IQ 与总成绩卡等第上获得的增量最多。

表 8-10 墨西哥血统与非墨西哥血统的实验组
与控制组儿童一年后的理智好奇心

	控制组		实验组		期望益处	
	N	平均数	N	平均数	差异	单尾 $p<0.05$
全体儿童						
墨西哥血统	42	5.91	18	5.61	−0.30	
非墨西哥血统	237	5.42	51	6.66	+1.24	0.000 1
男孩						
墨西哥血统	22	6.22	8	5.17	−1.05	
非墨西哥血统	121	5.57	26	6.68	+1.11	0.008
女孩						
墨西哥血统	20	5.56	10	5.97	+0.41	
非墨西哥血统	116	5.27	25	6.64	+1.37	0.002

---

① 双向交互作用 $F=5.34$,$p<0.03$;加上学生性别因素的三向交互作用 $F<1$。

不要认为有利期望会使这些男孩在比较客观测得的 IQ 和可能比较客观测得的成绩卡等第上的得益多于在可能不大客观地测得的对男孩课堂中的理智好奇心的估量上的得益。对于这些困惑，还没有听到简单的解释，但是人们很想知道，在这些过分集中于慢轨和奥克学校处境不利者上的少数民族群体儿童中，教师促成他们智能的增进可能比教师相信他们的智能会有增进更加困难。

课堂行为与智力增长

就整个奥克学校而论，奥克学校教师描述那些被期望智力上增量较多的儿童的行为比描述其他儿童的行为时使用更有利的措辞。教师到学年终了对儿童的课堂行为做出判断，到那时把特殊儿童与控制组儿童区分开来的就不只是教师所抱有的期望了。到那时，特殊儿童在 IQ 上的增量明显多于控制组儿童。所以，察觉到的特殊儿童与控制组儿童之间的行为差异完全有可能是特殊儿童的 IQ 增量较大所致。这种可能性可以更为严格地加以检定。

尽管实验组儿童的 IQ 增量较大，许多控制组儿童在实验年期间 IQ 也有很大的增进。如果 IQ 增量确实导致了对课堂行为更有利的评定，那么，IQ 增量较多的控制组儿童就应得到他们教师更为有利的评价。要检验这一建议，唯有计算 IQ（总体 IQ、言语 IQ 和推理 IQ）增量与教师对课堂行为的评定之间的相关。这些相关分别就三轨中每一轨的实验组与控制组儿童来计算。快轨与中轨中发现的相关十分相似，因而可以合并在一起。

这种分析的令人吃惊的详情见附录表 A-13、表 A-14 和表 A-15，这三个表提供了总体 IQ、言语 IQ 和推理 IQ 的一系列相关值。表 8-11 通过列举与中、快轨实验组和控制组儿童，以及慢轨的控制组与实验组儿童各自较大的 IQ 增量（$p<0.10$，双尾）相

联系的所有行为,总结了这种详细的分析。

表 8-11　各轨实验组与控制组儿童一年后同
较大的 IQ 增量相联系的课堂行为

	控制组	实验组
	($df \geqslant 165$)	($df \geqslant 37$)
中快轨	较少适应能力　(V)	较有趣　　　　(T)[a] (V)[b] (R)[c]
	较少快乐　　　(V)	较成功的未来　(T) (V)
	较少有感情　　(V)	较有适应能力　(T) (R)
	较少有敌意　　(R)	较有吸引力　　(T)
		较有感情　　　(T) (R)
	($df \geqslant 74$)	($df \geqslant 17$)
慢轨	较少需要认可　(V)	较少需要认可　(T) (R)
	较少有趣　　　(T) (R)	较少有感情　　(T) (V)
	较少好奇心　　(R)	
	较少适应能力　(R)	
	较少吸引力　　(R)	
	较少快乐　　　(R)	
	较少有感情　　(R)	

[a] 总体 IQ。
[b] 言语 IQ。
[c] 推理 IQ。

首先来看中、快轨,我们发现特殊儿童的 IQ 增量愈大,在每个方面得到教师的评价就愈有利。而在中、快轨的控制组儿童,情况却非如此。在中、快轨的控制组,儿童的 IQ 增量愈大,在适应、快乐和富有感情方面得到的评价愈是不利。虽然在 IQ 增量较大的儿童中,敌意被判定较少。因此,对中、快轨的这些控制组儿童来说,结果是颇有歧义的;IQ 增量大的儿童在教师眼里是得少失多。无论如何，由于这一组至少有165个儿童，所以只要有较小程度的关系，就可以达到所要求的统计显著性水平，而大多数相关在量上并不重要。然而，我们可以有把握地断言，在中、快轨儿童中，那些在IQ上增量较多的儿童，只是在被期望智力有更多增进时才会受到教师较有利的看待。

在那些被期望有智力增量的慢轨儿童中，IQ增量较多的儿童被当作更有自主性但较少有感情。所以，我们不能说，他们显然因表现出较大的增量而受到积极的或者消极的影响。无论如何，他们不会得到像中、快轨中增量高的特殊儿童那样有利的看待，那使客观上他们在智力上的增量同快轨特殊儿童相同。

我们毫不迟疑地对慢轨中那些未被期望有智力增量的儿童中出现的这种情况做出解释。这样一个儿童的IQ增量愈多，却在几乎每个方面得到教师愈不利的评价。

如何理解这些与直觉相反的结果？中、快轨实验组的儿童在两个方面处于有利地位：他们所处的轨较高，以及教师得知的对他们的智力增长的特殊期望。如教师所看到的，由于在IQ上增量较多而受益最多的就是这些儿童。而中、快轨的控制组儿童与慢轨的实验组儿童都只有一种对他们有利的东西：或是所处轨的地位，或是特殊的期望。即使这两组儿童的IQ有较多的增量，他们从中得益并不如他们教师所看到的多。慢轨控制组的儿童则没有任何有利的东西，既没有所处轨的优势，也没有专门形成的期望。[①] 当他们在IQ中表现出有较大的增量时，与他们表现出所期望的比较中等的增量时相比，他们受到更不利的看待。

---

① 关于另一组"几乎没有任何有利的东西"的被试，卡茨与科恩（Katz and Cohen, 1962）发现有证据表明，可以觉察到的黑人能力的提高，是他们对白人同事怀有敌意的反应的结果。

第八章 教师的评定

据此，我们建议进一步研究下述命题：如果一个儿童会表现出智力有增进，那么，正如教师所看到的，这可能有利于他的智力的发展和有益于他的心理健康，如果他的教师一直期望他在智力上有所增进的话。看来，可能有导致意料不到的智力增长的心理机遇。

第九章　智力增长的过程

上两章提供的证据颇为强烈地表明，教师期望有智力增进的儿童事实上在一年后要比那些未被期望有此种智力增进的儿童表现出更大的智力增量。但是，期望益处的获得与保持方面的重要问题还没有讨论过。其中有些问题是可以部分做出回答的，这就是本章的目的。

在理想的情况下，在实验计划开始实施后立即着手测量，并且只要我们能保持与儿童的接触就不断记录他们的反应，我们就可以了解期望益处的获得与保持这个过程的大多情况。在这些理想的测量条件下，我们也许能够：（1）准确叙述期望发生效应过程的开始时间；（2）叙述在各个不同时间点上获得过程中的变化的速度；（3）叙述有利期望效应消失的时间点。学校、教师和学生除了向行为研究者提供资料外，还有其他事情要做。但现实的情况使我们只能在其他两个时间点上测量教师期望的效应。第一次测量是在实验学年中期做的，第二次测量是在基础实验年后的学年末期做的。后一测量旨在表明教师有利期望的效应能否持续两学年之久。前一次测量旨在告诉我们有利期望的效应要多久才表现出来。如果在基础学年研究结束时发现的效应仅在一个学期后就充分显示出来了，则我们至少知道一个学期是这种效应所要的时间，尽管我们不知道这种效应完全发挥出来还要少多少时间。如果学年结束时发现的效应仅在一个学期后就看不到，那就可能表明了一种孵化或延发的假设。如果第一学期末发现的效应大于学年末的效应，那就有充分的

第九章 智力增长的过程

论据表明期望益处的短暂性——先是显著,但很快就消失。同样形式的结果还可能表明,教师有利期望的传递与其说是每天进行的,毋宁说是只在实施测验期间进行的。后来的证据将表明,教师不久就会"忘记"他的哪些学生是"有魔力"的儿童。就我们所了解的遗忘曲线而论,教师在一个学期后应比在两个学期后更好地回忆出特殊儿童的姓名。如果教师期望的效应在一个学期后大于两个学期后,那可能是由于教师在一个学期的复测期间要比在两个学期的复测期间给特殊儿童以更优惠的待遇。在两个学期时,较大的可能是教师记不起哪些学生在特殊儿童名单上。

然而,也许最可能预期到的结果是,儿童在一个学期后会表现出两个学期后发现的一些(但不是全部)期望益处。这将得出基础实验年期间一条有点直的习得曲线。

期望益处的开始

对一个学期后实验组与控制组儿童理智成绩增量的比较,正好是在分析一年后的增量时开始进行的。下面我们依次考察作为学生年级、轨、性别和少数民族群体身份之函数的有利期望的效应。

各年级的期望益处

智 商

表 9-1 的底行出示了奥克学校总的结果。一个学期后,未加指定的控制组儿童的 IQ 增高了约 3 分,而特殊儿童的 IQ 增高了 5 分以上。尽管 IQ 增量的差数不大,而且在统计上也不十分显著,

但大体说来，期望益处好像是在一个学期以后才开始表现出来。①

**表 9-1　各年级实验组与控制组儿童的总体 IQ
在一个学期后的平均增量**

年级	控制组		实验组		期望益处	
	N	增量	N	增量	IQ 分	单尾 $p<0.05$[a]
一	51	+10.0	9	+14.8	+4.8	
二	48	+1.5	14	+0.6	−0.9	
三	47	+0.6	14	+4.4	+3.8	
四	55	−4.8	12	−3.8	+1.0	
五	44	+7.1	14	+11.6	+4.5	
六	49	+4.7	13	+6.4	+1.7	
合计	294	+3.01	76	+5.30	+2.29	(0.08)

[a] 各班级实验处理的均方等于 155.92。

---

① 实验处理的主要效果是在每个方差分析中求得的，与各 F 值相联系的 p 值范围在 0.03 和 0.28 之间，双层 p 的中位数为 0.14。

当我们把班级作为取样单位（$N=18$）来考虑时，我们发现，18 个班中有 12 个班的实验组儿童在总体 IQ 上的增量多于控制组儿童。与符号、魏尔柯克松和 t 检验相联系的单尾 p 值分别为 0.12、0.08 和 0.10。基于言语 IQ 增量差异上的类似的 p 值分别为 0.59、0.56 和 0.36，而基于推理 IQ 上的类似的 p 值分别为 0.02、0.01 和 0.03。附录表 A-16、A-17 和 A-18 表明了一个学期后所有班级内两种实验条件中总体 IQ、言语 IQ 和推理 IQ 的平均数与标准差。附录表 A-19、A-20 和 A-21 给出了从预测到一个学期后的复测的 IQ 增量的类似数据。

唐·安德森（Don Anderson）进行的一项实验的初步结果表明，教师期望在短短的两个月中能对学生的理智成绩产生重大的影响。在这个小样本实验中，25 名儿童是智力发展迟缓的男孩，其平均预测 IQ 只有 46。期望效应只在推理 IQ 上是显著的，而且只是在与除参加学校暑期日间夏令营教育计划（Summer Day-camp Program）外还接受特殊补偿阅读教学的小组的全体成员的相互作用（双尾 $p\leqslant0.03$）中才是显著的。在这些接受特殊辅导的男孩中，那些被期望有大发展的男孩的 IQ 表现出近 12 分的期望不利；在只参加学校暑期日间夏令营教育计划而未接受辅导的男孩中，那些被期望有大发展的男孩的 IQ 表现出 3 分多一点的期望益处。（与此相对照，就言语 IQ 而言，接受辅导的男孩的期望不利不到 1 分，而未接受辅导的男孩的期望益处是 2 分以上。）

第九章 智力增长的过程

表 9-1 的其余部分（和图 9-1）表明，期望益处的量在一个学期后并不像在两个学期后因年级而异（交互作用 $F<1$）。一、三、五年级儿童的增量稍多于二、四、六年级的儿童。我们不应当重视这一事实，因为它很可能是偶然发生的。但我们应该记得，一和二年级、三和四年级、五和六年级的每个儿童都参加了一种不同形式的 IQ 测验。在三种测验形式的每一种形式中，年幼儿童都表现出较大的增量。

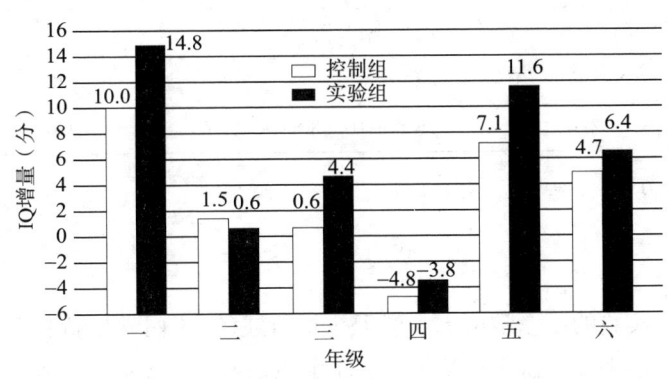

图 9-1　一个学期后各年级总体 IQ 的增量

当单独考虑言语 IQ 时，仍然没有发现年级层次影响了期望效应量。事实上，整个学校的控制组儿童的增量（3.0 分）几乎与特殊儿童（3.5 分）一样多。我们也会记得，被期望智力有大发展甚至在学年末对言语 IQ 也没有什么益处。

正如学年末的情形一样，第一学期末发现特殊组儿童在推理 IQ 上的增量多于控制组儿童。表 9-2 底行表明了这一事实。表 9-2 中的其他数据是令人惊奇的。在学年末，两个低段年级的儿童表现出的期望益处大于高段年级的儿童。这一点早在表 7-4 中就已表明了。现在我们发现，一个学期后，年幼儿童没有表现出任何期望益处。年长的特殊儿童一个学期后获得了他们将在推理 IQ 上获得的增量，但年幼的特殊儿童还刚刚开始获益。为什么在年幼儿童中有这种延发的效应，而且在只是用推理 IQ 增量来测量时这种延发的效应在直觉上几乎是不明显的？

表 9-2　低段年级与高段年级实验组与控制组
儿童一个学期后推理 IQ 的平均增量

年级	控制组		实验组		期望益处	
	N	增量	N	增量	IQ 分	单尾 $p<0.05$[a]
一至二	99	+18.8	23	+14.5	-4.3	
三至六	195	+0.8	53	+8.7	+7.9	0.008
合计	294	+6.86	76	+10.43	+3.57	(0.09)

[a]　均方等于 427.42。

成　绩　卡

在实验的第一学期末，就上一章所述的 11 门学校科目对奥克学校的每个儿童做了等第评定。正如以前一样，实验组与控制组儿童是根据他们前学年末的成绩卡等第的增量来加以比较。我们可能还记得，在两个学期末，特殊儿童只是在阅读等第上获益显著。整个奥克学校第二个最大的期望益处表现在社会常识成绩的增量上，但是这种益处在统计上没有显著意义。现在，仅一个学期后，这两门科目都表明教师的有利期望产生了显著的效果，而且这两门科目是产生这种效果的仅有的学校科目。一个学期后，控制组儿童在社会常识上失去了 0.17 个积分点，实验组儿童则增进了 0.02 个积分点（单尾 $p<0.03$）。在阅读上，控制组失去了 0.21 个积分点，而实验组则增进了 0.03 个积分点（单尾 $p=0.004$）。由于已详细地分析了两个学期后阅读分数的结果，我们对一个学期后的阅读分数的增量也做了同样的分析。只有少数民族群体身份证明是一个影响

第九章 智力增长的过程

阅读分数中期望益处量的因素,所以,在我们没有讨论到少数民族群体身份变量之前,最好是推迟做进一步的讨论。①

成 绩 测 验

只有五、六年级学生的艾奥瓦基本技能测验分数在第一学期的11月可以获得,他们的预测分数是在上个春季获得的。在上一章,当我们把艾奥瓦基本技能测验分数的增量与成绩卡等第的增量做比较时,我们报告说,在实验刚开始几周后,在阅读、语言或算术的艾奥瓦基本技能测验分数中没有发现期望益处。这些分测验与成绩卡等第所包含的内容类似。但是,艾奥瓦基本技能测验中有两个分测验在成绩卡中没有相类似的等第。其中一个分测验是词汇测验,另一个是工作问题研究技能分测验。工作问题研究技能分测验旨在评定使用地图、图表和参考资料的能力等。

就在实施"处理计划"的这几周以后,特殊儿童在词汇分数上比控制组儿童多增进5个百分点($p=0.08$),在工作问题研究技能上多增进10多个百分点($p<0.003$)。五、六年级儿童中的这些期望益处表明,我们错就错在等到第一学期末才做第一次复测。教师有利期望的一些效应在期望变化的最初几周内就开始表现出来,这看来是可能的。(附录表A-22和A-23表明了每个班级的实验组与控制组儿童在词汇和工作问题研究技能上百分制分数的增量。)

在实验刚开始几周后报告词汇与工作问题研究技能的这些结果的同时,我们还能报告在1965年10月几乎一整年后进行复测的结果。只有五年级儿童(现在是六年级)还在学校,六年级儿童上初

---

① 一个学期后实验处理对阅读分数的主要影响,是在每次方差分析中求得的,与这些 F 值相联系的 p 值在 0.003 和 0.26 的范围之间,双尾 p 的中位数为 0.008。当把班级作为取样单位考虑时,与符号、魏尔柯克松和 t 检验相联系的单尾 p 值分别为 0.11、0.005 和 0.005。

级中学去了。在词汇上，特殊儿童失去了一些（并非全部）期望益处。在工作问题研究技能上，特殊儿童的期望益处稍有增加，但这些"一年后"期望益处的变化在统计上并不显著。抱有利期望的教师的学生已经取得的增量，维持到了升入更高年级就读于新教师之后，而新教师对儿童的成绩未给予特殊的期望。

各轨与各性别的期望益处

与学年末的情况很不相同，在第一学期末，期望益处与学生的性别和所处轨的地位完全无关。无论是分别还是综合考虑性别和轨，总体 IQ、言语 IQ 和推理 IQ 的情形都是这样。

少数民族群体身份的期望益处

只有在测推理 IQ 时，学生的少数民族群体身份才是与期望效应的量有关的一个因素，但是，另一方面却又因学生的性别而变得复杂（三向交互作用 $F=5.84$，$p<0.02$）。表 9-3 表明，表现出这种早期期望益处并且很显著的，是墨西哥血统的男孩与非墨西哥血统的女孩，而墨西哥血统的女孩与非墨西哥血统的男孩表现出微小的期望益处不利。到学年末，墨西哥血统的女孩在获得的期望益处上超过了墨西哥血统的男孩，尽管墨西哥血统的男孩的期望益处仍然很好。然而，非墨西哥血统的男孩在期望益处方面从没有超过墨西哥血统的男孩。

第九章 智力增长的过程

表 9-3 墨西哥血统与非墨西哥血统的实验组与控制组
儿童一个学期后在推理 IQ 上的平均增量

	控制组		实验组		期望益处	
	N	增量	N	增量	IQ 分	单尾 $p<0.05$
<u>男孩</u>						
墨西哥血统	22	+10.5	8	+26.4	+15.9	0.04
非墨西哥血统	133	+11.0	31	+7.4	−3.6	
<u>女孩</u>						
墨西哥血统	22	+9.0	10	+6.4	−2.6	
非墨西哥血统	117	+1.1	27	+10.7	+9.6	0.02

每个墨西哥血统的儿童的期望益处的量，是先从其 IQ 增量中减去同班控制组儿童的增量，然后计算这些个别的期望益处量与儿童面部的"墨西哥人特征"的相关。表 9-4 表明了在用总体 IQ、言语 IQ 和推理 IQ 界定期望益处时，在墨西哥血统的男女儿童中求得的相关。一般说来，而且尤其是在估计推理 IQ 的期望益处时，那些看上去更像墨西哥人的墨西哥血统的男孩表现出较大的期望益处。在前两章，我们看到了这种相同的关系在两个学期后也可适用。那时我们认为有这样一种可能性：教师实验前对更像墨西哥人的男孩的理智成绩的期望可能是最低的。所以，这些儿童看来可能会因其教师心目中有了较有利的期望而增进最多。这看起来并不过分牵强附会，但是在墨西哥血统的女孩当中也发现了这种相同的关系，这又当如何解释呢？我们早些时候就了解到，这些相关往往在学年结束时变成负相关。也许我们能回避解释这种陌生的研究结果的责任，这就要注意到，无论如何，在一个学期后，在墨西哥血统的女孩这个组没有期望益处，尽管墨西哥血统的男孩获得了期望益处。

表 9-4 一个学期后墨西哥人的面部特征与有利期望益处之间的相关

	男孩		女孩		合计	
	N	r	N	r	N	r
总体 IQ	8	+0.47	10	+0.69[b]	18	+0.51[b]
言语 IQ	8	+0.15	10	+0.51	18	+0.25
推理 IQ	8	+0.69[a]	10	+0.14	18	+0.38

[a] $p=0.06$，双尾。
[b] $p \leqslant 0.04$，双尾。

成 绩 卡

表 9-5 顶行表明了墨西哥血统与非墨西哥血统的男女儿童在阅读分数上的期望益处。一个学期后，墨西哥血统的男孩在阅读等第上是唯一没有因被期望有智力上的增长而受益的组（三向交互作用 $F=3.40$，$p=0.07$）。可是，墨西哥血统的男孩在推理 IQ 上表现出最大的期望益处；而且，在 11 门科目的 6 门科目中，如表 9-5 的其余部分所示，他们在所有组中获得了最大的期望益处，但在其余 5 门科目中，他们表现出最低的期望益处。① 所以，从教师评定的等第看，墨西哥血统的男孩最受教师期望的影响，但影响有时较好，有时较坏。检查一下墨西哥血统的男孩获益最大的科目与获益最小的科目，没发现明显的区别。到学年末，这些变异性上的差异逐渐消失，墨西哥血统的男孩成了成绩卡等第上明显最得益于教师

---

① F 最大值是 13.99，$p<0.01$。在不同的科目中，平均期望益处在墨西哥血统的男孩中的变化最大（$s^2=0.143\,3$），而在非墨西哥血统的女孩中的变化最少（$s^2=0.010\,2$）。墨西哥血统的儿童比非墨西哥血统的儿童表现出更加多变的期望益处（$F=4.98$，$p<0.05$）。

第九章 智力增长的过程

有利期望的组(参见表 8-4,以供比较)。

正如两个学期后的情形一样,墨西哥血统的儿童一个学期后表现出稍大的总期望益处,尽管他们的获益并不明显地多于非墨西哥血统的儿童。

表 9-5 一个学期后实验组儿童各科目成绩的增量超出控制组儿童的量

科目	墨西哥血统的		非墨西哥血统的	
	男孩	女孩	男孩	女孩
阅读	−0.40	+0.28	+0.41	+0.25
算术	−0.50	+0.28	−0.08	+0.11
语言	+0.36	+0.13	−0.28	−0.02
拼写	+0.55	+0.44	−0.12	−0.10
书法	−0.19	+0.28	+0.09	+0.07
社会常识	+0.11	+0.28	+0.21	+0.16
科学	−0.16	−0.09	+0.03	−0.02
卫生	+0.54	−0.46	−0.06	+0.15
体育	+0.30	+0.27	−0.02	+0.04
工艺美术	+0.14	−0.10	+0.11	+0.05
音乐	+0.51	−0.14	−0.02	+0.16
平均数	+0.11	+0.11	+0.02	+0.08
N(实验组)	5	9	30	32
N(控制组)	19	18	130	120

期望益处的持久性

在 1965—1966 学年末,对奥克学校儿童进行了第四次测验,这也是最后一次测验。这一追踪测验是在"智力变化计划"开始实施后大约20个月和最初预测后大约两年实施的。实施这种追踪测验的理由，当然是要了解教师有利期望的任何益处是否能持续两年，尤其是在任课教师不知道哪些儿童是"特殊"儿童的课堂中再过一年之后，是否能够持续两年。

在基础实验年间曾是六年级的儿童现在已离开奥克学校上初级中学了，所以他们不参加追踪测验。其他所有儿童都升了一个年级，但要使与早些时候所报道的数据的比较变得比较简单，我们就要继续把他们作为一年级学生看待，如果那就是他们在基础实验年间的实际的话。我们只需要记住，一到五年级儿童在追踪测验年间实际上已是二到六年级的学生了。

对"去年"教师有利期望的效应所做的分析和本章前面的分析相同。实验组与控制组儿童两年后理智成绩的增量作为学生的年级、轨别、性别和少数民族群体身份的函数加以比较。

各年级的期望益处

表9-6的底行表明了奥克学校的总的结果。两年后总的期望益

表9-6 5个年级中各年级的实验组与控制组儿童两年后在总体IQ上的平均增量

年级	控制组		实验组		期望益处	
	N	增量	N	增量	IQ分	单尾 $p<0.05$[a]
一	36	+13.6	6	+20.2	+6.6	
二	39	+8.3	9	+4.8	−3.5	
三	36	+1.2	10	−0.4	−1.6	
四	47	−5.2	11	−2.3	+2.9	
五	38	+7.8	11	+18.9	+11.1	0.01
合计	196	+4.6	47	+7.30	+2.67	(0.13)

[a] 各班级实验处理的均方等于194.36。

第九章 智力增长的过程

处的量与仅一个学期后相比略有增加,但是与一年后相比则略有下降。如果只考虑那些既参加了一年后测又参加了两年追踪实验的儿童,总体 IQ 上的期望益处就有显著的减少(双尾 $p<0.05$),尽管两年后仍保持着中等程度的期望益处。①

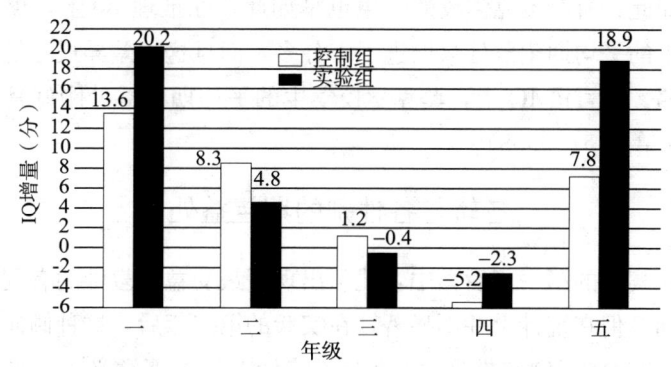

图 9-2　5 个年级儿童两年后在总体 IQ 上的增量

考察表 9-6 的其余部分(和图 9-2),我们可以看到,只有一个年级两年后受益于教师的有利期望,而且这个年级原是五年级(现在是六年级)。这是没有料想到的,因为在一年前实施的后测中,这些儿童没有表现出任何期望益处。为什么被期望在一年中有大发展的五年级学生竟在随后的一年间表现出如此大的期望益处,而任

---

① 就总体 IQ 而言,实验处理的主要效果是在每次方差分析中求得的,相联系的 p 值在 0.09 至 0.26 的范围之间,双尾 p 的中位数为 0.17。

当把班级作为取样单位($N=15$)考虑时,我们发现,15 个班中 10 个班的实验组儿童在总体 IQ 上的增量高于控制组儿童。与符号、魏尔柯克松和 t 检验相联系的单尾 p 值分别为 0.15、0.20 和 0.23。基于两年之后言语增量差异上的类似的 p 值分别为 0.06、0.14 和 0.19;基于推理 IQ 之上的类似的 p 值分别为 0.50、0.52 和 0.47。附录表 A-24、A-25 和 A-26 表明了两年之后所有班级内的两种实验条件中总体 IQ、言语 IQ 和推理 IQ 的平均数与标准差。附录表 A-27、A-28 和 A-29 出示了从预测到两年追踪测验中 IQ 增量的类似数据。

课教师对他们的理智成绩没有特殊的期望,这仍然是一个难以理解的问题。

当分别考虑言语 IQ 和推理 IQ 时,五年级学生继续表现出最大的期望益处,尽管在言语 IQ 上的益处大于推理 IQ。不仅五年级学生如此,所有奥克学校的学生也是如此。在推理 IQ 上,奥克学校学生的平均期望益处只增进了 1 分多,而且这种差异很容易归因于机遇。在言语 IQ 上,奥克学校学生的平均期望益处刚好是不到 4 分(单尾 $p=0.08$)。①

各轨与各性别的期望益处

在实验的第一年后,中轨儿童出现了最受益于教师的有利期望的倾向,但在统计上并不显著。在实验的第二年后,这种倾向更加明显,在总体 IQ 与推理 IQ 上有了统计上的显著意义,并且在言语 IQ 上也接近于具有显著的统计意义。② 在理论和心理测量的基础上,我们可能期望慢轨儿童从教师的有利期望中获益最多。但正如我们已经看到的,获益最多的是较一般的儿童,而且在他们升入更高年级就读于一位对他们的智力发展没有特殊期望的教师后获益尤多(表 9-7)。

早在一年前,在基础实验结束时,女孩就在总体 IQ 上表现出稍大的期望益处。一年后的现在,情况仍然是这样,见表 9-8(读者可以对表 9-8 与表 7-5 进行比较)。在实验的第一年后,总体 IQ 的结果掩盖了耐人寻味的事实:在推理 IQ 上女孩从有利期望中获益较多,而在言语 IQ 上男孩获益较多。现在,在追踪测验后,出

---

① 在总体 IQ 上,经过各种方差分析得出与主要期望效应相联系的 p 值在 0.05 和 0.18 之间,双尾 p 的中位数为 0.10。
② 通过针对总体 IQ 与推理 IQ 的分轨方差分析,得出实验处理中的交互作用的 p 值小于 0.10。

第九章 智力增长的过程

现了相同的结果。只有女孩在推理 IQ 上表现出显著的期望益处,只有男孩在言语 IQ 上表现出显著的期望益处。① 早在两年前的最初预测中,男孩的言语 IQ 高于女孩,而女孩的推理 IQ 则高于男孩。这可能只是巧合,但至少有这样一种可能性:每一性别的儿童在其已经相对较占优势的理智活动领域中最能得益于有利期望。

表 9-7 三轨中实验组与控制组儿童两年后在三种 IQ 分数上的平均增量

轨	控制组		实验组		期望益处	
	N	增量	N	增量	IQ 分	单尾 $p<0.10$
总体 IQ						
快	72	+7.5	20	+4.7	−2.8	
中	60	+3.8	12	+13.4	+9.6	0.02
慢	64	+2.2	15	+5.9	+3.7	
合计	196	+4.63	47	+7.30	+2.67[a]	(0.13)
言语 IQ						
快	72	+3.3	20	+4.2	+0.9	
中	60	−2.6	12	+4.5	+7.1	0.10
慢	64	−5.9	15	−1.5	+4.4	
合计	196	−1.50	47	+2.43	+3.93[b]	0.08
推理 IQ						
快	72	+13.8	20	+7.4	−6.4	
中	60	+15.3	12	+32.1	+16.8	0.04
慢	64	+19.3	15	+18.1	−1.2	
合计	196	+16.04	47	+17.13	+1.09[c]	(0.39)

[a] 均方等于 194.36。
[b] 均方等于 278.19。
[c] 均方等于 606.13。

---

① 在实验处理中,对方差的性别分析发现,只有在推理 IQ 上的交互作用接近显著性水平 ($p<0.05$)。

表 9-8　实验组与控制组男女儿童两年后在三种 IQ 分数上的平均增量

	控制组		实验组		期望益处	
	N	增量	N	增量	IQ 分	单尾 $p<0.10$
总体 IQ						
男孩	107	+7.5	21	+9.3	+1.8	
女孩	89	+1.2	26	+5.7	+4.5	0.08
言语 IQ						
男孩	107	−0.5	21	+6.5	+7.0	0.05
女孩	89	−2.7	26	−0.9	+1.8	
推理 IQ						
男孩	107	+21.5	21	+14.6	−6.9	
女孩	89	+9.5	26	+19.2	+9.7	0.05

根据女孩表现出较大期望益处（尤其是在推理 IQ 上）这一研究结果，以及中轨儿童最能得益于有利期望的研究结果，我们可以部分地预言表 9-9 中所示的结果。在表 9-9 中我们看到，那些在中轨的女孩受益最多，在推理 IQ 上尤是如此。①（表 7-6 给出了一年后测之后推理 IQ 方面的类似数据。）而在男孩中，结果就不易预言了。快轨的男孩往往两年后在所有三个 IQ 测度上都表现出一定的期望益处，中慢轨的男孩则在言语 IQ 和总体 IQ 上表现出有利期望的益处。

假如期望益处发生在女孩身上，那么，这些期望益处往往发生在一般的女孩身上。奥克学校的教师往往发现这些女孩不令人感兴趣，对她们的理智成绩的先有的期望既不如快轨的女孩那样高，又不如慢轨的女孩那样低，但富有挑战性。正如前面所指出的那样，

---

① 各轨和各性别的实验处理的交互作用只是在推理 IQ 上达到了 $p<0.10$ 的水平，但所得出的不过是总体 IQ（交互作用 $p<0.18$）和言语 IQ（$p>0.20$）的期望益处形式。

第九章 智力增长的过程

从教师的兴趣来看,中轨女孩可能因其教师得知她们有"潜力"而增进最多。这些增量随后在另外一年中得到很好的维持,在这一年,教这些女孩的教师对她们的智力发展并无特殊的期望。

表 9-9　三轨中实验组男女儿童三年后在三种 IQ 分数上的增量超出控制组男女儿童的量

	男孩	女孩
总体 IQ		
快	−9.6[b]	+1.6
中	+8.4	+15.3[d]
慢	+9.2[c]	−0.2
言语 IQ		
快	−2.8	+3.5
中	+11.9[c]	+6.3
慢	+12.6[c]	−1.3
推理 IQ		
快	−14.4[a]	−1.5
中	−2.2	+39.5[e]
慢	+0.1	−3.1

[a] $p < 0.12$,双尾。
[b] $p < 0.07$,双尾。
[c] $p \leq 0.07$,单尾。
[d] $p < 0.007$,单尾。
[e] $p < 0.0002$,单尾。

假如长期期望益处发生在男孩身上,这些期望益处往往发生在中轨与慢轨的男孩身上。在一年以前,情况并不是这样,这一事实的确使任何解释都变得软弱无力。这一事实加上男孩方面结果的不明确的统计显著性,使我们在这里要先做些解释。

在实验的第一年末,期望益处的量在 2 个低段年级的儿童与 4 个高段年级的儿童中是相当同质的。在第二年的追踪测验结束时,这种同质性消失了。不过，为提供和表 7-7 中所表明的数据可以相比较的数据，我们编制了表 9-10。① 在总体 IQ 上，年幼女孩在一年后及两年后表现的期望益处大于年幼的男孩。相似地，在两次复测中，年长男孩的得益只比年长的女孩稍多。在第二次后测时，2 个年级层次的特殊男孩在言语 IQ 上的增量多于特殊女孩（相对于控制组的男孩和女孩而言）。在推理 IQ 上，在实验的第一年后，2 个年级层次的女孩都表现出较大的期望益处，而在年幼儿童尤其显著。事实上，年幼的男孩往往表现出用推理 IQ 测得的期望益处丧失。在两年追踪复测后也获得了相同形式的结果。

表 9-10　2 个年级层次的实验组男女儿童两年后在三个 IQ 分数的增量上超出控制组男女儿童的量

	男孩	女孩
总体 IQ		
一至二年级	−4.4	+6.3
三至五年级	+6.5[a]	+3.9
言语 IQ		
一至二年级	+4.7	+1.3
三至五年级	+8.5[b]	+2.3
推理 IQ		
一至二年级	−19.7[c]	+16.7[b]
三至五年级	+3.3	+7.2

[a]　$p<0.07$，单尾。

[b]　$p<0.05$，单尾。

[c]　$p<0.06$，双尾。

---

① 各年级与各性别的实验处理的交互作用只是在推理 IQ 上达到 $p<0.10$ 的水平，另外还给出了总体 IQ（交互作用 $p<0.20$）和言语 IQ（$p>0.20$）的期望益处形式。

第九章　智力增长的过程

　　我们在前面描述第一年实验的结果时，概括了复杂的研究结果，学生的性别这一因素使期望效应的作用复杂化了。根据两年追踪测验，只需对这一概括稍做修改。尽管这一追踪年是在没有给予教师有关学生成绩的特殊期望的情况下度过的，期望益处的特有形式实质上仍然相同。在一年后和两年后，当期望于他们的是某种未特别指定的增长时，女孩在理智活动的推理领域增长较大，男孩则在言语领域增长较大。当期望益处中有显著的性别差异时，这些差异更可能见于年幼儿童与中轨儿童之中。

少数民族群体身份的期望益处

　　在实验的第一年后，奥克学校的墨西哥血统的儿童从教师有利期望中获得的益处大于非墨西哥血统的儿童。但偏向于墨西哥血统的儿童的差异在统计上并不一直显著。现在，即第二年后，墨西哥血统的儿童保持了他们在总体 IQ 上获得的益处，增加了他们在言语 IQ 上获得的益处，却在推理 IQ 上丧失了他们获得的益处。但是，墨西哥血统与非墨西哥血统的儿童之间期望益处的差异在统计上仍然没有达到显著性水平。

　　正如以前所做的，每个墨西哥血统的儿童的期望益处，是从其 IQ 增量中减去同班控制组儿童的 IQ 增量而求得的。然后计算这种得出的期望益处分数与儿童面部的"墨西哥人特征"之间的相关。表 9-11 呈现了在墨西哥血统的男女儿童中求得的墨西哥人的面部特征与总体 IQ、言语 IQ 和推理 IQ 上的期望益处之间的相关。在墨西哥血统的男孩中，那些看上去更像墨西哥人的儿童往往在两年后表现出较大的期望益处，正如他们在一个学期后和一年实验后所表现出的那样。一个学期后，在墨西哥血统的女孩中发现了相同的普遍关系，但在两个学期后和现在的两年后，这种关系就值得怀疑了。早些时候我们曾指出这种可能性；看上去更像墨西哥人的男孩可能因出现在注定会有大发展的儿童名单上而最使教师吃惊。惊奇可能导致兴趣，而兴趣愈高可能导致这些儿童表现出愈大的期望益处。如果这种推测得到认可，我们就可以预料：其他平常没有受到什么期望的男孩，也会因教师对他们的兴趣的增加而获益较多。这类男孩都在慢轨。表 9-9 表明，在做两年追踪测验时，慢轨男孩由于其教师得知对他们未来的智力发展的有利期望而获益最大。

表 9-11　两年后墨西哥人的面部特征与有利期望益处之间的相关

	男孩		女孩		合计	
	N	r	N	r	N	r
总体 IQ	4	+0.79	8	+0.12	12	+0.36
言语 IQ	4	+0.90[a]	8	+0.54	12	+0.54[a]
推理 IQ	4	+0.67	8	−0.35	12	−0.18

[a] $p \leqslant 0.10$，双尾。

较长时间的考察

所用每一复测的结果表明了教师期望对儿童 IQ 增进的影响。我们会回忆起，这三次复测是在智力变化实验计划开始实施后 4 个月、8 个月和 20 个月实施的。在每次相继的复测时，参加过预测的儿童很少。因此，比如在 4 个月后，370 名参加了预测的儿童是可以参加复测的，但在 20 个月后，就只有 243 名儿童了。尽管并非所有的儿童都可以参加所有的复测，但在每次复测时检查那些可以参加复测的儿童的期望益处量还是有用的。期望益处照例被界定为实验组儿童的 IQ 增量与控制组儿童的 IQ 增量之差。因此，期望益处照例是实验组儿童的增量与控制组儿童的增量之差。

图 9-3 表明了在三个时间点测得的全体儿童、男孩和女孩在总

第九章 智力增长的过程

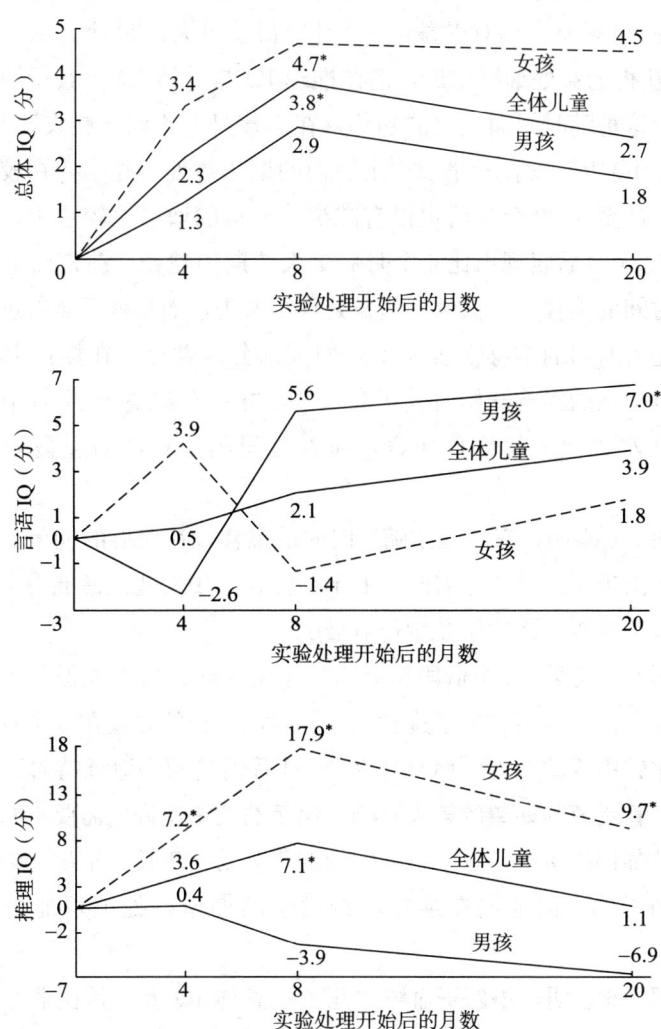

图 9-3 4 个月、8 个月和 20 个月后男孩、女孩和全体儿童的期望益处（星号表示双尾，$p < 0.10$）

体 IQ、言语 IQ 和推理 IQ 上的期望益处。所有特殊儿童仅 4 个月后就在 IQ 增量上稍有得益；8 个月后得益更大；20 个月后，言语 IQ 上获得的益处继续增加，但在推理 IQ 与总体 IQ 上获得的益处减少。这种随时间而变化的趋势，在男孩身上不同于在女孩身上。在总体 IQ 上，女孩较早表现出她们的期望益处，并维持在较高水平上，甚至在 20 个月后也没有减少。男孩的增进比较适中，但他们在 20 个月后表现出比 4 个月后更大的期望益处。在言语 IQ 上，随着时间的推移，男孩的期望益处继续增进，而早就开始增进的女孩则随着时间的推移而丧失了她们大部分的益处。在推理 IQ 上，期望对女孩的影响开始时处于高水平，并且在整整 20 个月中仍停留在高水平上。就男孩而言，随着时间的推移，期望益处渐渐丧失。

图 9-4 表明，三轨儿童随着时间的推移，在获得的期望益处的程度上出现了分岔。随着时间的不断推移，中轨儿童最能得益于教师的有利期望，而快轨儿童得益最少。

图 9-5 表明，2 个低段年级的儿童在 8 个月后大大得益于有利的期望，但一年后丧失了这种益处。高段年级的儿童在 8 个月后表现出比较中等的益处，而且在 20 个月后仍然较好地维持着这些益处。尽管受教师期望的较大影响，但年幼儿童也许更需要不断与同一个教师保持接触，以维持他们的期望益处。年长儿童虽然最初难以受到影响，但他们在维持已经发生的期望益处上可能更有自主性。

图 9-6 表明，墨西哥血统的儿童在总体 IQ 上一贯比非墨西哥血统的儿童更能得益于实验计划。在言语 IQ 上，墨西哥血统的儿童获得的这种益处在到 20 个月的复测这一时期中稳定增加。在推理 IQ 上，墨西哥血统的儿童获得的益处早先超过非墨西哥血统的儿童，但在整个 20 个月间没有维持下来。

第九章 智力增长的过程

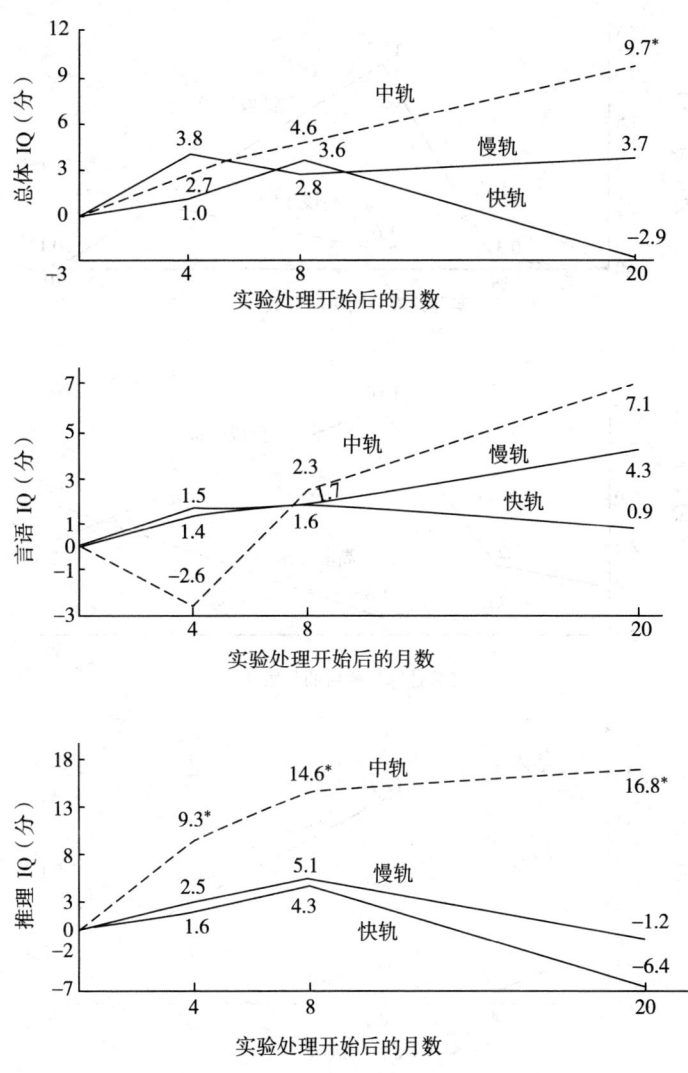

图 9-4　4 个月、8 个月和 20 个月后快、中、慢轨儿童的期望益处（星号表示双尾，$p < 0.10$）

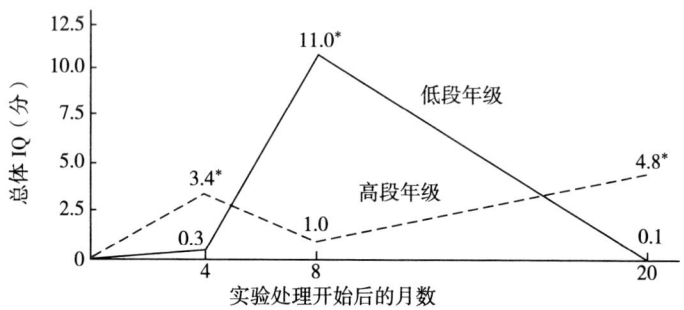

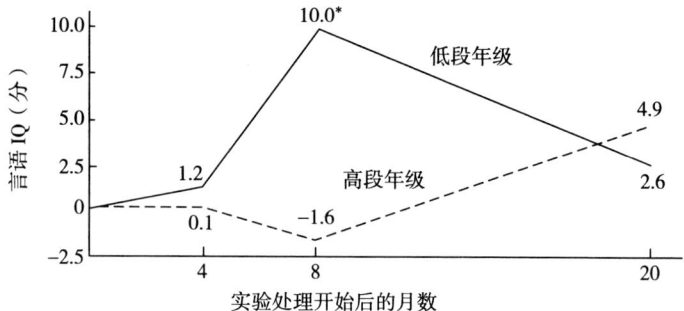

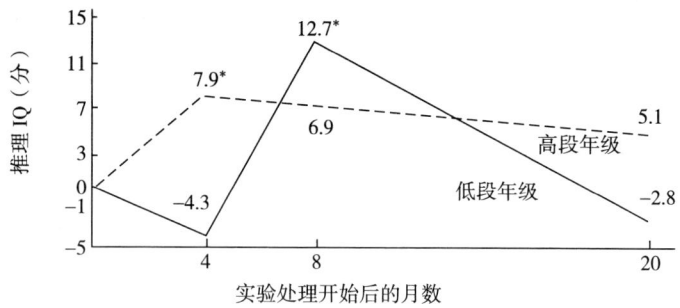

图 9-5　4 个月、8 个月和 20 个月后高低段年级儿童的期望益处（星号表示双尾，$p < 0.10$）

第九章 智力增长的过程

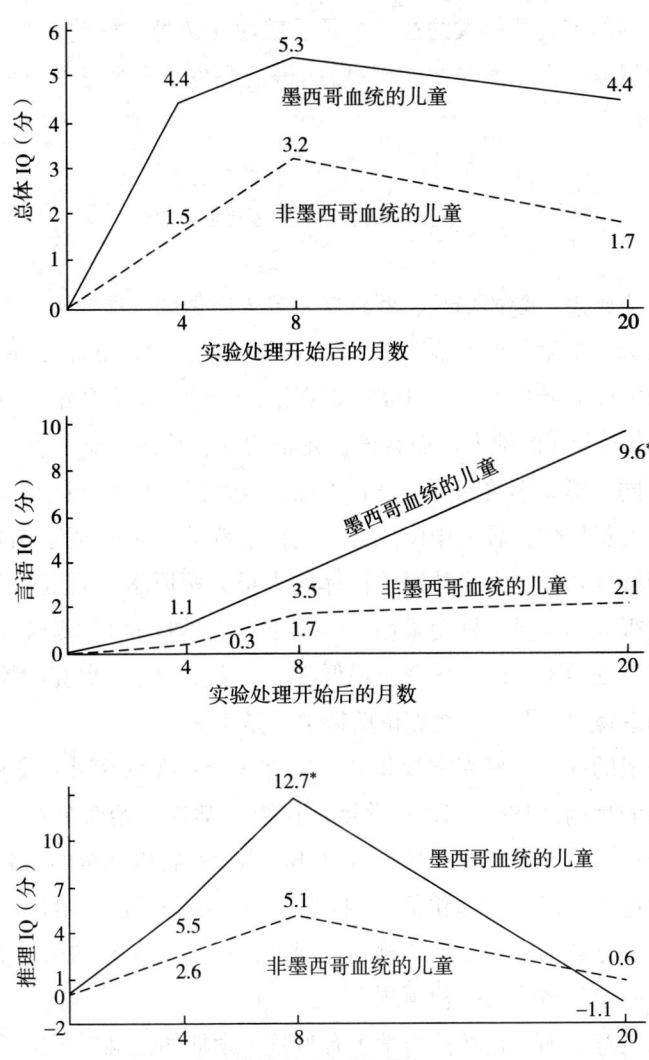

图 9-6　4 个月、8 个月和 20 个月后墨西哥血统和非墨西哥血统的儿童的期望益处（星号表示双层，$p < 0.10$）

为了简明扼要地概括一下我们迄今所了解的情况，我们可以说，教师的有利期望大约在 4 个月后就使儿童稍有得益，8 个月后使他们得益较多，而在 20 个月后的得益略少于 8 个月后，但多于 4 个月后。

克雷斯特学校实验

作为康恩、爱德华兹、罗森塔尔等人所做的一项较大样本研究的一部分，重做类似奥克学校的实验是可能的（Conn, Edwards, Rosenthal, and Crowne, 1967）。克雷斯特学校坐落在距奥克学校约 3 000 英里①的地方，而且该校儿童的社会阶级背景与奥克学校大不相同。奥克学校的儿童来自下层阶级社区，那个社区是少数民族群体人员居住比较集中的地方。克雷斯特学校的儿童则来自中上层阶级社区，很少有少数民族群体的人员。两所学校儿童的 IQ 之间存在很大的差异，即使采用专门用于奥克学校的 IQ 测验以便使可归因于处境不利的差异降至最低限度，也是如此。奥克学校的平均预测总体 IQ 是 98，而克雷斯特学校是 109。

一般的程序与奥克学校相同，但有一个重要的例外，那就是，对儿童的预测（1965—1966 学年）在第二学期开始时进行。此后不久，把"特殊"儿童的名单给教师。当然，特殊儿童的姓名也是随机挑选的，但让教师相信："特殊"的身份是根据"哈佛习得变化测验"分数确定的。这一测验，即前面所述的弗拉纳根的 IQ 测验，实际上只是作为一种预测。

我们意识到，在教师与学生有整整一学期的接触后再给予教师有关学生智力发展的特殊期望，或许会削弱教师期望的效果。在一

---

① 1 英里=1.609 344 千米。——译者注

第九章 智力增长的过程

学期的接触后,教师有了相当的依据形成对他们学生的期望,而且,如果他们没有依据断定我们的预言有无道理,他们或许更不会受我们对各个儿童的预言的影响。在这些情况下,教师期望产生效果的可能性很小,这就使得了解所发生的情况变得更有趣了。

在 1965—1966 学年末,即在给予教师他们学生中平均有 23% 的学生会有大发展的期望后约 4 个月,实施了后测。为与奥克学校的各个方面做比较,读者可参照本章的图表,尤其是图 9-3 和图 9-4。克雷斯特学校在一个学期后的结果与奥克学校快轨在一个学期后的结果一同出示。奥克学校快轨的平均预测总体 IQ 是 109,恰好等于克雷斯特学校的平均预测 IQ。

表 9-12 表明,4 个月后,克雷斯特学校的儿童像奥克学校的快轨儿童一样都获得小量的期望益处。期望效应的量小,而且只是在推理 IQ 情形中才接近于统计上的显著性水平,但两所学校的结果十分相似。就全部三个 IQ 测度而论,克雷斯特学校儿童从教师有利期望中获得的益处略多于奥克学校的快轨儿童,但这种差异在统计上并不显著(所有的交互作用 F 值都不到 1)。克雷斯特学校的控制组与实验组儿童在言语 IQ($p<0.05$)、推理 IQ($p<0.04$)和总体 IQ($p<0.008$)上的增量明显多于奥克学校的控制组或实验组儿童的增量,注意到这一点是很有趣的。我们不知道为什么会是这样的情况,但是我们的确知道这种情况不能归因于 IQ 的任何预测差异。

表 9-13 表明了三个学期后类似的数据。克雷斯特学校的追踪测验是在 1966—1967 学年末进行的,这时已是儿童离开对某些学生有特殊期望的教师后整整一年了,是原任教师接到列有他们名字的名单后约 16 个月了。这是与奥克学校 20 个月的间隔等值的一个合理的时间间隔。克雷斯特学校的结果也与奥克学校快轨儿童的结果十分相似。在这两种情形中,控制组儿童在 IQ 上有比实验组儿

童增进更多的趋向。把两所学校综合起来考虑,在总体 IQ 和推理 IQ 上,这种效果在 0.06 的水平上是显著的,而且这两所学校都表现出大约相同程度的期望益处丧失(所有的交互作用 F 值都不到 1)。克雷斯特学校的儿童(无论是实验组的还是控制组的)在总体 IQ ($p=0.06$)、言语 IQ ($p<0.01$) 和推理 IQ ($p>0.20$) 上再次表现出了较大的增量。

表 9-12 两所学校的实验组与控制组儿童一个学期后在三种 IQ 分数上的平均增量

	控制组		实验组		期望益处	
	N	增量	N	增量	IQ 分	双尾 $p<0.20$
总体 IQ						
克雷斯特学校	206	+7.22	63	+8.98	+1.76	
奥克学校	110	+3.38	35	+4.40	+1.02	
合计	316	+5.88	98	+7.34	+1.46	
言语 IQ						
克雷斯特学校	206	+7.79	63	+10.63	+2.84	
奥克学校	110	+3.93	35	+5.37	+1.44	
合计	316	+6.45	98	+8.75	+2.30	
推理 IQ						
克雷斯特学校	206	+8.18	63	+14.06	+5.88	0.10
奥克学校	110	+4.66	35	+6.23	+1.57	
合计	316	+6.95	98	+11.26	+4.31	0.10

克雷斯特学校与奥克学校快轨的这些较聪明的儿童在离开对他们的智力发展抱有利期望的教师之后一年竟有遭受期望益处丧失的趋向!对此还没有现成的解释。也许他们在进入教师对其智力增长无特殊期望的课堂中受到一种相对的剥夺,而且这种失望可能反映

在他们的理智成绩之中。为什么只是在这些聪明的儿童中发生这样的情况,而在 IQ 较一般的儿童中却没有发生?对此我们还说不清楚。图 9-4 表明,奥克学校中轨中较一般的儿童,在与对智力发展没有特殊期望的新教师一同度过的一年期间,由于被期望有大发展而表现出一种延发的益处增长。

表 9-13　两所学校的实验组与控制组儿童三个学期后在三种 IQ 分数上的平均增量

	控制组		实验组		期望益处	
	N	增量	N	增量	IQ 分	双尾 $p<0.20$
总体 IQ						
克雷斯特学校	145	+12.57	43	+7.99	−4.58	0.08
奥克学校	72	+7.53	20	+4.65	−2.88	
合计	217	+10.90	63	+6.93	−3.97	0.06
言语 IQ						
克雷斯特学校	145	+11.19	43	+10.60	−0.59	
奥克学校	72	+3.28	20	+4.15	+0.87	
合计	217	+8.57	63	+8.55	−0.02	
推理 IQ						
克雷斯特学校	145	+17.18	43	+9.82	−7.36	0.11
奥克学校	72	+13.75	20	+7.40	−6.35	
合计	217	+16.04	63	+9.05	−6.99	0.06

无论如何,在我们对克雷斯特学校与奥克学校快轨的这些较聪明的儿童感到十分惋惜之前,我们应当提醒我们自己,这些儿童原有的很高的预测总体 IQ 已经平均增进了 7 分以上。

第三部分
含　义

第十章 皮格马利翁效应的中介

本章的目的是考虑我们怎样才能最好地解释上述实验的结果。如果在稍为宽松的意义上使用"理论"这个术语的话，那么就有许多理论可以提出来解释这些已报道过的研究结果。

意 外 理 论

意外理论坚持认为，实际上没有什么东西需要解释。实验的结果反正被人们简单地看作是人为的东西，人们并不感到教师的期望是学生智力增长的重要的决定因素。①

测验的信度

对该实验结果的一种解释认为，因为团体实施的智力测验的可

---

① 这里所做的分析仅限于奥克学校的实验。假如我们要考虑该实验以外的证据，意外理论就会变得难以置信。前面简要提及的三个重复实验都证明了教师期望的显著效应，而且都证明这些效应在推理 IQ 的案例中最为显著。在这四个实验中，有两个实验表明了教师期望所预言的主要效应，但是另外两个实验证明只是在与学生特征或情境变量的交互作用中教师期望才有效应。尽管所有四项研究的结果总的来说使得人们不怀疑教师期望中的各种变化的效能，但这些结果也有助于强调教师期望效应在运作中可能存在的复杂性。这种复杂性无论在行为科学中的哪一个领域出现，我们都不应感到惊奇，它在研究主试的期望对研究对象的行为之影响的一个有关的领域中已经得到了证明（Rosenthal，1966）。

第十章 皮格马利翁效应的中介

信度不如个别实施的智力测验,所以,实验结果是由测试工具的不可靠性造成的。这一论点在统计上是错误的,但是,这一论点相当普遍,所以本章要加以讨论。

"信度"一词有几种意思,但是,我们最感兴趣的一个意思是,在连续几次测试中,人们的分数在各种分数中保持相对稳定的位置。如果在连续的复测中,每人获得的分数同时增加一个相同的分数,那么这个测验就会有极大的信度。这里的一个要点是,即使复测时实验组中没有一个人获得在预测时获得的分数,但测验仍然有可能是完全可信的。理想信度的必备条件是,这个实验组所有成员,从预测到复测的变化是恒定的。

单凭直觉,我们难以弄清测验的不可靠性怎样会造成实验组儿童的 IQ 增量在统计上显然大于控制组儿童的 IQ 增量。事实上,更严格地说,可以证明,测验愈不可靠,就愈难以在两组儿童之间获得系统的、显著的差异,假如这些差异实际上确定存在的话。总之,看来我们的团体智力测验的"不可靠性"无法解释我们的结果,尽管在理论上它可以解释那些一直没有引起人们更多注意的结果。①

预测 IQ 的差异

尽管是随机地把学生分配给不同的实验条件,但在预测 IQ 中,实验组儿童的得分略高于控制组儿童的得分。这一事实表明了

---

① 附录表 A-30 表明了从预测到一年后的后测的总体 IQ、言语 IQ 以及推理 IQ 的复测信度。这些信度按奥克学校的每个年级、每个轨以及所有班级的实验组和控制组分别列入表。言语 IQ 和总体 IQ 的总平均信度是 +0.75,而推理 IQ 的总信度是 +0.49。在实验组和控制组之间,IQ 分数的平均信度是不同的,这意味着实验组儿童确实表现出智力增量,这种增量没有影响他们在自己的实验条件下的等级次序。

这种可能性：那些起点较聪明的儿童可能在任何情况下都会表现出理智成绩有更大的增量。当人们检验这种假设时，就要计算儿童在最初预测时的 IQ 分数与一年后的 IQ 增量之间的相关。如果那些起点较聪明的儿童表现出更高的 IQ 增量，那么这种相关是正相关。一般来说，总相关是负的，因为在总体 IQ 上，$r=-2.3$（$p<0.001$），在言语 IQ 上，$r=-0.04$（不显著），在推理 IQ 上，$r=-0.48$（$p<0.001$）。（附录表 A-31 中详细呈现了这些相关。）尽管就整个学校而言，最初的 IQ 分数与 IQ 增量之间的相关，在实验组儿童中要比在控制组儿童中的负相关略少一点，但这看来根本不是简单效应。相反，看来实验组与控制组的差异是一种交互作用的效应，这种效应是所考虑的 IQ 类型与儿童所处轨的位置的函数。这样，在中轨的儿童中，那些开始时处于言语 IQ 较高的前测水平上的儿童，如果在控制组，他们在言语 IQ 上的增量就较小；但是，如果他们在实验组，言语 IQ 的增量就较大。当考虑到预测水平和推理 IQ 的增量时，在中轨的儿童中就看不到这样的差异。

在慢轨的儿童中，那些开始处于言语 IQ 较高的预测水平的学生，如果在实验组，他们在言语 IQ 上的增量就相对地小于在控制组时的增量。同是在慢轨，实验组儿童在推理 IQ 上的预测水平与随后的推理 IQ 的增量之间没有表现出任何相关，而控制组儿童在两者之间显示出很大的负相关（$r=-0.74$）。如果考虑到个人年级水平的话，对于附录表 A-31 做比较详细的考察就表现出更多的这种难以解释的交互作用。总之，根据最初 IQ 水平与 IQ 增量的数量之间的相关，看来无法解释实验组儿童获得相对较大的增量。

有一种可能较为满意的方法可以用来考察最初的 IQ 水平对 IQ 增量的影响。这种方法涉及为特殊组的每个儿童在同一班级的控制

第十章 皮格马利翁效应的中介

组中找到前测 IQ 完全一样的儿童。① 虽然这种方法不是总能找到在预测 IQ 上完全匹配的儿童，但还是被采用了。如果找不到完全匹配的儿童，就把实验组的儿童合并成各小群，然后找一群预测 IQ 几乎相同的控制组的儿童。表 10-1 表明了预测 IQ 相匹配或不相匹配时实验组儿童一年后总体 IQ 的期望益处的量。即使预先没有匹配，期望益处的量也与实验组儿童表现出来的超出预测 IQ 的值无关。这样，表现出最大的期望益处的两个年级就是实验组中表现出最大和最小预测 IQ 益处的年级。

表 10-1 根据匹配或不匹配的预测 IQ 对一年后总体
IQ 表现出来的期望益处的比较

年级	期望益处				预测 IQ 差异[a]	
	不匹配		匹配		不匹配	匹配
	N^b	平均数	N^c	平均数	平均数	平均数
一	7	+15.4	7	+14.5	−2.07	0.00
二	12	+9.5	6	+7.5	+7.94	+0.49
三	14	−0.0	13	0.0	+0.93	+0.12
四	12	+3.4	10	+1.8	+2.21	+0.00
五	9	−0.0	6	+2.0	−0.35	−0.25
六	11	−0.7	10	+0.5	+4.67	+0.20
合计	65	+3.80	52	+3.48	+2.687	+0.096

[a] 实验组超过控制组的预测 IQ 的量。
[b] 所有实验组儿童人数（N）。
[c] 实验组和控制组儿童相匹配的对数（N）。

---

① 我们感谢杰罗姆·卡根（Jerome Kagan），是他建议采用这种分析。

最初 IQ 水平的相匹配对总的期望益处的量没有任何显著的影响。在前面的三个年级中，预先匹配降低了所获得的期望益处，而在后面的三个年级中，预先匹配提高了所获得的期望益处。这些分析表明，教师有利期望的总的显著效应不能归因于实验组儿童和控制组儿童在预测 IQ 上的差异。

测 验 过 程

有一种非常合理的"理论"可用来解释我们的实验结果，这种理论提出，儿童的 IQ 受到影响，只是因为教师在施测期间不同地对待实验组儿童。虽然没有任何方式可以证明这种理论不能成立，但有几个因素有助于削弱这种解释的似乎可信的程度。①

测度间的安排

被期望智力激增的儿童果然就在我们的非言语 IQ 测验的测度上表现出增量，而且在成就测验测度和成绩卡等第中也显示出增量。既然任课教师主持 IQ、成就以及课堂小测验等所有测验，这种理论就不会因各种智力增量的量数一致而受到削弱。削弱不同测验程序之影响的理论正是期望益处的安排。大体说来，我们并不期望，指定班级等第的过程要比更为客观地实施的智力测验和成就测验对于教师期望效应有更多的抵制。但是，我们会想起，教师期望效应在标准化的、客观的 IQ 测验和成就测验中要大于在不太标准化的和不太客观的指定成绩卡等第中。

---

① 西耶和赖特（Theye and Wright，1967）做的一项实验证明，即使进行有意识的辅导以及延长个别实施智力测验中面对面接触关系的时间，要提高 IQ 分数也很困难。

第十章 皮格马利翁效应的中介

测度内的安排

只是在基础实验年间,由对一些学生的智力发展怀有特殊期望的任课教师主持复测。在这一年的结束时发现期望益处绝大部分发生在我们的 IQ 测度的推理分测验上,而不是发生在言语分测验上。但是,只有在言语分测验时才会发生较多的师生交互作用。言语试题不合时宜,要大声读给儿童听,而且要求教师在教室里经常来回走动以了解儿童是否正确地按提示解题。而推理试题正合时宜,由自己主持复测。因此,在一年之后表现出较大的教师期望效应的那种分测验,看来不大会有机会产生有区别的师生交互作用。

据我们所知,只有一个实验表明,主考的期望能够影响儿童获得的 IQ 分数(Larrabee and Kleinsasser, 1967)。然而,在他们的研究中,只有韦克斯勒儿童智力量表中的言语分测验分数受主考期望的显著影响。这些分测验都要求被试和主考个别地在言语方面发生交互作用。在操作分测验中,也要求个别的交互作用,但言语的交互作用则更少,主考的期望没有表现出任何显著的影响。该研究的结果表明,如果复测期间教师采用不同的行为,教师期望效应在言语 IQ 分测验上的表现应更甚于在推理 IQ 分测验上的表现。

"盲目"复测

由一位"盲目"的主考对三个班级进行复测,以便确定期望益处是否取决于教师主持后测时的行为。在一年后测实施之后的几个星期,一位学校行政人员(不属奥克学校的人)主持三个班级的复测,他不知道哪些儿童是实施组的。选来进行复测的三个班级包括:(1) 4 个月复测之后表现出最低期望益处的班级;(2) 较低的三个年级中 4 个月复测之后表现出最大期望益处的班级;(3) 较高的三个年级中 4 个月复测之后表现出最大期望益处的班级。在这些班级的一个班级中，只有言语 IQ 后测由任课教师主持。为了保持可比性，"盲目"的主考主持该测验时，只计算言语 IQ。

表 10-2 出示了三位任课教师和这位"盲目"的主考对完全相同的儿童所进行的测验的结果。在总体 IQ 和言语 IQ 方面，这位"盲目"的主考所做复测的结果与几周以前由任课教师获得的结果非常接近。然而，在推理 IQ 方面，这位"盲目"的主考获得的期望益处比这三位任课教师获得的期望益处高 9 分（NS）。教师对怀有较大期望的儿童表现出有区别的行为，看来未必能获得如 IQ 测验所测到的期望益处。

表 10-2　三个班在一年后由任课教师和"盲目"的主考主持测试获得的后测 IQ 分数

	任课教师				
	控制组		实验组		差异
	N	IQ	N	IQ	
总体 IQ	48	98	4	109.8	+11.8
言语 IQ	67	104.5	7	102.9	−1.6
推理 IQ	48	92.8	4	106.0	+13.2
	"盲目"的主考				
	控制组		实验组		差异
	N	IQ	N	IQ	
总体 IQ	48	100.1	4	113.3	+13.2
言语 IQ	67	105.9	7	103.0	−2.9
推理 IQ	48	96.9	4	119.3	+22.4

第十章 皮格马利翁效应的中介

回忆的准确性

虽然回忆本身不是证据的一种有力的来源,足以证明期望益处之中介的测验过程理论站得住脚,但报道实验之后与任课教师会谈的结果还是有重大意义的。1966年6月,也就是实施IQ测验后两年和追踪IQ测验后几周,在一次小组会上向所有教师解释了实验的真正性质之后,与所有教师进行个别会谈。要会谈的教师有16位,原先18位中的另外两位在基本实验年后离开了奥克学校。

随便问一下每位教师在大约两年前得到"有魔力的"儿童最初名单时的反应。这些反应是惊人的。当所有教师回忆起第一眼看到这些名单时,大多数人感到她们几乎没有注意或根本没有注意到这些儿童。许多教师看了一眼之后,就把这些名单扔在一边了。她们感到,开学的第一周学校办公室发了许多通知,而这张名单不过是另外一份通知罢了,因而没有给予特别的注意。(假如我们早知道她们这样不在意地对待我们开列的名单,我们就会重行考虑获得作为教师期望函数的任何IQ增量的可能性。)

部分会谈涉及教师对一年前哪些儿童是实验组儿童的回忆做一点比较正式的评定。这16位教师想起了原先被选定为实验组的72个儿童中的18个人的名字。教师还想起另外18个儿童的姓名也列在原先的名单上,而事实上这些儿童是控制组的。那些能回忆起分到自己班上的特殊儿童较多姓名的教师可能被人们期望会表现出较大的期望效应。事实并非如此,在每班的期望益处与被准确回忆出是实验组儿童的人数之间的相关是-0.27(NS)。在(1)每班的期望益处和(2)准确回忆出来的人数(回忆出来的总人数减去回忆得不准确的人数)之间的相关是$+0.09$(NS)。回忆得最差的是二年级儿童的教师。12位最初据说是大有发展潜力的儿童在实验的整整一年中都在学校里,但所有二年级教师连一个儿童的名字都想不起来。不过,我们将会回忆起教师期望效应在二年级最为显著。

回忆名字,注意更多的是测验记忆,而不是测验再认名字的能力。在这次举行的会谈中,还采用了再认测验。呈现给教师一张列有两男两女共 4 个名字的名单,要求她们指出其中哪一个儿童在上学年开始时被指定为实验组儿童。这些列有 4 个名字的名单都是由两个实验组儿童(一男一女)和两个控制组儿童(一男一女)组成。实验组儿童的名字是随机抽取的,但控制组儿童的名字是经过挑选的,他们的预测 IQ 与实验组儿童的预测 IQ 相等或大致相等。教师在再认测验中的得分是认出"有魔力的"儿童人数减去将控制组儿童错认为实验组儿童的人数。这样,分数的范围从 $+2$ 到 -2。平均再认分数只是 $+0.44$(大于 0,单尾 $p<0.04$,$t=1.96$)。正如回忆测验的情况一样,教师再认测验分数与实验组儿童享受到的教师期望益处的量没有显著的相关($r=+0.21$)。

增长的曲线

期望效应的量和教师对哪些是实验组儿童的回忆之间没有任何关系,对此,我们不应过分地惊奇。如果我们期望更好地回忆出儿童的实验组身份的教师表现出更大的期望效应,我们就还可以认为,越是在基础实验学年早期,期望益处就会越大,因为我们知道随着时间的推移,回忆的量会减少。不过,在前一章我们已注意到,在基础实验期间,期望效应有所提高而不是降低了。

增长曲线的终点出现在实施 IQ 预测之后大约两年。这种追踪测验还是由任课教师主持,但这位任课教师对所有学生的成绩都没有任何特殊的期望。如果在实验的第一年获得的期望益处只是教师在测验过程中有区别地对待实验组的儿童和控制组的儿童所致,我们就会料想在追踪研究那一年结束时根本不存在期望益处。但是,

第十章 皮格马利翁效应的中介

正如我们在前一章中见到的，虽然在追踪研究年之后期望益处有所降低，但最终的期望益处的量要比那些期望儿童会有某种智力增长的教师一学期之后获得的期望益处的量更大。

彼得的机会被剥夺了吗？

似乎可以合理地认为，那些被预言有不寻常的智力增长的儿童会引起教师更多的注意。如果教师更多地注意了据说是有发展潜力的儿童，我们可以认为教师会剥夺彼得的机会而去注意保罗的增长。由于教师花在每个儿童身上的时间是有限的，如果教师花在实验组儿童身上的时间越多，她花在控制组儿童身上的时间就越少。如果教师花更多的时间在一个儿童身上就会导致更大的增量，那么，我们就可以通过对每班中实验组儿童获得的增量与控制组儿童获得的增量进行比较来检验"剥夺彼得机会"的假设。这种"剥夺彼得机会"的假设预言了一种负相关。实验组儿童获得的增量越大（意味着教师花在他们身上的时间较多），控制组儿童获得的增量就越小（意味着教师花在他们身上的时间较少）。然而，事实上，两者的相关是正的、大的，而且在统计上是显著的（$r=+0.58$，$p=0.02$，双尾）。只要被期望获得增量的儿童取得的增量越大，同一班中没有被期望任何特别增量的儿童取得的增量也就越大。①这种证据虽然是间接的，但表明彼得的机会也许没有被剥夺。

还有一种间接检验"剥夺彼得机会"理论的方法。凭直觉判断，似乎在每个学生身上花的时间越多，那么彼得式的人物就越少

---

① 当在每一年级水平内分别计算出类似的等级相关时，发现中位数等级相关系数 $rho=+0.75$。盖奇（N. L. Gage）建议采用这种年级内分析，对此我们谨表谢意！

（暂时不管保罗）。此外，若彼得式的人物越少，教师就应该越容易记住那些指定为会有智力增长的儿童。对这种理论间接的支持来自这样一种研究结果："有魔力的"儿童越少的那个班的期望益处越大。虽然这在统计上并不显著，但确实发现了这样一种相关。每班实验组儿童的人数和该班平均的期望益处之间的相关是-0.36。饶有兴趣的是，这种相关不能归因于记住彼得式学生越少的老师回忆或再认特殊儿童的名字就越好。每班指定的实验组儿童的人数与追踪测验之后被准确回忆出来这些儿童人数之间的相关只是$+0.18$，与再认测验的分数之间的相关只是-0.11。

这样，这种支持"剥夺彼得机会"理论的间接证据就是有点可疑的。只要彼得的增量越多，保罗的增量也会越多。但是，彼得式的人物更少时每一个人所得的增量多于彼得式的人更多时所得的增量，尽管这一结果至多是一种倾向。但是，已有支持这种理论的更直接的证据。

在实施一年后测之后大约 10 个月的时候，要每位教师大致估计她在 4 个儿童身上分别花了多少时间。这 4 个儿童上学年（即基础实验年）都在她的班里，2 个在控制组，2 个在实验组，各组中都有一男一女。每组男孩的预测 IQ 与女孩匹配。实验组儿童稍好一点，IQ 的平均差不到 1.5 分（$t=0.71$）。所问教师的具体问题是：假设可以花在这 4 个儿童身上的时间为一个单位时间（100％），花在每个儿童身上的时间各为多少？就每一配对的男女儿童来说，答案就是花在实验组儿童身上的时间百分比与花在控制组儿童身上的时间百分比的差。所得出的一个正的差异分数意味着，根据教师自己的估计，她花在实验组儿童身上的时间更多。表 10-3 出示了整个学校、男女儿童、3 个轨的每个轨、6 个年级的每一年级的平均差和中位差的分数。所得出的平均差与零没有显著的差异。事实上，稍有这样一种倾向，即花在实验组儿童身上的时间

第十章 皮格马利翁效应的中介

要比花在控制组儿童身上的时间少（$t<0.66$）。

尽管实验组儿童没有因为教师花了更多的时间而处于有利地位，但在基础实验年间教师花在实验组儿童身上的时间愈多，仍然有可能显示出越大的期望益处。表10-4呈现了不同的教师花在实验组的男孩和女孩身上的相应的时间与在他们的班上发现的平均期望益处之间的相关。就总体IQ而论，教师花在实验组儿童身上的时间量与所获得的期望益处的量无关。表10-4还表明：（1）相对言语IQ来说，若花在实验组男孩身上的时间愈多，在推理IQ上的期望益处越大；（2）相对推理IQ来说，若花在实验组女孩身上的时间越多，在言语IQ上的期望益处越大。由于我们必须对教师回忆花在各个不同儿童身上的时间之准确性有所保留，这些研究结果至多也只能充当推测的依据。也许教师感到，花在男孩身上的时间应该用来帮助他们发展更多的非言语技能，而花在女孩身上的时间应该用来帮助她们发展更多的言语技能，这样男孩女孩各自都可以在一般被认为更需要教养的适当领域有所提高。然而，使这种推测有所削弱的是，我们应该想起，奥克学校里的男孩在预测言语IQ中比较出色，而女孩在预测推理IQ中略胜一筹。

表10-3 花在实验组和控制组儿童身上的时间差

	平均差（%）	中位差（%）	配对数目[a]
儿童			
全部儿童	−2.6	0.0	31
男孩	+0.3	+5.0	15
女孩	−5.3	0.0	16
轨			
快轨	−2.4	0.0	12
中轨	−5.0	0.0	8
慢轨	−1.1	0.0	11

续表

	平均差（%）	中位差（%）	配对数目[a]
年级			
一年级	+5.0	0.0	6
二年级	-8.8	0.0	5
三年级	+10.0	+10.0	4
四年级	-3.3	0.0	6
五年级	-2.5	-2.5	4
六年级	-12.8	0.0	6

[a] 已经离开奥克学校的两位教师没有提供有关数据。

表10-4 期望益处和花在实验组儿童身上的时间之间的相关
（所有相关中的 N 都是16）

学生性别	期 望 益 处 量 数			
	总体 IQ	言语 IQ	推理 IQ	言语 IQ 减推理 IQ
男孩	-0.01	-0.16	+0.55[b]	-0.41
女孩	+0.35	+0.36	-0.29	+0.43[a]

差异 $p=0.02$，双尾

[a] $p=0.10$，双尾。

[b] $p<0.04$，双尾。

尽管某些期望益处与教师回忆花在实验组儿童身上的相应的时间有关，但我们不应该忽视这一事实：总的说来，教师花在实验组儿童身上的时间看来并不多于花在控制组儿童身上的时间。这是导致某种讨论的一个意外的结果。

在基础实验年间，实验组儿童表现出的期望益处的形式使这种结果几乎没什么可奇怪的。例如，如果教师对实验组儿童谈得越多，我们就会期望他们在言语IQ上的增量越大，但是，我们想起，这种更大的增量不是发生在言语IQ上而是发生在推理IQ上。当然，也有可能是教师对自己花在每个儿童身上的时间估计不够准

第十章 皮格马利翁效应的中介

确。也许对师生交互作用的直接观察会得出不同的结果,但是这种直接观察的方法在目前这个研究中是不可能的。即使两位意见一致的裁判的直接观察,也不能揭示出教师花在两组儿童中的每一个儿童身上的时间量的差异。似乎可以合理地认为,导致儿童智力增长速率差异不是教师花在两组儿童身上时间量的差异。这可能更多的是一个发生在教师与学生之间的交互作用的类型问题,这种类型成为所期望的智力增长的决定因素。

交互作用的性质

根据交互作用性质理论,我们必定要问,教师会怎样区别对待那些期望智力大有发展的特殊儿童。迄今为止,一门研究无意影响或传递的心理学还没有真正发展起来,也没有任何一门心理学是建立在对教师微妙地影响其学生理智行为的研究之上的。

也许要注意的是暗示,这种暗示可能来自关于行为研究者对其被试之无意影响的研究。如果主试相信自己的动物被试更聪明,这些动物果然就成为更聪明的,而且主试把它们也当作更聪明的更"适应了的"动物,正如那些被教师期望变得更聪明的学生果然成为更聪明的,而且教师也把他们当作更聪明的和更适应了的学生一样。用动物做被试的主试感到,当他们期望动物取得优良成绩时,他们就以更亲切的、友好的、热情的方式对待自己的被试。也许当教师对学生的智力发展抱有更有利的期望时,他们也会以更亲切的、友好的、热情的方式对待自己的学生。

从主试和动物被试之间隐蔽传递的线索中寻找师生之间隐蔽传递的线索,不会有牵强附会之嫌。这已经为前面(第四章)报道的资料所表明。在第四章里,那些相信自己的人类被试更聪明的主考以更友好的、更亲切的、更偏心的、更富有表情的以及更多鼓励的方式对待被试。在那个特定的实验中（Wartenberg-Ekren，1962），实施非言语 IQ 测验期间，这种有利的对待并没有导致 IQ 的提高，但是人们想知道的是，几个月来天天受到这种有利的对待是否会导致成绩提高。确实，许多研究证明，即使主考与被试只有一次相遇和交流，主考更热情的行为往往也会导致被试理智上更胜任的行为（Rosenthal，1966）。

我们从有关主试期望作为动物被试学习能力之一个决定因素的研究中可以得到另外一个暗示。那些主试相信更聪明的动物会受到主试更专心的观察。对有机体行为更专心的观察就可做出（1）更迅速地判断有机体行为的正确性和（2）更迅速地奖励正确的或合意的行为。所以，更专心观察的主试可能就是更有效的教师。在奥克学校的实验中，特殊儿童引起教师的注意，所以，似乎可以合理地认为，教师更密切地注意这些儿童的行为。这些儿童的正确反应可能受到教师更迅速的强化，因为教师更专心地观察并期望看到有更多需要强化的正确反应。更迅速的强化可能导致更好的学习。

教师对优良成绩的期望，除了导致更迅速的强化之外，还可能导致更适合的强化。在大多数班级里，学生的回答有一部分是离题的，教师就把它们当作"不确切的回答"，其实这种回答的思路是对的，只不过是间接的。假定期望一个学生会变得更聪明，教师就可能为他提供更多离题的但富于思考的回答机会以证明这些回答是正确的。如果事实果真如此，那就有更多机会对于正确回答做适当的强化。所以，这种"特殊"学生不仅更能够学会什么时候他是正确的，而且还能学会回答了教师的提问就将得到报酬。通过提供更多的机会和时间使这种特殊儿童表现出所期望的能力，这可以促进一种更富于思考的认知风格（Kagan，1966）。杨多和卡根（Yando and Kagan，1966）已经清楚地证明：认知风格上的这些变化可以在一个学年之内由任课教师培养而成。在奥克学校实验中采用的非

第十章 皮格马利翁效应的中介

言语 IQ 测验的性质就是如此,这种特殊儿童更富于思考的态度很可能是造成他们在 IQ 增量上大于其他儿童的原因。

第三章描述了与人际期望的无意传递有关的一些研究结果。那些被认为有较高地位的、以更专业化且更胜任的方式行动的,并且更亲切自如的主试,能更成功地对被试施加无意的影响。也许,有关的实验进行以后,这些实验会证明课堂中成功的无意传递也取决于传递者的某些特征。第三章还报道了人际期望的传递可能只发生在听觉通道(也就是说,靠音调来传递),但是,视觉通道的线索也可能是有效的。影响的两个通道都需要在课堂中进行调查研究。此外,尤其是在低年级,身体接触也应当作为有待研究的一个通道。

从克雷斯特学校实验中得出的一些证据表明,课堂中成功的无意传递在很大程度上可能依赖于儿童自身的某些特征(Conn, Edwards, Rosenthal, and Crowne, 1967)。人们编制了一种不成熟的测度来确定每一个儿童能够在多大程度上判别出成年女性声音的情绪成分。那些能够更好地判断成年女性音调的儿童从教师有利的期望中的得益明显地大于那些判断音调不太成功的儿童($p < 0.04$)。这种证据可作为如下推论的依据:人际期望的无意传递可能大多是通过听觉通道发生的。

必须强调,用来解释教师期望效应的交互作用过程具有推测的性质。我们不知道教师对学生智力增长的期望怎样传递给学生。的确,我们几乎不知道一个教师通过什么来影响一个学生的交互作用过程,不知道这种影响是有意的还是无意的,是外显的还是内隐的,是有益的还是有害的(Biddle, 1964; K. B. Clark, 1963)。造成这种无知的一个理由是,虽然有关教师影响的著述很多,但很少有研究人员系统地考察过教师发挥影响的过程(Biddle, 1964; Biddle and Adams, 1967)。

第十一章　一些方法论上的思考

我们已经简略地考察了这个命题：在诸多治疗专业中，新的治疗方法似乎比旧的方法更为有效（第二章）。夏皮罗这位明智的医治者建议："趁新药仍有疗效时，请用新药治疗尽可能多的病人。"（Shapiro，1960，p.114）这样的陈述是对运用治疗技能中非特殊因素之效力的重新认识，可以不确切地称为"安慰剂效应"。行为科学家或者社会工程师可能修改了医生这句古老格言的措辞："趁新的社会变革方案仍有变革的力量时，请用新的社会变革方案解决尽可能多的社会问题。"在行为科学中，我们指的不是"安慰剂效应"，而是"霍桑效应"（Hawthorne effect）。

霍 桑 效 应

在20世纪20年代中期，位于芝加哥地区的西部电力公司（Western Electric Company）所属的霍桑钢铁厂是贝尔系统电话公司的最大供应单位。霍桑工厂进行了一系列非常集中的实验，研究各种工作条件对工人工作成绩的影响（Roethlisberger and Dickson，1939）。

早就受到人们注意的一个变量是工作环境的照明度。在最早对照明效应的研究中，可以得知，照明度改变了，生产效率也会改变；但是效率与改变照明度这一事实的关系和照明上诸多变化的方向的关系一样密切。在这项最早的研究中，诸多改变的效果只是与

第十一章 一些方法论上的思考

实验前工人的效率水平做比较，因此，第二个研究设立一个"无变化"的控制组看来是合乎需要的。

在第二个研究中，给控制组提供相当恒定的照明度，范围从16到28英尺烛光①。实验组在三种不同照明条件下工作。其中一种照明条件与控制组大致相同，第二种照明条件约是控制组的2倍，第三种照明条件约是控制组的3倍。同预测前的效率水平比较，实验组和控制组在生产效率上都有显著的而且实际上是相同的提高。

第三个实验还是采用两个组。给控制组提供10英尺烛光的恒定的照明度。开始时向实验组提供10英尺烛光，但有步骤地每次降低1英尺烛光，一直降至3英尺烛光为止。这个实验的结果表明，到最后的3英尺烛光的水平，实验组和控制组的工作效率水平都显示出缓慢而又稳定地提高。这不是照明技术人员所能预言的那种研究结果。

最后的也是最引人注目的研究只用两位工人。照明度降至0.06英尺烛光，相当于月光的亮度。工作效率仍然没有降低，这两个工人否定了眼睛的疲劳，并指出还有避免明亮灯光炫目的好处。

在斯诺（C. E. Snow）做的一系列研究之后，似乎清楚的是，照明度上的任何变化都可能导致行为上的效果，这种效果比根据了解工人环境的任何特定控制的具体效果所预言的效果还要大。为了进一步证实这种结论，再次对照明度做了一系列变化。在实验期中的每一天安装一盏新的更亮的灯泡，让工人报告对每次新的更高的照明度的喜爱程度。

然后，斯诺采用了必定是最早的一种"安慰剂控制"（placebo

---

① 1英尺烛光＝10.76勒克斯。

control）的形式。如前所述，电工装上新灯泡，但这次的灯泡并不是更亮的灯泡。不过，工人对这些灯泡变化的反应恰恰如同他们对照明度确实有所提高时的反应一样。然后照明度逐日降低，工人不太喜欢这一系列照明度的变化。即使这是一种虚假的降低，即让电工更换灯泡，但亮度完全一样，而使这种降低好像是真实的降低，工人仍旧不很喜欢这种变化。在这一系列照明变化中，虽然工人显然偏爱更高的或假的更高的照明度，但生产效率并没有明显的变化。

尽管以工厂名字命名的霍桑效应是40年前的研究结果，但它在医学（Honigfeld，1964）和工业（Rosen and Sales，1966）研究方面的含义现在才受到密切的注意。

霍桑、安慰剂和期望的效应

尽管"霍桑效应"这个概念为人人所接受，但是没有得到很好的理解。我们不仅不知道这些效应怎样发挥作用，而且我们也不知道我们使用这个术语时指的是什么意思。有时我们用这一术语指在任何介入方案（如医学的、工业的或教育的）中都存在一些有助于引起种种变化的变量，这些变量原先并没有被认为是有效的变化动因。有时我们使用这个术语时，我们意指强调采用任何新的东西，而新东西本身又导致制定某种处理或变革程序所引起的变化。既然许多医学的、工业的或教育的变革方案是在科学探究的情景中产生的，"霍桑（或安慰剂）效应"这一术语有时用来指科学声望暗示的效应，这种效应有助于提高许多有计划的变革或处理方案的效能。

期望概念是可以成为这一术语多种用法的基础的一个概念。当制订变革或处理方案时，很可能就要涉及对这些方案效能的期望，

第十一章 一些方法论上的思考

而且看来有两种期望。首先是那些人的期望，他们的行为或健康要受到新方案的制订的影响。这些人是工人、病人、学生、研究对象，他们通过了解正在试行一种新方法，来"了解"这种方法很可能对他们有某种效果，不然，它为什么值得人们花费时间或者精力去试验呢？其次是那些制订变革或处理方案的人的期望。这种期望能够影响到那些行为受到研究的人的反应，而且这是我们在本书中最感兴趣的期望。它是一种人际的期望效应，不是某人对自己行为的期望对这种行为的效应，而是某人对他人行为的期望对那种行为的效应。

奥克学校实验结果表明，人际期望效应能够发生在"真实的"教育情境中。那些教师期望有更大的智力增量的儿童比那些教师没有给予特殊期望的儿童显示出更大的智力增量。然而，除了人际期望这种具体的效应之外，还可能有一种更一般的霍桑似的效应在整个奥克学校里发挥作用。这种可能性的依据是，在基础实验年期间，控制组儿童的 IQ 显示出很大的增量（见表 7-1）。为了比较起见，我们援引了"全面推进"（total-push）教育计划的结果。克拉克（1963）报道，三年之后，38％儿童的 IQ 增高 10 分。表 7-2 表明，在控制组一、二年级的儿童中有 49％的儿童仅在一年之后 IQ 就增高 10 分，并且在控制组儿童中，这两个年级不是显示出最大增量的年级。克拉克进一步报道说，12％儿童的 IQ 增高 20 分。在控制组一、二年级的儿童中，有 19％儿童的 IQ 增高 20 分以上。控制组儿童的 IQ 增量之大看来足以作为某种教育革新方案的成果。

由于采用相同形式的 IQ 测验对所有儿童做了三次测验，控制组儿童的 IQ 增量可能只是练习的结果。在奥克学校的实验中，不幸的是，无法排除练习的影响。为了避免练习影响，有必要在没有做过任何实验控制的一些学校中选择大量的学校。此外，使这些控制学校接受次数不等的测验,多则接受全部三次测验,少则接受一次后测。

虽然我们不能排除应试练习的影响,但有一些思考可以削弱对控制组儿童的 IQ 增量很大所做解释的适当性。其中一种这样的思考涉及如下事实:在一年之后的一次复测中,一个儿童仅仅为了保住其 IQ 分数,就必定要能够比原先表现得更好。儿童年龄大了,就必定要表现得更好一些才能获得一定的 IQ 分数。

此外,有助于削弱那种练习效应解释的适当性的一种更强有力的思考来自如下事实:随着时间的推移,儿童仅仅为了维持相同的 IQ 水平就必须有好得多的表现。因此,在只是很短的间隔之后进行的复测看来可能导致最大的练习效应。这个儿童有机会练习预测中的各个试题,而且如果此后马上就进行复测,他只要比在预测时表现得稍好一点就能提高其 IQ 分数。他的实际年龄还没有增长到需要大大提高其成绩才能维持其 IQ 水平的地步。在基础实验年年终,整个学校参加后测仅几个星期之后三个班级实验复测时,进行了一次短暂间隔的复测。这种短暂间隔的复测由一位行政人员主持。表 10-2 表明,控制组儿童的 IQ 所增高的 2 分,可以归因于练习的影响。

这些思考表明了这种可能性:控制组儿童的 IQ 增量至少一部分是霍桑效应造成的。我们说不出奥克学校研究中造成儿童 IQ 增量的是些什么因素。受联邦资助的大学研究人员对奥克学校很感兴趣,这一事实也许提高了该校教师表现出来的已经很好的职业道德水平和教学技巧水平。

霍桑、安慰剂以及期望的控制

不管是在医学的、工业的或教育的情境中,假如要评定一项革

第十一章 一些方法论上的思考

新的结果,仅证明病人、工人或学生在革新后比革新前更好是不够的。假如这种革新没有被采用,病人、工人和学生的得益仍然比过去更大,这总是可能的。至少,我们要知道,采用这种新方法是否要比不采用更好,因而这就需要一种不采用新方法的控制条件。但是,根据我们对霍桑效应和安慰剂效应的了解,这样一种"无处理"的控制组可能不够充分。

霍桑控制

如果要考虑一种新的处理程序,通常有理论上的理由,期望这种新程序在某个很具体的方面是有效的。如果这种新的处理程序证明比无处理程序更好,我们不能把它的成功归因于这种新处理程序从理论上推测出来的特殊效应。和这些特殊效应相混淆的是非特殊的安慰剂效应或霍桑效应。这些非特殊效应能够借助霍桑控制来加以评价。

不像这种无处理的控制,霍桑控制的确要用一种新的程序,但不能认为这种新的处理程序就有特殊效应,这种程序的效能还有待我们评价。如果我们的新程序比霍桑控制的程序更为有效,我们就可以增加一点信心:我们的革新所获得的成果超过了霍桑效应或者安慰剂效应。如果既采用一种霍桑控制,又采用一种无处理控制,我们就能评定在与新程序有关的总的改进中有多少可以归因于霍桑效应。

表 11-1　霍桑控制实验之假设的结果

组别	得益的百分比
1. 无处理控制	20%
2. 霍桑控制	30%
3. 实验—程序	40%

表 11-1 出示了一个假设实验的结果，在该实验中儿童（或班级或学校）被任意分配到三种条件或三个组中的任何一组。组 1 是无处理控制组，课程没有变化。组 2 是霍桑控制组，课程引入了变化，但不包括假定影响儿童学习的特殊变化。组 3 是实验—程序组，包括那些假定影响儿童学习的特殊变化。表 11-1 还出示了每一组里在学习能力上表现出明显增量的儿童的假定百分比。

实验结束时，实验组儿童显示出来的得益可能是无处理控制组儿童的两倍。然而，实验组儿童的期望益处有一半可归因于假的实验程序效应或者霍桑效应。

每当这样做有实效时，并且通常是有实效的，看来最明智的办法是无处理控制组和霍桑控制组两者并用。如果出于后勤工作上的理由，只能采用一个控制组，那么霍桑控制组更加可取，如果我们希望对革新的特殊效应做些推论的话。然而，如果我们只要比较新旧两种程序，并且希望避免霍桑效应和特殊程序效应相混淆的话，那么只采用无处理控制组较为合适。

在教育情境中，更根本的困难似乎一直是，对大多数教育革新根本没有系统地做过评价（Nichols，1966），更不必说用方法论上的严密性对它们进行评价了（Dyer，1965）。不过，有种种迹象表明，人们不仅越发注意到对教育革新的细致评定，而且越发注意到霍桑效应在提高特殊变量的明显效能中所起的重要作用，这些特殊变量被假定为有助于引起有益的变化（Bruner，1965；Cook，1966；Entwisle，1961；Riessman，1962）。

期 望 控 制

在教育变革研究中，变革的动因通常是教师，因而霍桑效应可以直接对儿童发生作用并（或）通过影响教师间接地对儿童发生作用。尽管我们对教育上霍桑效应的各种不同成分知道得不多，但其

第十一章 一些方法论上的思考

中一种成分很可能就是教师的期望。无论教师的期望会怎样影响其学生,本书描述的研究结果表明,教师的期望对其学生的理智成绩具有主要的影响。

改变教师的期望有些缜密的和昂贵的方式,但我们研究中所用的方法十分简单而且花费不多。如果这种简单而直接的方法有效的话,那么,采用改变主修课程的一种更缜密的方法可能更加有效。尽管我们不能确信这一点,但看来的确有必要指出,教育革新未来的研究不仅要控制非特殊的霍桑效应,而且要控制教师期望更加特殊的效应。

当教育革新引入运转中的教育系统时,需要有行政人员的允许和教师的合作,而行政人员和教师看来很可能会期望革新有效。如果他们没有这种期望,他们就不会提供所需的允许和合作。这样,实验革新将有可能同对于革新的功效的有利期望相混淆。

当教育革新方案引入新创建的教育系统,而这种系统拥有专门挑选出来和专门培训过的教师和行政人员时,就会产生这些相似的问题。那些决定参与并且被选定参与教育革新方案的教师和行政人员都可能怀着有利于新方案之功效发挥的期望。在这种情形下,如同变革引入先在的教育系统中,教师和行政人员的期望可能同教育革新相混淆。所有这一切都赞成系统地采用"期望控制"(Rosenthal,1966)。

在适用于教育革新简单的实验(只采用一个实验组和一个控制组)的期望控制设计中,实验总共分成四种实验条件,其中两种条件涉及实验处理,而另外两种条件涉及控制"处理"。在一种实验处理的条件中,使教师有理由相信实验革新会成功。在另一种实验条件中,使教师相信这种处理"只是一种控制条件"。在控制组的一种条件中,使教师相信他们的条件"只是一种控制条件",事实也是确实如此;而在控制组的另外一种条件中,使教师有理由相信这种"处理"实际上是应该得出良好结果的实验革新。

这样一种期望控制实验得出的数据可以采用一种简单的双向方差分析。这种分析允许我们对教育革新、教师期望以及这两个变异根源之间交互作用的效应量做出推断。可能有这样的实验，教育革新效应的量会大于教师期望效应的量。但是，也可能有这样的实验，教师期望效应成为比所研究的教育革新更加重要的变异根源。然而，如果没有采用期望控制组，就不可能分清，教育实践中的实验结果是由于实践本身还是由于那些进行教育改革的教师的有关期望。

联合控制

我们不知道教育程序中的霍桑效应与教师期望效应相关到多大程度，或者霍桑效应在多大程度上是由于教师期望效应造成的，所以既采用霍桑控制又采用期望控制可能获得所求的结果。表11-2表明了采用这两种控制的实验设计。实验的设计使得在A、C、E组的三种条件下的所有教师都期望有教育得益，并且使得在B、D、F组的所有教师都期望没有任何特殊的教育得益。在教师期望这两种条件下的每一种条件内发现的三个组已见上文并如表11-1所示。

表11-2　霍桑效应控制和期望效应控制的实验设计

组别	教师期望	
	得益	没有得益
1. 无处理控制	A	B
2. 霍桑控制	C	D
3. 实验—程序	E	F

在采用一个控制组的最典型的教育实验中，所实施的控制可能

第十一章 一些方法论上的思考

是无处理的控制而不是霍桑控制。在无处理控制条件下的教师通常对学生得益没有任何期望。这种情形就是 B 组的那种情形。参与实验方案的教师很可能期望他们的学生得到某种益处。这种情形在 E 组有所描述。如果在教育实验中 E 组儿童比 B 组儿童获得更多的益处，我们就说不清楚这种益处是来自新的程序本身（进入这种情境中的任何新奇的事实），还是来自教师的有利期望。要分清这三种可能性，就需要补充其他四个组：A、C、D 和 F。

部 分 控 制

有时研究情景的后勤情况限制采用的组数不得超过 6 个。在我们不需要霍桑控制的实验中（其实，这种实验应是罕见的），我们可以去掉 C 组和 D 组。在我们不需要无处理控制的实验中（这种实验似较常见），A 组和 B 组就可以去掉。假定我们感到有必要包含两个控制组，但是只有足供三个组的资源，这种情况看来最好是通过采用 A、C、E 组或者 B、D、F 组来加以处理。无论哪一种情形，我们都通过使所有参加实验的教师持有相同的期望来控制教师期望；或者儿童将要得益，或者儿童不会得益。我们因此失去了评价教师期望效应的可能性，但是不会产生把教师期望同实验组和控制组条件相混淆的问题。如果我们选择三个组，使得这三个组中的一个组中的教师持有的期望与其他两组教师持有的期望不同，这样的混淆就会发生。

如果只能采用两个组，应该从 A、C、E 组中删除 A 组或 C 组，应该从 B、D、F 组中删除 B 组或 D 组。删除哪一个组当然取决于我们感到无处理控制还是霍桑控制对于完成眼前的目的更为重要。

如果我们感到有必要包括两个控制组，而且能够用四个组，我们就决定用 A、C、E 组，那么，我们就可以再加上 B 组，因为，如果我们不控制教师期望，B组就是要用的那个组。因此这个实验就会包括不控制期望的其他研究人员最有可能用的那两个组。同样，假如我们把 B、D、F 组作为基本组，我们就要把 E 组作为第四组。如果我们有能力用五个组，我们也许要删除 C 组或 D 组，但一般来说，如果我们有能力用五个组，我们就有能力用六个组。①

伦理上的思考

如果采用霍桑控制，如果让教师相信新的程序是有效的或者无效的，这位教师就多少是被欺骗了。这种欺骗引起许多伦理问题。也许其中最重要的问题是，这种尽管必要但令人讨厌的欺骗，是否因为获得小学生怎样才能从各种不同教育方法中得益的准确信息的重要性就被认为是正当的。

在采用安慰剂控制的医学研究中，在研究主试期望对他们研究结果的影响的行为研究中，以及现在在本书所述的教育实验中，必定采用了欺骗。我们知道这些欺骗没有任何不利的影响。最突出的是对奥克学校教师的欺骗。在该实验和追踪实验结束之后，把实验的结果告诉所有教师，并请每一个教师对受骗这一事实分别做出回答。他们没有表示出任何怨恨，甚至仅就理智标准来考虑，没有一个教师感到这种欺骗是不道德的；相反，大多数教师因参加他们认为是重要的教育研究而感到高兴。这似乎表明，如果教师满足于这种欺骗的动机和个人无关且是合乎理性的，而不是针对个人和非理性的，那么他们做出反应时就意识到了自己受骗的必要性。

---

① 对上述这类实验设计的逻辑、执行和统计分析的更完整的讨论可以在一本较早的出版物中见到（Rosenthal, 1966），该书对下文提出的伦理上的问题也做了较为详尽的讨论。

第十二章 总结和含义

本书的中心思想是，某人对他人行为的期望最终能充当自我实现的预言。这不是一种新观念，我们能够找到支持这个观念的合理性的轶事和理论。人际自我实现预言发挥作用的许多实验证据都来自一种研究方案，在这种研究方案中，心理实验人员用实验的方法产生预言和期望来了解这些预言是否会成为自我实现的预言。

以往研究的一般计划都是要设立两组"数据收集者"，并把不同的假设告诉每一组主试，这种假设涉及他们的研究被试会提供给他们数据。在许多这样的实验中（尽管不是全部），主试从他们的被试中获得与他们对各自被试的反应的期望相一致的数据。很自然，一些实验包含主试对各自的被试的理智成绩所抱的期望。

除了那些由人类做被试的实验之外，还有动物做被试的研究。如果使得主试相信动物被试在遗传上是较低等的，这些动物就表现得更差。如果使得主试相信自己的动物被试在遗传上具有更好的天赋，他们的动物就表现得很好。当然，事实上，据说是迟钝的或是聪明的动物之间没有遗传上的差异。

如果驯兽员相信自己的动物被试是更聪明的，由于驯兽员的信念，被试真的变得更聪明，那么教师相信他们的小学生是更聪明的，学生也可能因为其教师的信念而真的变得更聪明。奥克学校成了对这一命题进行实验检验的实验室。

奥克学校是一所位于中等城市低层阶级社区的公立小学。这所学校约有 1/6 的儿童是墨西哥血统的少数民族儿童。全校共有 650

名儿童，每学年毕业大约200名儿童，并招收约200名新生。

奥克学校依据能力分轨的计划，6个年级的每一年级有快班、中班和慢班各一班。阅读能力是分轨的主要依据。墨西哥血统的儿童在慢轨中占很大的比例。

从理论上说，我们一直希望了解教师有利或不利期望是否能够导致学生理智能力相应的提高或降低。但是，从伦理上看，还是决定只检验教师的有利期望能够导致理智能力提高这一命题。

奥克学校的所有儿童都用标准的非言语的智力测验进行了预测。我们告诉教师，这次测验将预言学生智力的"大发展"或"激增"。采用的IQ测验得出三种IQ分数：总体IQ、言语IQ和推理IQ。言语题目要求儿童把有图画的题目与教师提供的言语描述搭配起来。推理题目要求儿童指出五种图案中哪一种图案与其他四种是不同的。总体IQ是根据言语题目和推理题目的总和而得出的。

在全校范围进行预测后的新学年伊始，一至六年级的18位教师每人都得到他们自己班上那些在今后一学年会显示出大的智力增长的儿童的名单。这些预言据说是根据这些特殊儿童在学术发展潜力测验中所得的分数而做出的。奥克学校大约20%的儿童据说有智力激增的潜力。每个班里的这些特殊儿童的名单实际上是在随意排列的人员表格中任意选出来的。这样，这些特殊儿童与普通儿童的差异只存在于教师的心目之中而已。

经过一学期、整整一学年以及整整两学年之后，用相同的IQ测验对奥克学校的所有儿童进行复测。儿童在对一些学生的智力增长抱有利期望的教师班上接受第一、第二次复测。所有儿童都在对任何儿童的智力增长没有抱任何特殊期望的教师的班上接受最后一次复测。我们的研究计划包括这种追踪测验，这样我们就可以了解到，任何期望益处，如果可以找到，是否取决于与抱有特别有利的期望的教师连续不断的接触。

第十二章 总结和含义

这些实验组儿童以及这些控制组儿童从预测到复测在 IQ 上的增量都已计算出来。期望益处是由"特殊"儿童获得的 IQ 增量超过控制组儿童获得的 IQ 增量的程度来确定的。实验的头一年结束之后,发现了显著的期望益处,而且期望益处在一、二年级儿童中特别大。这些更年幼儿童因被期望有大发展而获得的益处在总体 IQ、言语 IQ 和推理 IQ 上都是明显的。这些年级的控制组儿童在 IQ 上的增量很高,其中有 19% 的儿童总体 IQ 增高 20 多分。然而,这些年级的"特殊"儿童中有 47% 的儿童显示出总体 IQ 增高 20 多分。

在随后的追踪研究年间,前两个年级的年幼儿童失去了他们曾经获得的期望益处。然而,高段年级的儿童在追踪研究年间显示出愈来愈高的期望益处。那些看来更易受影响的年幼儿童可能需要与他们的教师有更多的接触才能保持他们的行为变化。那些年龄较大的儿童,最初较难接受影响,一旦行为发生了变化,他们能够更好地自发地保持这种行为的变化。

如果考虑到总体 IQ 上的增量,男女儿童在受助于有利期望的程度上的差异并不很大。一年之后,以及两年之后,那些被期望智力大有发展的男孩在言语 IQ 上有很大的提高。那些被期望智力大有发展的女孩在推理 IQ 上有很大的提高。有利的教师期望似乎对于男女儿童在预测中就已占优势的理智活动领域更有帮助。在奥克学校,男孩通常显示出较高的言语 IQ,女孩则显示出较高的推理 IQ。

我们会记得,奥克学校是由一个快轨、中轨和慢轨构成的系统。我们一直认为,教师的有利期望对慢轨儿童具有最大的益处。但事实并非如此。一年后显示出最大期望益处的是中轨儿童,尽管其他轨的儿童获得的期望益处比较接近。然而,两年后,中轨儿童很清楚地显示出从教师对他们的理智成绩所抱的有利期望中获得最大的益处。看来令人惊讶的是，在低层阶级的学校中从教师良好期望中得益更多的竟然是比较一般的儿童。

在实验的第一年和第二年之后，那些墨西哥血统的儿童比那些非墨西哥血统的儿童显示出更大的期望益处，虽然这种差异在统计上并不显著。然而，即使只用一个人数不多的小样本，一种令人感兴趣的少数民族群体的效应确实达到了显著水平。每个墨西哥血统儿童的期望益处的量是用该儿童从预测到复测的 IQ 增量减去同班控制组儿童取得的 IQ 增量计算出来的。然后，找出这些期望益处的量与儿童面部所显现的"墨西哥人特征"的相互关系。一年后和两年后，那些更像墨西哥人的男孩从他们的教师的正向预言中获益越多。教师在实验前对这些男孩的理智成绩的期望也许是所有期望中最低的期望。他们的名字出现在最有潜力得到发展的学生名单中必定会使他们的教师感到惊讶。惊讶可能带来了兴趣，而且以某种方式，更多地寻找更聪明的迹象可能导致更加聪明。

除了对"特殊"儿童和普通儿童的 IQ 增量做比较以外，还可以对他们在实验的第一年结束之后由成绩卡等第所表示的学业成绩的增量进行比较。在成绩卡等第的增量上表现出显著差异的只有阅读这个科目。那些被期望智力上大有发展的儿童，被他们的教师判断为将在阅读能力上有更大的进展。正如 IQ 增量的情况一样，年幼儿童在阅读分数上显示出更大的期望益处。在总体 IQ 增量上，某一年级得益愈多，该年级在阅读分数上的得益也愈多。

在阅读能力方面，中轨的儿童表现出最大的期望益处，这些儿童在 IQ 方面从教师的有利期望中获益也最多。

成绩卡上的阅读等第由教师指定，因而教师对阅读成绩的判断可能受他们的期望影响。所以，被期望大有发展的那些"特殊"儿童可能根本没有获得真正的益处。这种效应很可能就在教师的心目中，而不在儿童的阅读成绩上。可以得到的一些证据表明，这样的

第十二章 总结和含义

光环效应并未发生。在许多年级进行了一些客观的成绩测验。用这些客观的测验来评定，比起用教师做出的更主观的评价来评定，可以发现更大的期望益处。要说有效应的话，教师的等第评定似乎显示出一种负向的光环效应。这似乎表明，这些"特殊"儿童要比这些普通儿童受到教师更严格的等第评定。造成有利期望效应的部分原因，甚至可能就是这种确定标准的行为。

人们通常表现出这样的担心：处境不利的儿童因教师不适当地降低了标准而加剧了处境的不利（Hillson and Myers, 1963; Rivlin, 未注明日期）。威尔逊（1963）提供的很有说服力的论据表明，教师事实上的确降低了比较贫穷地区的儿童的成绩标准。值得进一步加以研究的一种可能性是：如果教师提高对学生理智成绩的期望，她就可能制定更高的标准要求学生达到（也就是说，对他的评分更严格）。这里可能有成为一种良性循环所需要的因素。教师不但可能期望愈多所得亦愈多，而且可能最终所得愈多期望亦愈多。

请所有教师就理智好奇心、个人的和社会的适应能力以及社会认可的需要等有关的变量对每一个学生评定等级。一般说来，被期望智力大有发展的儿童被评定为更有理智好奇心、更快乐以及较少社会认可的需要（尤其是在低年级）。正如 IQ 和阅读能力的情形一样，根据教师对儿童课堂行为的觉察，年幼儿童显示出更大的期望益处。中轨儿童又一次因被期望大有发展而得益最多，这一次是根据察觉到的较高的理智好奇心以及降低了的社会认可需要。

当我们根据觉察到的理智好奇心来考虑期望益处时，我们发现，那些墨西哥血统的儿童没有分享到因被期望大有发展而获得的益处。如果教师期望那些墨西哥血统的儿童会大有发展，教师就不会认为他们更有理智好奇心。有一种不明显的倾向认为（在墨西哥血统的男孩身上则明显一些）：这些墨西哥血统的特殊儿童不大有理智好奇心。这似乎令人惊讶，特别因为这些墨西哥血统的儿童在IQ、阅读分数方面显示出最大的期望益处，而且那些墨西哥血统的男孩在学业总成绩方面显示出最大的期望益处。看起来几乎好像是教师培养这些少数民族群体的儿童的理智能力可能要比相信他们的理智能力更加容易。

在基础实验年间，儿童IQ的增量与教师对儿童课堂行为的看法相关。我们分别计算了实验组与控制组中高低轨儿童的这种相关。实验组高轨的儿童在IQ上增量越多，教师对他们的评等就越有利。控制组低轨的儿童在IQ上增量越多，教师对他们的看法就越加不利。教师对这些儿童没有产生任何特殊的期望，而且他们的慢轨地位使得教师不可能看到他们会以一种具有理智胜任力的方式表现其行为。这些儿童在理智上愈有胜任力，教师对他们的看法就愈是消极。未来研究应该致力于研究这种可能性：可能存在发生"难保证的"、出乎意料的智力增长的机遇。教师要有一定的准备才能接受智力增长儿童的那些出乎意料的课堂行为。

许多可供选择的"理论"可以用来解释我们一般的研究结果。其中有这样的一类理论，即意外理论，它坚持认为，人为因素是造成所得结果的原因，事实上没有什么东西要解释。测验的不可靠性问题以及预测IQ差异的问题已做了讨论，但作为对我们的结果的解释还有所不足。教师只是在复测过程本身当中才有区别地对待"特殊"儿童，这种可能性已经考虑到了。这些结果的安排，"盲目"的主考要比教师获得更引人注目的期望效应这一事实，教师不能明确回忆"特殊"儿童的姓名，以及在儿童离开那些给予他们期望的教师一年之后这些结果就消失，这一切都削弱了这种论点的合理性。对于教师期望显著地影响学生的成绩这个假设是否合理，最重要的是三个都显示了显著的教师期望效应重复实验的初步结果。然而，这些重复实验也表明，各种不同的学生特征和儿童生活中的

第十二章 总结和含义

情境变量都有可能使教师期望效应变得相当复杂，并且都会影响到这种效应的量和方向。①

也许可以合理地认为，这些"特殊"儿童在理智能力上的提高是以牺牲普通儿童为代价的。也许教师把更多的时间花在被期望大有发展的那些儿童身上。但是，教师看来花在"特殊"儿童身上的时间略少于花在普通儿童身上的时间。而且，这些"特殊"儿童显示出最大的 IQ 增量的那些班，也就是普通儿童获得最大的 IQ 增量的班。而那种剥夺彼得机会的理论预言，只要这些"特殊"儿童获得的 IQ 增量愈大，那些普通儿童获得的 IQ 增量就愈小。

根据有关人际自我实现预言的其他实验，我们只能推测教师怎样仅仅通过期望来养成理智能力。如果教师期望他们的儿童在智力上获得更大的增量，他们就会以愉快的、更友好的以及更多鼓励的方式来对待这些儿童。这样的行为已经证明能提高理智成绩，这也

---

① 当本书付印时，我们得知另外一项实验，证明教师期望对学生成绩的影响（Beez，1967）。这次有 60 个来自幼儿早期教育计划暑期班的学前儿童。每个儿童由一位教师教给一系列符号的意义。实验主持人使 30 位教师期望儿童有良好的符号学习成绩，另外 30 位教师期望儿童有较差的符号学习成绩。在那些据说是有更好智力前景的儿童中，大多数儿童（77%）能学会 5 个或更多的符号，而在那些据说是智力前景不好的儿童中，只有 13% 的儿童能学会 5 个或更多的符号（$p<0.000\,002$）。在这项研究中，儿童的实际成绩由一位主试来评定，这位主试不知道儿童的教师得知该儿童的智力前景是更好还是不好。那些对学生怀有利期望的教师要比那些对学生怀不利期望的教师试图教给她们的学生更多的符号。教学努力上的差异是很大的。在那些期望学生取得良好成绩的教师中，87% 的教师教的符号多达 8 个以上，而在那些期望学生取得较差成绩的教师中，只有 13% 的教师试图教给学生多达 8 个以上的符号（$p<0.000\,000\,1$）。然而，令人惊奇的是，即使教学益处上的差异受到控制，那些教师期望取得良好成绩的儿童仍然显示出良好的成绩（$p<0.005$，单尾），尽管这种期望效应的量减少了将近一半。我们非常感激维克托·比茨（W. Victor Beez）让我们使用了他所获得的数据。

许是由于这种行为对学生动机产生了有利的影响。

也许是教师更仔细地观察了她们的"特殊"儿童,这种更多的注意可能导致对正确反应做出更迅速的强化,从而提高学生的学习成绩。教师在评价这些"特殊"儿童的理智成绩时可能更多地注重思考。教师更注重思考可能导致这些"特殊"儿童更注重思考,这种认知风格上的变化会有助于提高所用 IQ 测验里所要求的非言语技能的成绩。

总结一下我们的种种推测,我们可以说,教师可能借助她所说的话,借助她说话的方式和时间,借助她的面部表情、手势以及也许借助她的触摸,就把她期望理智成绩有所提高的信息传递给那些实验组儿童。这样的信息传递以及教学技术上可能出现的变化,可能通过改变这些儿童的自我概念、他们对自己行为的期望、他们的动机以及改变他们的认知风格和认知技能来帮助他们学习。

不言而喻的是,需要做进一步的研究来限定教师期望转化成学生智力增长的可能机制的范围。例如,教师与学生交互作用的有声电影会有助于研究。这样,我们就可以寻找教师与他们期望有智力增长的儿童发生交互作用的方式,同教师与他们给予较少期望的儿童发生交互作用的方式之间的差异。根据心理实验人员与被期望做出不同反应的被试发生交互作用的电影,我们知道,即使在这样非常标准化的情境中,无意传递也可能是非常微妙和复杂的(Rosenthal,1966)。更加微妙和更加复杂的是儿童与其教师之间的信息传递,这些教师不受实验室要求尽可能平等对待每一个人的限制。

本书所述的研究有下列几种含义:对于从事教育研究有方法论上的含义,这在前一章已经讨论。对于进一步研究无意影响过程尤其是当这些过程导致人际的自我实现预言时,也具有含义,其中一些含义已经讨论。最后,对于教育事业具有一些可能的含义,其中

第十二章 总结和含义

一些含义简单叙述如下。

长期以来,我们的教育政策问题已经从"谁应该受教育"改变到"谁能够受教育"。这个伦理学的问题已经变为一个科学的问题。有一个标签加在那些可教育性受到怀疑的儿童身上,即称他们是教育上或者文化上或者社会经济上被剥夺的儿童,而且在目前的情况下,他们看来不能像那些处境比较有利的儿童那样学习。处境有利和处境不利的区别在于父母的收入、父母的价值观、各种成就测验和能力测验的分数,以及通常还在于肤色和其他基因遗传的外表方面。处境有利儿童和处境不利儿童的这些差异,与他们的教师对他们在校时能够取得的成绩所抱的期望差异是分不开的。没有一个实验证明,学生肤色的变化将导致其理智成绩的提高。然而,本书所描述的实验证明,教师期望的变化可以导致学生理智成绩的提高。

在奥克学校,没有为那些处境不利的儿童直接做过什么事情。没有任何旨在提高他们阅读能力的速成教学计划(crash program),没有任何专门的教案,没有课外辅导的时间,也没有去过博物馆或美术馆参观。只有一种信念,那就是对这些儿童坚持观察,他们拥有的理智能力就会及时表现出来。我们的教育改革方案直接为教师,只是间接地为学生而改革。这样,我们也许应该把更多的研究兴趣放在教师身上。如果我们能够知道,教师的教学方法不做形式上的改变,怎样能够大幅度地提高学生的能力,那么我们就可以教其他教师按照相同的办法提高学生的能力。倘若进一步的研究表明,如果挑选一些在交互作用的方式上没有受过培训的教师,对待大多数学生可以像本书所描述的教师对待那些被认为是特殊的儿童一样的话,那么,把挑选和安置富有经验的教师与师资培训结合起来,使所有学生的学习都达到最理想的境界,这也是可能的。

当师资培训机构开始向教师传授对学生成绩的期望可以充当自我实现的预言这种可能性的时候，也许会产生一种新的期望。这种新的期望可能是儿童能够学得比预想的好，这是许多教育理论家所抱的一种期望，尽管他们的理由各不相同（如，Bruner，1960）。当教师遇到教育上处境不利的儿童时，这种新的期望至少使得这些教师很难提出这种疑问："得啦，你到底能对他们期望什么呢？"普通人对在校园里闲逛的令人生厌的不三不四的儿童可以随便发表意见，怀有预言，但是课堂中的教师需要知道，她心中的那些相同的预言都是可以实现的；她根本不是一位偶然的过路客。也许课堂中的皮格马利翁更像她充当的角色。

萧伯纳的总结

　　……你瞧，确确实实，除了人人都能学会的东西（这样的衣着打扮以及这样得体的谈吐，等等）外，小姐和卖花女的差异不在于她的一举一动，而在于人们怎样看待她。在希金斯教授的眼里，我将总是卖花女，因为他总是把我当作卖花女，以后也将永远把我当作卖花女；但是我知道我在你的眼里我会是一位小姐，因为你总是把我当作小姐，而且以后也将永远把我当作小姐。

萧伯纳（G. B. Shaw）:《皮格马利翁》*

---

*萧伯纳根据希腊神话创作了五幕传奇剧《皮格马利翁》。中译本名为《卖花女》，杨宪益译，中国对外翻译出版公司1982年版。——译者注

参 考 文 献

Adair, J. G. , and Epstein, J. Verbal cues in the mediation of experimenter bias. Paper read at Midwestern Psychological Association, Chicago, May 1967.

Allport, G. W. The role of expectancy. In H. Cantril (Ed.) *Tensions that cause wars*. Urbana. Ill. : University of Illinois, 1950, 43-78.

Allport, G. W. Mental health:a generic attitude. *Journal of Religion and Health*, 1964, 4, 7-21.

Anderson, Margaret, and White, R. A survey of work on ESP and teacher-pupil attitudes. *Journal of Parapsychology*, 1958, 22, 246-268.

Asbell, B. Not like other children. *Redbook*, October 1963, 121, 65, 114-118, 120.

Aronson, E. , and Carlsmith, J. M. Performance expectancy as a determinant of actual performance. *Journal of Abnormal and Social Psychology*, 1962, 65, 178-182.

Aronson, E. , Carlsmith, J. M. , and Darley, J. M. The effects of expectancy on volunteering for an unpleasant experience. *Journal of Abnormal and Social Psychology*, 1963, 66, 220-224.

Barber, T. X. , and Calverley, D. S. Toward a theory of hypnotic behavior: effects on suggestibility of defining the situation as hypnosis and defining response to suggestions as easy. *Journal of*

参考文献

Abnormal and Social Psychology, 1964, 68, 585-593.

Bavelas, A. Personal communication, December 6, 1965.

Becker, H. S. Social class variations in the teacher-pupil relationship. *Journal of Educational Sociology*, 1952, 25, 451-465.

Beecher, H. K. The powerful placebo. *Journal of the American Medical Association*, 1955, 159, 1602-1606.

Beecher, H. K. Surgery as placebo. *Journal of the American Medical Association*, 1961, 176, 1102-1107.

Beecher, H. K. Nonspecific forces surrounding disease and the treatment of disease. *Journal of the American Medical Association*, 1962, 179,437-440.

Beecher, H. K. Pain: one mystery solved. *Science*, 1966, 151, 840-841.

Beez, W. V. Influence of biased psychological reports on teacher behavior. Unpublished manuscript, Indiana University, 1967.

Bernstein, B. Language and social class. *British Journal of Psychology*, 1960, 11, 271-276.

Biddle, B. J. The integration of teacher effectiveness research. In B. J. Biddle and W. J. Ellena (Eds.)*Contemporary research on teacher effectiveness*. New York: Holt, Rinehart and Winston, 1964. Pp. 1-40.

Biddle, B. J., and Adams, R. S. *An analysis of classroom activities*. Center for Research in Social Behavior, University of Missouri, 1967.

Boring, E. G. Perspective: artifact and control. In R. Rosenthal and R. L. Rosnow (Eds.)*Artifact in social research* (tentative title). New York: Academic Press, in press.

Brookover, W. B., Erickson, E., Hamachek, D., Joiner, L., LePere, J., Patterson, A., and Thomas, S. Self-concept of ability and school achievement. Paper read at International Sociological Association, Evian, France, September 1966.

Bruner, J. S. *The process of education*. Cambridge, Mass.: Harvard University Press, 1960.

Bruner, J. S. The growth of mind. *American Psychologist*, 1965, 20, 1007-1017.

Burnham, R. Experimenter bias and lesion labeling. Unpublished paper, Purdue University, 1966.

Bushard, B. L. The U. S. Army's Mental Hygiene Consultation Service. In *Symposium on preventive and social psychiatry*. Washington, D. C.: Walter Reed Army Institute of Research, 1957. 431-443.

Cahen, L. S. Experimental manipulation of bias in teachers' scoring of subjective tests. Paper read at American Psychological Association, New York, September 1966.

Carlsmith, J. M., and Aronson, E. Some hedonic consequences of the confirmation and disconfirmation of expectancies. *Journal of Abnormal and Social Psychology*, 1963, 66, 151-156.

Chapman, L. J., and Chapman, J. P. Genesis of popular but erroneous psycho-diagnostic observations. *Journal of Abnormal Psychology*, 1967, 72, 193-204.

Charters, W. W., Jr. The social background of teaching. In N. L. Gage (Ed.) *Handbook of research on teaching*. Skokie, Ill.: Rand McNally, 1963. 715-813.

参考文献

Clark, B. R. *Educating the expert society*. San Francisco, Calif.: Chandler Publishing Company, 1962.

Clark, K. B. Educational stimulation of racially disadvantaged children. In A. H. Passow (Ed.) *Education in depressed areas*. New York: Bureau of Publications, Teachers College, Columbia University, 1963, 142-162.

Cloward, R. A., and Jones, J. A. Social class: educational attitudes and participation. In A. H. Passow (Ed.) *Education in depressed areas*. New York: Bureau of Publications, Teachers College, Columbia University, 1963. 190-216.

Coffey, H. S., Dorcus, R. M., Glaser, E. M., Greening, T. C., Marks, J. B. and Sarason, I. G. *Learning to work*. Los Angeles, Calif.: Human Interaction Research Institute, 1964.

Coffin, T. E. Some conditions of suggestion and suggestibility. *Psychological Monographs*, 1941, 53, No. 4.

Conn, L. K., Edwards, C. N., Rosenthal, R. and Crowne, D. P. Emotion perception and response to teacher expectancy in elementary school children. Unpublished paper, Harvard University, 1967.

Cook, D. L. The Hawthorne effect: fact or artifact. Paper read at American Educational Research Association, Chicago, February 1966.

Cordaro, L., and Ison, J. R. Observer bias in classical conditioning of the planarian. *Psychological Reports*, 1963, 13, 787-789.

Crow, Linda. Public attitudes and expectations as a disturbing variable in experimentation and therapy. Unpublished paper, Harvard University, 1964.

Crowne, D. P. , and Marlowe, D. *The approval motive*. New York: Wiley, 1964.

Davis, A. , and Dollard, J. *Children of bondage*. Washington, D. C. : American Council on Education, 1940.

Deutsch, M. The disadvantaged child and the learning process. In A. H. Passow (Ed.) *Education in depressed areas*. New York: Bureau of Publications, Teachers College, Columbia University, 1963, 163-179.

Deutsch, M. , Fishman, J. A. Kogan, L. North, R. and Whiteman, M. Guidelines for testing minority group children. *Journal of Social lssues*, 1964, 20, 129-145.

Drayer, C. S. (Chairman). *Disaster fatigue*. Washington, D. C. : Committee on Civil Defense, American Psychiatric Association, 1956.

Dyer, H. S. Signals for innovation. Paper read at Ohio Conference on Educational Leadership, Columbus, October 1965.

Entwisle, Doris R. Attensity: factors of specific set in school learning. *Harvard Educational Review*, 1961, 31, 84-101.

Festinger, L. *A theory of cognitive dissonance*. New York: Harper & Row, 1957.

Fisher, S. , Cole, J. O. , Rickels, K. , and Uhlenhuth, E. H. Drug-set interaction: the effect of expectations on drug response in outpatients. In P. B. Bradley, F. Flügel, and P. Hoch (Eds.) *Neuropsychopharmacology*, Vol. 8. New York: Elsevier, 1964, 149-156.

Flanagan, J. C. *Test of general ability: technical report*.

参考文献

Chicago: Science Research Associates, 1960.

Flowers, C. E. Effects of an arbitrary accelerated group placement on the tested academic achievement of educationally disadvantaged students. Unpublished doctoral dissertation, Teachers College, Columbia University, 1966.

Fode. K. L. The effect of non-visual and non-verbal interaction on experimenter bias. Unpublished master's thesis, University of North Dakota, 1960.

Frank, J. Discussion of Eysenck's "The effects of psychotherapy". *International Journal of Psychiatry*, 1965, 1, 150-152.

Friedman, Pearl. A second experiment on interviewer bias. *Sociometry*, 1942, 5, 378-379.

Fromm-Reichmann, Frieda. *Principles of intensive psychotherapy*. Chicago: University of Chicago Press, 1950.

Getter, H., Mulry, R. C., Holland, C., and Walker, P. Experimenter bias and the WAIS. Unpublished data, University of Connecticut, 1967.

Gibson, G. Aptitude tests. *Science*, 1965, 149, 583.

Goffman, E. *Asylums*. Garden City, N. Y.: Anchor-Doubleday, 1961.

Goldstein, A. P. Therapist and client expectation of personality change in psychotherapy. *Journal of Counseling Psychology*, 1960, 7, 180-184.

Goldstein, A. P. *Therapist-patient expectancies in psychotherapy*. New York: Pergamon, 1962.

Gordon, L. V., and M. A. Durea. The effect of discouragement on the revised Stanford Binet Scale. *Journal of Genetic Psy-*

chology, 1948, 73, 201-207.

Goslin, D. A. The social impact of testing in guidance. Unpublished paper, Russell Sage Foundation, 1966.

Greenblatt, M. Controls in clinical research. Unpublished paper, Tufts University School of Medicine, 1964.

Gruenberg, B. C. *The story of evolution.* Princeton, N. J.: Van Nostrand, 1929.

Guthrie, E. R. *The psychology of human confticl.* New York: Harper & Row, 1938.

Halsey, A. H., Floud, J., and Anderson, C. A. (Eds.). *Education, economy, and society.* New York: Free Press, 1961.

Hanson, R. H., and Marks, E. S. Influence of the interviewer on the accuracy of survey results. *Journal of the American Statistical Association*, 1958, 53, 635-655.

Harlem Youth Opportunities Unlimited, Inc. *Youth in the ghetto.* New York: HARYOU, 1964.

Harvey, O. J., and Clapp, W. F. Hope, expectancy, and reactions to the unexpected. *Journal of personality and Social Psychology*, 1965, 2, 45-52.

Harvey, S. M. Preliminary investigation of the interview. *British Journal of Psychology*, 1938, 28, 263-287.

Havighurst, R. J. Education for the great society. *The Instructor*, September 1965, 75, 31, 62, 65-66.

Heine, R. W., and Trosman, H. Initial expectations of the doctorpatient interaction as a factor in continuance in psychotherapy. *Psychiatry*, 1960, 23, 275-278.

Heller, K., and Goldstein, A. P. Client dependency and

参考文献

therapist expectancy as relationship maintaining variables in psychotherapy. *Journal of Consulting Psyschology*, 1961, 25, 371-375.

Hillson, H. T. , and Myers, F. C. *The demonstration guidance project*: 1957-1962. New York: New York City Board of Education, 1963.

Honigfeld, G. Non-specific factors in treatment. *Diseases of the Nervous System*, 1964, 25, 145-156, 225-239.

Hurwitz, Susan, and Jenkins. Effects of experimenter expectancy on performance of simple learning tasks. Unpublished paper, Harvard University, 1966.

Hyman, H. H. , Cobb, W. J. , Feldman, J. J. , Hart, C. W. , and Stember, C. H. *Interviewing in social research*. Chicago: University of Chicago Press, 1954.

Ingraham, L. H. , and Harrington, C. M. Psychology of the scientist: XVI. Experience of E as a variable in reducing experimenter bias. *Psychological Reports*, 1966, 19, 455-461.

Jacobson, Lenore. Explorations of variations in educational achievement among Mexican children, grades one to six. Unpublished doctoral dissertation, University of California, Berkeley, 1966.

Jastrow, J. *Fact and fable in psychology*. Boston: Houghton Mifflin, 1900.

Kagan, J. Reflection-impulsivity: the generality and dynamics of conceptual tempo. *Journal of Abnormal Psychology*, 1966, 71, 17-24.

Kahl, J. A. "Common man" boys, In A. H. Halsey, J.

Floud, and C. A. Anderson (Eds.) *Education, economy, and society*. New York: Free Press, 1961, 348-366.

Katz, I. Review of evidence relating to effects of desegregation on the intellectual performance of Negroes. *American Psychologist*, 1964, 19, 381-399.

Katz, I., and Cohen, M. The effects of training Negroes upon cooperative problem solving in biracial teams. *Journal of Abnormal and Social Psychology*, 1962, 64, 319-325.

Kelly, G. A. *The psychology of personal constructs.* New York: Norton, 1955.

Kennedy, J. L. Experiments on "unconscious whispering". *Psychological Bulletin* (Abstract), 1938, 35, 526.

Kluckhohn, F. R. Dominant and variant value orientations. In C. Kluckhohn and H. A. Murray (Eds.) *Personality in nature, society, and culture*, Second edition. New York: Knopf, 1953, 342-357.

Kobler, A. L., and Stotland, E. *The end of hope: a social-clinical study of suicide.* New York: Free Press, 1964.

Kramer, E., and Brennan, E. P. Hypnotic susceptibility of schizophrenic patients. *Journal of Abnormal and Social Psychology*, 1964, 69, 657-659.

Kvaraceus, W. C. Disadvantaged children and youth: programs of promise or pretense? *Proceedings of the 17th annual state conference on educational research*, California Advisory Council on Educational Research. Burlingame: California Teachers' Association, 1965. Mimeo.

Larrabee, L. L., and Kleinsasser, L. D. The effect of experimenter bias on WISC performance. Unpublished paper. St. Louis, Mo. : Psychological Associates, 1967.

Lesse, S. Placebo reactions and spontaneous rhythms in psychotherapy. *Archives of General Psychiatry*, 1964, 10, 497-505.

Levitt, E. E. , and Brady, J. P. Expectation and performance in hypnotic phenomena. *Journal of Abnormal and Social Psychology*, 1964, 69, 572-574.

Levy, L. H. , and Orr, T. B. The social psychology of Rorschach validity research. *Journal of Abnormal and Social Psychology*, 1959, 58, 79-83.

Lindzey, G. A note on interviewer bias. *Journal of Applied Psychology*, 1951, 35, 182-184.

Loban, W. D. Mastery of conventional usage and grammar. Unpublished report to the U. S. Office of Education, 1964.

Look Editorial Board. Sweeney's miracle. *Look*. November 16, 1965, 117-118.

Loranger, A. W. , Prout, C. T. , and White, M. A. The placebo effect in psychiatric drug research. *Journal of the American Medical Association*, 1961, 176, 920-925.

McClelland, D. C. *The achieving society*. Princeton, N. J. : Van Nostrand, 1961.

McCuire, W. J. Attitudes and opinions. *Annual Review of Psychology*, 1966, 17, 475-514.

MacKinnon, D. W. The nature and nurture of creative talent. *American Psychologist*, 1962, 17, 484-495.

Marwit, S. J. , and Marcia, J. E. Tester-bias and response to projective instruments. *Journal of Consulting Psychology*, 1967,

31, 253-258.

Masling, J. Differential indoctrination of examiners and Rorschach responses. *Journal of Consulting Psychology*, 1965, 29, 198-201.

Menninger, K. Review of: J. S. Bockoven, *Moral treatment in American psychiatry* (New York: Springer, 1963). *Bulletin of the Menninger Clinic*, 1964, 28, 274-275.

Merton, R. K. The self-fulfilling prophecy. *Antioch Review*, 1948, 8, 193-210. Also in Merton, R. K. *Social theory and social structure*. New York: Free Press, 1957. 421-436.

Moll, A. *Hypnotism*, Fourth edition. New York: Scribner, 1898.

Mulry, R. C. Personal communication, 1966.

Nichols, R. C. Schools and the disadvantaged. *Science*, 1966, 154, 1312-1314.

Orne, M. T. The nature of hypnosis: artifact and essence. *Journal of Abnormal and Social Psychology*, 1959, 58, 277-299.

Orne, M. T. On the social psychology of the psychological experiment: with particular reference to demand characteristics and their implications. *American Psychologist*, 1962, 17, 776-783.

Passow, A. H. (Ed.). *Education in depressed areas*. New York: Bureau of Publications, Teachers College, Columbia University, 1963.

Pequignot, H. L'equation personnelle du juge. *Semaine de Hopitaux*, 1966, 14, (Mars 20), Supplement 11, 4-11.

Pfungst, O. *Clever Hans (the horse of Mr. Von Osten): a contribution to experimental, animal, and human psychology.*

参考文献

Translated by C. L. Rahn. New York: Holt, Rinehart and Winston, 1911, reissued in 1965.

Pincus, G. Control of conception by hormonal steroids. *Science*, 1966, 153, 493-500.

Pitt, C. C. V. An experimental study of the effects of teachers' knowledge or incorrect knowledge of pupil IQ's on teachers' attitudes and practices and pupils' attitudes and achievement. Unpublished doctoral dissertation, Columbia University, 1956.

Polanyi, M. The unaccountable element in science. *Transactions of the Bose Research Institute*, 1961, 24, 175-184.

Potter, V. R. Society and science. *Science*, 1964, 146, 1018-1022.

Quarterly Journal of Studies on Alcohol Editorial Staff. Mortality in delirium tremens. *North Dakota Review of Alcoholism*, 1959, 4, 3. Abstract of Gunne, L. M. Mortaliteten vid delirium tremens. *Nord. Med.*, 1958, 60, 1021-1024.

Ratner, S. Personal communication, 1967.

Reed, C. F., and Witt, P. N. Factors contributing to unexpected reactions in two human drug-placebo experiments. *Confinia Psychiatrica*, 1965, 8, 57-68.

Rice, S. A. Contagious bias in the interview: a methodological note. *American Journal of Sociology*, 1929, 35, 420-423.

Riessman, F. *The culturally deprived child*. New York: Harper & Row, 1962.

Riessman, F. Teachers of the poor: a five point plan. *Proceedings of the 17th annual state conference on educational research*. California Advisory Council on Educational Research. Burlingame: California Teachers' Association, 1965. Mimeo.

Rivlin, H. N. *Teachers for our big city schools*. New York: Anti-Defamation League of B'Nai B'Rith, undated.

Roethlisberger, F. J., and Dickson, W. J. *Management and the worker*. Cambridge, Mass.: Harvard University Press, 1939.

Rose, A. *The Negro in America*. Boston: Beacon, 1956.

Rosen, B. C. Race, ethnicity and the achievement syndrome. *American Sociological Review*, 1959, 24, 47-60.

Rosen, N. A., and Sales, S. M. Behavior in a nonexperiment: the effects of behavioral field research on the work performance of factory employees. *Journal of Applied Psychology*, 1966, 50, 165-171.

Rosenthal, R. The effect of the experimenter on the results of psychological research. In B. A. Maher (Ed.) *Progress in experimental personality research*, Vol. I. New York: Academic, 1964. 79-114.

Rosenthal, R. Clever Hans: a case study of scientific method. Introduction to Pfungst, O. *Clever Hans: (the horse of Mr. Von Osten)*. New York: Holt, Rinehart and Winston, 1965, ix-xlii.

Rosenthal, R. *Experimenter effects in behavioral research*. New York: Appleton, 1966.

Rosenthal, R. Experimenter effects. In R. L. Rosnow and R. Rosenthal (Eds.) *Artifact in social research* (tentative title). New York: Academic, in press.

Rosenthal, R., and Fode, K. L. The effect of experimenter bias on the performance of the albino rat. *Behavioral Science*, 1963, 8, 183-189.

参考文献

Rosenthal, R., and Halas, E. S. Experimenter effect in the study of invertebrate behavior. *Psychological Reports*, 1962, 11, 251-256.

Rosenthal, R., and Jacobson, L. Teachers' expectancies: determinants of pupils' IQ gains. *Psychological Reports*, 1966, 19, 115-118.

Rosenthal, R., and Jacobson, L. Self-fulfilling prophecies in the classroom: teachers' expectations as unintended determinants of pupils' intellectual competence. In M. Deutsch, I. Katz, and A. Jensen (Eds.) *Race, social class, and psychological development*. New York: Holt, Rinehart and Winston, in press.

Rosenthal, R., and Lawson, R. A longitudinal study of the effects of experimenter bias on the operant learning of laboratory rats. *Journal of Psychiatric Research*, 1964, 2, 61-72.

Rotter, J. B. *Social learning and clinical psychology*. Englewood Cliffs, N. J.: Prentice-Hall, 1954.

Sacks and Eleanor, L. Intelligence scores as a function of experimentally established social relationships between child and examiner. *Journal of Abnormal and Social Psychology*, 1952, 47, 354-358.

Sampson, E. E., and Sibley, L. B.. A further examination of the confirmation or nonconfirmation of expectancies and desires. *Journal of Personality and Social Psychology*, 1965, 2, 133-137.

Sattler, J. M., Hillix, W. A., and Neher, L. A. The halo effect in examiner scoring of intelligence test responses. Unpublished paper, San Diego State College, 1967.

Schmeidler, Gertrude, and McConnell, R. A. *ESP and per-*

sonality patterns. New Haven, Conn. : Yale University Press, 1958.

Schofield, W. Psychotherapy: the purchase of friendship. Englewood Cliffs, N. J. : Prentice-Hall, 1964.

Schwab, W. B. Looking backward: an appraisal of two field trips. *Human Organization*, 1965, 24, 373-380.

Scott, J. P. Critical periods in beha-vioral development. *Science*, 1962, 138, 919-958.

Sexton, P. C. *Education and income*. New York: Viking, 1961.

Shapiro, A. K. A contribution to a history of the placebo effect. *Behavioral Science*, 1960, 5, 109-135.

Shapiro, A. K. Factors contributing to the placebo effect. *American Journal of Psychotherapy*, 1964, 18, 73-88.

Sheard, M. H. The influence of doctor's attitude on the patient's response to antidepressant medication. *Journal of Nervous and Mental Diseases*, 1963, 136, 555-560.

Shor, R. E. Shared patterns of nonverbal normative expectations in automobile driving. *Journal of Social Psychology*, 1964, 62, 155-163.

Sommer, R. Rorschach M responses and intelligence. *Journal of Clinical Psychology*, 1958. 14, 58-61.

Stanton, A. H. , and Schwartz, M. S. *The mental hospital*. New York: Basic Books, 1954.

Stanton, F. Further contributions at the twentieth anniversary of the Psychological Corporation and to honor its founder, James McKeen Cattel. *Journal of Applied Psychology*, 1942, 26, 16-17.

参考文献

Stanton, F., and Baker, K. H. Interviewer bias and the recall of incompletely learned materials. *Sociometry*, 1942, 5, 123-134.

Stevenson, H. W. Social reinforcement of children's behavior. In L. P. Lipsitt and C. C. Spiker (Eds.) *Advances in child development and behavior*, Vol. 2. New York: Academic, 1965. Pp. 97-126.

Strauss, M. E. Examiner expectancy: effects on Rorschach performance. Unpublished doctoral dissertation, Harvard University, 1967.

Strodtbeck, F. L. Family integration, values, and achievement. In A. H. Halsey, J. Floud, and C. A. Anderson (Eds.) *Education, economy, and society.* New York: Free Press, 1961, 315-347.

Strupp, H. H., and Luborsky, L. (Eds.). *Research in psychotherapy*, Vol. 2. Washington, D. C.: American Psychological Association, 1962.

Taylor, Gretchen. The effect of hospital staff expectations upon patients' disposition. Unpublished paper, Harvard University, 1966.

Theye, F. W., and Wright, P. H. The effects of graduated cues on intelligence test performance. Paper read at Midwestern Psychological Association, Chicago, May 1967.

Thompson, R., and McConnell, J. V. Classical conditioning in the planarian, *dugesia dorotocephala*. *Journal of Comparative and Physiological Psychology*, 1955, 48, 65-68.

Thorndike, R. L. Intellectual status and intellectual growth. *Journal of Educational Psychology*, 1966, 57, 121-127.

Tolman, E. C. *Purposive behavior in animals and men.* New York: Appleton, 1932.

U. S. Office of Education. *Focus on Title* I: *better schooling for educationally deprived children*, U. S. Department of Health, Education, and Welfare, U. S. Government Printing Office, 0-791-494, 1965.

Walker, H. M., and Lev, J. *Statistical inference.* New York: Holt, Rinehart and Winston, 1953.

Ware, J. R., Kowal, B., and Baker, R. A. The role of experimenter attitude and contingent reinforcement in a vigilance task. Unpublished paper, U. S. Army Armor Human Research Unit, Fort Knox, Kentucky, 1963.

Warner, L., and Raible, M. Telepathy in the psychophysical laboratory. *Journal of Parapsychology*, 1937, 1, 44-51.

Warner, W. L., Havighurst, R. J., and Loeb, M. B. *Who shall be educated?* New York: Harper & Row, 1944.

Wartenberg-Ekren, U. The effect of experimenter knowledge of a subject's scholastic standing on the performance of a reasoning task. Unpublished master's thesis, Marquette University, 1962.

Whyte, W. F. *Street corner socicty.* Chicago: University of Chicago Press, 1943.

Wilson, A. B. Social stratification and academic achievement. In A. H. Passow (Ed.) *Education in depressed areas.* New York: Bureau of Publications, Teachers College, Columbia University, 1963. 217-235.

Wrightstone, J. W., McClelland, S. D., Krugman, J. I., Hoffman, H., Tieman, N., and Young, L. *Assessment of the demonstration guidance project*. New York: Bureau of Educational Research, Board of Education of the City of New York, undated (circa 1964).

Wyatt, D. F., and Campbell, D. T. A study of interviewer bias as related to interviewers' expectations and own opinions. *International Journal of Opinion and Attitude Research*, 1950, 4, 77-83.

Wysocki, B. A. Assessment of intelligence level by the Rorschach test as compared with objective tests. *Journal of Educational Psychology*, 1957, 48, 113-117.

Yando, R. M., and Kagan, J. The effect of teacher tempo on the child. Unpublished paper, Harvard University, 1966.

Zusman, J. Some explanations of the changing appearance of psychotic patients. *International Journal of Psychiatry*, 1967, 3, 216-237.

附 录

表 A-1 至表 A-31

表 A-1 18 个班级在两种条件下预测总体 IQ 的平均数和标准差

班级	N	控制组 平均数	SD	N	实验组 平均数	SD	均数差	$p^a < 0.10$
1A	19	105.90	12.17	3	95.00	2.45	−10.90	
1B	16	87.69	18.65	4	97.00	12.45	+9.31	
1C	19	76.90	15.41	2	60.50	0.50	−16.40	
2A	19	105.74	11.38	6	113.33	11.10	+7.60	
2B	16	89.13	11.42	3	102.67	9.74	+13.54	
2C	14	79.86	9.38	5	84.80	8.18	+4.94	
3A	14	98.36	14.89	9	102.78	11.59	+4.42	
3B	17	102.18	11.89	1	88.00	0.00	−14.18	
3C	16	100.31	13.84	5	101.40	10.67	+1.09	
4A	22	121.86	15.67	5	133.00	15.84	+11.14	
4B	17	103.94	12.45	3	97.33	7.13	−6.61	
4C	18	92.11	13.98	4	88.75	1.64	−3.36	
5A	20	107.65	12.17	6	122.00	12.83	+14.35	0.04
5B	15	104.47	13.82	4	81.00	13.64	−23.47	0.004
5C	12	83.33	12.09	4	86.25	5.40	+2.92	
6A	21	106.10	17.73	6	112.83	11.80	+6.74	
6B	15	99.27	11.35	4	97.25	25.17	−2.02	
6C	15	82.60	15.72	3	86.00	7.87	+3.40	

[a] 双尾,以各班级的实验处理均方做根据。

表 A-1 至表 A-31

表 A-2 18 个班级在两种条件下的预测言语 IQ 的平均数和标准差

班级	N	控制组 平均数	SD	N	实验组 平均数	SD	均数差	$p^a < 0.10$
1A	19	119.47	20.53	3	102.00	2.16	−17.47	
1B	16	104.25	19.97	4	116.25	12.87	+12.00	
1C	19	95.68	15.22	2	67.50	2.50	−28.18	0.05
2A	19	111.53	12.07	6	114.33	9.57	+2.81	
2B	16	96.50	10.36	3	103.67	4.78	+7.17	
2C	14	82.21	11.76	5	90.20	8.68	+7.99	
3A	14	98.86	18.37	9	105.89	15.70	+7.03	
3B	17	107.71	18.07	1	95.00	0.00	−12.71	
3C	16	109.06	17.65	5	117.40	13.31	+8.34	
4A	22	129.23	16.63	5	149.40	22.79	+20.17	0.04
4B	17	106.24	16.89	3	99.33	6.65	−6.90	
4C	18	96.06	20.00	4	87.50	8.53	−8.56	
5A	20	111.85	24.04	6	130.00	18.32	+18.15	0.05
5B	15	107.73	19.94	4	90.50	17.39	−17.23	
5C	12	84.17	15.88	4	85.25	9.09	+1.08	
6A	21	109.57	21.48	6	119.00	16.27	+9.43	
6B	15	101.20	18.26	4	93.75	31.99	−7.45	
6C	15	86.40	22.87	3	93.00	24.91	+6.60	

[a] 双尾，以均方做根据。

表 A-3　18 个班级在两种条件下的预测推理 IQ 的平均数和标准差

班级	控制组 N	平均数	SD	实验组 N	平均数	SD	均数差	$p^a < 0.10$
1A	19	91.32	16.52	3	84.67	8.99	−6.65	
1B	16	47.19	37.74	4	54.00	37.25	+6.81	
1C	19	30.79	25.63	2	53.50	4.50	+22.71	
2A	19	100.95	15.16	6	112.50	15.97	+11.55	
2B	16	80.56	18.95	3	102.33	14.43	+21.77	0.08
2C	14	73.93	18.65	5	77.40	12.64	+3.47	
3A	14	98.07	17.33	9	100.44	15.75	+2.37	
3B	17	96.53	12.11	1	78.00	0.00	−18.53	
3C	16	90.19	17.20	5	83.40	11.36	−6.79	
4A	22	117.59	23.67	5	120.40	16.43	+2.81	
4B	17	102.06	11.66	3	96.67	12.37	−5.39	
4C	18	88.78	13.20	4	91.25	11.10	+2.47	
5A	20	107.05	16.52	6	117.00	20.27	+9.95	
5B	15	100.20	15.19	4	69.75	13.66	−30.45	0.006
5C	12	79.00	13.03	4	84.00	13.25	+5.00	
6A	21	104.14	20.50	6	108.83	16.72	+4.69	
6B	15	98.93	11.77	4	101.50	17.15	+2.57	
6C	15	79.47	13.63	3	82.00	9.20	+2.53	

[a] 双尾，以均方做根据。

表 A-1 至表 A-31

表 A-4 18个班级在两种条件下的后测总体 IQ 的平均数和标准差

班级	N	控制组 平均数	SD	N	实验组 平均数	SD	均数差	p^a<0.05
1A	17	111.35	14.23	1	113.00	0.00	+1.65	
1B	15	100.27	12.24	4	120.00	12.90	+19.73	0.02
1C	16	92.19	13.41	2	101.50	4.50	+9.31	
2A	19	110.00	11.63	6	135.83	30.26	+25.83	0.000 4
2B	14	98.93	14.05	3	109.67	17.25	+10.74	
2C	14	87.71	9.26	3	92.67	6.24	+4.95	
3A	12	116.75	17.04	8	110.25	13.04	−6.50	
3B	15	102.47	14.99	1	97.00	0.00	−5.47	
3C	13	98.54	11.78	5	97.60	19.25	−0.94	
4A	18	129.22	16.17	5	140.20	16.77	+10.98	
4B	16	102.38	9.35	3	97.00	14.97	−5.38	
4C	15	90.27	17.19	4	96.75	6.83	+6.48	
5A	16	126.38	17.77	5	137.00	25.07	+10.63	
5B	0[b]	—	—	0[b]	—	—	—[b]	
5C	10	98.40	14.58	4	102.50	11.93	+4.10	
6A	20	121.90	17.15	4	129.25	8.56	+7.35	
6B	13	106.69	14.92	4	106.75	30.73	+0.06	
6C	12	89.42	16.17	3	92.33	7.85	+2.92	

[a] 单尾,以均方做根据。

[b] 由于主考的差错,只实施了言语分测验。

表 A-5　18 个班级在两种条件下的后测言语 IQ 的平均数和标准差

班级	N	控制组 平均数	SD	N	实验组 平均数	SD	均数差	$p^a<0.05$
1A	17	119.00	28.48	1	108.00	0.00	−11.00	
1B	15	108.67	12.12	4	123.75	15.66	+15.08	
1C	16	96.13	12.84	2	104.50	1.50	+8.38	
2A	19	113.42	15.11	6	131.83	31.65	+18.41	
2B	14	105.43	16.39	3	114.33	18.26	+8.90	
2C	14	95.07	13.68	3	94.67	12.39	−0.40	
3A	12	132.00	53.82	8	114.13	15.35	−17.88	
3B	15	111.53	19.10	1	104.00	0.00	−7.53	
3C	13	102.31	18.64	5	100.80	17.70	−1.51	
4A	18	137.94	18.71	5	163.40	55.61	+25.46	0.03
4B	16	112.19	15.62	3	91.00	13.14	−21.19	
4C	15	98.87	20.94	4	99.00	6.52	+0.13	
5A	17	133.82	33.63	5	141.20	28.22	+7.38	
5B	13	105.69	18.89	3	88.00	14.45	−17.69	
5C	10	98.20	22.26	4	102.50	12.38	+4.30	
6A	20	122.90	23.15	4	127.75	16.62	+4.85	
6B	13	106.54	27.91	4	115.00	59.61	+8.46	
6C	12	91.17	19.71	3	100.67	23.44	+9.50	

[a] 单尾，以均方做根据。

表 A-6 18 个班级在两种条件下的后测推理 IQ 的平均数和标准差

班级	控制组 N	平均数	SD	实验组 N	平均数	SD	均数差	$p^a < 0.05$
1A	17	111.12	19.76	1	120.00	0.00	+8.88	
1B	15	90.60	17.48	4	116.25	9.18	+25.65	0.04
1C	16	87.75	22.95	2	98.50	8.50	+10.75	
2A	19	114.32	29.11	6	150.17	40.71	+35.85	0.002
2B	14	94.36	16.17	3	128.67	56.10	+34.31	0.02
2C	14	82.93	15.74	3	94.67	14.71	+11.74	
3A	12	114.08	21.81	8	107.75	21.16	−6.33	
3B	15	94.33	20.21	1	90.00	0.00	−4.33	
3C	13	95.62	8.04	5	95.60	4.41	−0.02	
4A	18	131.33	39.33	5	134.60	5.68	+3.27	
4B	16	94.38	12.83	3	108.33	23.04	+13.96	
4C	15	80.40	27.03	4	95.25	13.08	+14.85	
5A	16	125.38	22.78	5	133.00	24.70	+7.63	
5B	0^b	—	—	0^b	—	—	—^{b}	
5C	10	103.20	20.13	4	131.25	70.27	+28.05	0.04
6A	20	125.70	21.75	4	138.50	22.39	+12.80	
6B	13	115.77	25.02	4	111.50	18.77	−4.27	
6C	12	89.83	17.63	3	93.00	13.14	+3.17	

[a] 单尾,以均方做根据。
[b] 由于主考的差错,只实施了言语分测验。

表 A-7 18个班级在两种条件下的总体 IQ 增量的平均数和标准差

班级	控制组 N	平均数	SD	实验组 N	平均数	SD	均数差	$p^a < 0.05$
1A	17	+6.77	13.66	1	+18.00	0.00	+11.24	
1B	15	+13.40	17.97	4	+23.00	11.38	+9.60	
1C	16	+16.25	16.62	2	+41.00	4.00	+24.75	0.006
2A	19	+4.26	10.59	6	+22.50	22.91	+18.24	0.002
2B	14	+9.86	9.23	3	+7.00	12.19	−2.86	
2C	14	+7.86	8.81	3	+14.00	3.56	+6.14	
3A	12	+14.25	10.95	8	+10.00	7.11	−4.25	
3B	15	−0.13	10.65	1	+9.00	0.00	+9.13	
3C	13	+2.46	8.89	5	−3.80	6.24	−6.26	
4A	18	+7.17	15.20	5	+7.20	12.78	+0.03	
4B	16	−0.50	11.58	3	−0.33	10.08	+0.17	
4C	15	−1.00	10.85	4	+8.00	7.07	+9.00	
5A	16	+18.94	12.97	5	+18.40	21.18	−0.54	
5B	0^b	—	—	0^b	—	—	—^{b}	
5C	10	+15.10	12.83	4	+16.25	12.07	+1.15	
6A	20	+14.55	11.36	4	+13.25	3.63	−1.30	
6B	13	+8.31	7.82	4	+9.50	8.85	+1.19	
6C	12	+6.83	6.69	3	+6.33	1.70	−0.50	

[a] 单尾,以均方做根据。

[b] 由于主考的差错,只实施了言语分测验。

表 A-8 18 个班级里在两种条件下的言语 IQ 增量的平均数和标准差

班级	N	控制组平均数	SD	N	实验组平均数	SD	均数差	$p^a < 0.05$
1A	17	+0.29	14.90	1	+8.00	0.00	+7.71	
1B	15	+4.87	15.59	4	+7.50	9.86	+2.63	
1C	16	+1.69	16.90	2	+37.00	4.00	+35.31	0.005
2A	19	+1.90	10.98	6	+17.50	24.16	+15.61	0.04
2B	14	+7.57	9.04	3	+10.67	13.57	+3.10	
2C	14	+12.86	15.17	3	+9.00	7.48	−3.86	
3A	12	+29.08	40.49	8	+9.38	4.95	−19.71	0.02[b]
3B	15	+5.07	9.93	1	+9.00	0.00	+3.93	
3C	13	−1.62	11.50	5	−16.60	12.13	−14.99	
4A	18	+8.67	17.78	5	+14.00	47.24	+5.33	
4B	16	+6.88	12.95	3	−8.33	10.53	−15.21	
4C	15	+4.07	9.62	4	+11.50	6.34	+7.43	
5A	17	+21.77	24.07	5	+16.00	25.42	−5.77	
5B	13	+1.23	7.75	3	+3.33	3.30	+2.10	
5C	10	+14.60	12.22	4	+17.25	9.65	+2.65	
6A	20	+11.80	12.26	4	+8.75	8.35	−3.05	
6B	13	+7.15	15.99	4	+21.25	29.94	+14.10	
6C	12	+6.42	6.38	3	+7.67	10.08	+1.25	

[a] 单尾，以均方做根据。

[b] 双尾。

表 A-9　18 个班级在两种条件下的推理 IQ 增量的平均数和标准差

班级	控制组 N	平均数	SD	实验组 N	平均数	SD	均数差	$p^a<0.05$
1A	17	+21.65	23.64	1	+30.00	0.00	+8.35	
1B	15	+45.87	34.58	4	+62.25	36.47	+16.38	
1C	16	+56.88	32.58	2	+45.00	4.00	−11.88	
2A	19	+13.37	28.56	6	+37.67	35.63	+24.30	0.03
2B	14	+15.43	16.91	3	+26.33^c	51.86	+10.90	
2C	14	+9.00	14.56	3	+26.33^c	14.61	+17.33	
3A	12	+11.25	18.75	8	+11.50	13.95	+0.25	
3B	15	−4.53	21.36	1	+12.00	0.00	+16.53	
3C	13	+8.92	12.53	5	+12.20	12.69	+3.28	
4A	18	+13.78	36.05	5	+14.20	17.15	+0.42	
4B	16	−6.38	15.22	3	+11.67	16.82	+18.04	
4C	15	−8.27	21.53	4	+4.00	9.46	+12.27	
5A	16	+16.94	22.63	5	+18.00	30.28	+1.06	
5B	0^b	—	—	0^b	—	—	—^{b}	
5C	10	+23.60	24.57	4	+47.25	60.87	+23.65	
6A	20	+20.45	18.58	4	+23.50	17.78	+3.05	
6B	13	+16.69	19.31	4	+10.00	7.45	−6.69	
6C	12	+9.25	11.14	3	+11.00	7.48	+1.75	

^{a} 单尾，以均方做根据。

^{b} 由于主考的差错，只实施了言语分测验。

表 A-10 五、六年级儿童在实验计划开始不久以后的成绩测验分数和学校等第的平均增量

	阅读		语言		算术	
	ITBS[a]	等第[b]	ITBS[a]	等第[b]	ITBS[a]	等第[b]
实验组	+0.93	+0.13	−7.56	−0.17	−6.70	−0.22
控制组	−0.37	+0.01	−4.03	−0.23	−9.31	−0.09
差异	+1.30	+0.12	−3.53	+0.06	+2.61	−0.13
t	+0.37	+0.82	−1.07	+0.37	+0.72	−0.73
单尾 $p<0.10$	——	——	——	——	——	——
N（实验组）	27	23	27	23	27	23
N（控制组）	91	88	91	88	91	88

[a] 1964 年春至 1964 年 11 月百分制单位的增量。

[b] 1964 年春至 1965 年 1 月积分点的增量。

表 A-11 四、五年级实验组和控制组儿童在实验一年后的成绩测验分数和学校等第的平均增量

	阅读		语言		算术	
	ITBS[a]	等第[b]	ITBS[a]	等第[b]	ITBS[a]	等第[b]
实验组	+2.27	−0.20	+5.82	+0.39	+6.57	0.00
控制组	−1.05	−0.11	+1.07	+0.19	+0.83	+0.16
差异	+3.32	−0.09	+4.75	+0.20	+5.74	−0.16
t	+0.91	−0.69	+1.53	+1.49	+1.41	−0.96
单尾 $p<0.10$	——	——	0.07	0.08	0.09	——
N（实验组）	22	25	22	23	21	23
N（控制组）	78	89	85	89	86	89

[a] 1964 年 11 月至 1965 年 10 月百分制单位的增量。

[b] 1964 年 6 月至 1965 年 6 月积分点的增量。

表 A-12 教师评定的课堂行为之间的相关

	组Ⅰ			组Ⅱ			
	a 好奇心	a 有趣	a 未来的成功	b 适应能力	b 吸引力	b 快乐	b 富有感情	b 非敌意
a 有趣	+0.64							
a 未来的成功	+0.63	+0.60						
b 适应能力	+0.32	+0.45	+0.61					
b 吸引力	+0.36	+0.55	+0.58	+0.66				
b 快乐	+0.35	+0.44	+0.48	0.69	+0.59			
b 富有感表	+0.28	+0.37	+0.23	+0.39	+0.40	+0.51		
b 非敌意	+0.02	+0.09	+0.22	+0.50	+0.46	+0.41	+0.27	
c 需要认可	−0.03	+0.02	−0.20	−0.29	−0.04	−0.20	+0.05	−0.15

[a] 组Ⅰ的相关。

[b] 组Ⅱ的相关。

[c] 组Ⅲ（单个变量），最小 $N=347$。

表 A-13　慢、高轨学生一年后的课堂行为和总体 IQ 增量之间的相关

	控制组				实验组			
	高轨		慢轨		高轨		慢轨	
	df	r	df	r	df	r	df	r
组Ⅰ								
好奇心	167	−0.01	76	−0.10	37	+0.20	18	−0.26
有趣	166	−0.12	74	−0.19[a]	38	+0.38[b]	18	−0.21
未来的成功	165	−0.05	75	−0.06	37	+0.31[a]	18	+0.11
平均数		−0.06		−0.12		+0.30[a]		−0.12
组Ⅱ								
适应能力	167	−0.11	76	−0.11	38	+0.37[b]	17	+0.02
吸引力	167	−0.02	76	−0.10	38	+0.32[b]	18	−0.05
快乐	167	−0.10	75	−0.13	38	+0.25	18	+0.07
富有感情	167	−0.08	76	−0.12	38	+0.30[a]	18	−0.47[b]
非敌意	166	+0.04	76	+0.03	38	+0.15	17	+0.19
平均数		−0.05		−0.09		+0.28[a]		−0.05
组Ⅲ								
需要认可	166	+0.09	76	−0.12	38	−0.04	18	−0.59[c]

[a] $p<0.10$，双尾。
[b] $p<0.05$，双尾。
[c] $p<0.01$，双尾。

表 A-14　慢、高轨学生一年后的课堂行为和言语 IQ 增量之间的相关

	控制组				实验组			
	高轨		慢轨		高轨		慢轨	
	df	r	df	r	df	r	df	r
组 I								
好奇心	181	+0.00	76	+0.03	40	+0.17	18	−0.24
有趣	180	−0.07	74	+0.00	41	+0.28[a]	18	−0.15
未来的成功	179	−0.04	75	+0.02	40	+0.30[b]	18	+0.03
平均数		−0.04		+0.02		+0.25		−0.12
组 II								
适应能力	181	−0.20[c]	76	+0.05	41	−0.03	17	−0.00
吸引力	181	−0.06	76	+0.01	41	+0.11	18	+0.07
快乐	181	−0.20[c]	75	+0.15	41	+0.22	18	+0.23
富有感情	181	−0.12[a]	76	+0.12	41	−0.15	18	−0.49[b]
非敌意	180	−0.04	76	+0.03	41	+0.07	17	+0.25
平均数		−0.12[a]		+0.07		0.04		+0.01
组 III								
需要认可	180	+0.04	76	−0.20[a]	41	+0.04	18	−0.32

[a] $p<0.10$，双尾。
[b] $p<0.05$，双尾。
[c] $p<0.01$，双尾。

表 A-15 慢、高轨学生一年后的课堂行为和推理 IQ 增量之间的相关

	控制组				实验组			
	高轨		慢轨		高轨		慢轨	
	df	r	df	r	df	r	df	r
组 I								
好奇心	167	−0.03	76	−0.21[a]	37	+0.17	18	−0.03
有趣	166	−0.06	74	−0.32[c]	38	+0.29[a]	18	−0.05
未来的成功	165	+0.01	75	−0.16	37	+0.22	18	+0.27
平均数		−0.03		−0.23[b]		+0.23		+0.06
组 II								
适应能力	167	+0.08	76	−0.20[a]	38	+0.43[c]	17	+0.19
吸引力	167	+0.03	76	−0.19[a]	38	+0.15	18	+0.07
快乐	167	−0.00	75	−0.29[c]	38	+0.23	18	+0.09
富有感情	167	−0.05	76	−0.28[b]	38	+0.35[b]	18	+0.05
非敌意	166	+0.14[a]	76	+0.01	38	+0.03	17	+0.26
平均数		+0.04		−0.19[a]		+0.24		+0.13
组 III								
需要认可	166	+0.07	76	−0.05	38	−0.09	18	−0.55[b]

[a] $p < 0.10$,双尾。

[b] $p < 0.05$,双尾。

[c] $p < 0.01$,双尾。

表 A-16　18 个班级在两种条件下一学期后
总体 IQ 的平均数和标准差

班级	N	控制组 平均数	SD	N	实验组 平均数	SD	均数差	$p^a < 0.05$
1A	18	114.67	18.07	3	106.67	14.38	−8.00	
1B	15	102.87	9.11	4	100.75	12.99	−2.12	
1C	18	84.39	13.45	2	102.00	8.00	+17.61	
2A	18	106.89	12.39	6	117.50	12.15	+10.61	
2B	16	90.75	15.67	3	93.33	1.89	+2.58	
2C	14	83.07	8.84	5	87.20	4.40	+4.13	
3A	14	106.43	9.38	9	108.67	10.78	+2.24	
3B	17	102.35	14.25	1	120.00	0.00	+17.65	
3C	16	94.69	12.12	4	93.50	9.12	−1.19	
4A	22	110.73	9.33	5	122.80	17.37	+12.07	
4B	17	102.00	11.87	3	97.00	20.07	−5.00	
4C	16	93.81	12.80	4	90.25	7.08	−3.56	
5A	18	116.72	19.23	6	127.83	22.21	+11.11	
5B	14	105.21	20.21	4	98.25	17.80	−6.96	
5C	12	93.58	12.27	4	100.75	8.90	+7.17	
6A	20	115.10	17.96	6	122.33	9.39	+7.23	
6B	15	101.73	15.40	4	102.50	28.06	+0.77	
6C	14	83.64	16.40	3	87.67	4.71	+4.03	

[a] 单尾，以均方做根据。

表 A-1 至表 A-31

表 A-17　18 个班级在两种条件下一学期后言语 IQ 的平均数和标准差

班级	控制组			实验组			均数差	$p^a < 0.05$
	N	平均数	SD	N	平均数	SD		
1A	18	118.50	19.24	3	103.00	10.68	−15.50	
1B	15	111.53	9.28	4	107.25	1.64	−4.28	
1C	18	92.22	12.22	2	102.00	2.00	+9.78	
2A	18	116.89	13.16	6	121.67	14.85	+4.78	
2B	16	99.44	15.80	3	101.67	9.57	+2.23	
2C	14	86.00	11.00	5	89.80	6.01	+3.80	
3A	14	116.21	24.11	9	114.33	13.65	−1.88	
3B	17	111.59	19.73	1	122.00	0.00	+10.41	
3C	16	99.00	16.30	4	95.50	11.69	−3.50	
4A	22	118.27	17.45	5	157.40	70.56	+39.13	0.000 2
4B	17	113.29	19.88	3	93.00	22.64	−20.29	
4C	16	105.06	24.14	4	88.00	8.52	−17.06	
5A	18	122.89	25.91	6	127.83	23.41	+4.94	
5B	14	109.14	24.15	4	94.75	19.40	−14.39	
5C	12	94.92	18.09	4	99.00	12.35	+4.08	
6A	20	117.60	20.11	6	125.33	14.20	+7.73	
6B	15	102.47	18.33	4	104.75	40.10	+2.28	
6C	14	85.79	22.52	3	91.67	19.36	+5.88	

[a] 单尾，以均方做根据。

表 A-18　18 个班级在两种条件下一学期后
推理 IQ 的平均数和标准差

班级	N	控制组平均数	SD	N	实验组平均数	SD	均数差	p^a<0.05
1A	18	113.00	23.62	3	111.00	20.70	−2.00	
1B	15	94.73	16.48	4	91.50	38.73	−3.23	
1C	18	71.39	24.60	2	103.00	21.00	+31.61	0.03
2A	18	99.94	17.99	6	113.83	14.05	+13.89	
2B	16	79.81	25.96	3	87.00	4.32	+7.19	
2C	14	83.36	19.58	5	86.00	9.78	+2.64	
3A	14	99.36	13.64	9	103.33	12.30	+3.97	
3B	17	93.71	16.69	1	117.00	0.00	+23.29	
3C	16	90.00	14.47	4	93.25	14.58	+3.25	
4A	22	107.41	18.38	5	115.00	12.71	+7.59	
4B	17	92.77	13.64	3	102.33	17.99	+9.56	
4C	16	85.75	14.15	4	94.00	15.33	+8.25	
5A	18	115.11	27.33	6	127.50	21.16	+12.39	
5B	14	100.36	24.49	4	98.75	19.52	−1.61	
5C	12	88.58	12.86	4	101.50	22.38	+12.92	
6A	20	115.80	26.64	6	120.33	9.88	+4.53	
6B	15	103.47	19.12	4	104.75	21.15	+1.28	
6C	14	82.21	13.69	3	88.67	11.09	+6.46	

[a] 单尾，以均方做根据。

表 A-1 至表 A-31

表 A-19　18 个班级在两种条件下一学期后总体 IQ 增量的平均数和标准差

班级	控制组			实验组			均数差	$p^a < 0.05$
	N	平均数	SD	N	平均数	SD		
1A	18	+8.78	17.03	3	+11.67	16.52	+2.89	
1B	15	+15.00	19.28	4	+3.75	18.90	−11.25	
1C	18	+6.94	15.07	2	+41.50	7.50	+34.56	0.000 2
2A	18	+0.06	9.70	6	+4.17	8.51	+4.11	
2B	16	+1.63	9.63	3	−9.33	8.73	−10.96	
2C	14	+3.21	7.88	5	+2.40	6.47	−0.81	
3A	14	+8.07	8.74	9	+5.89	5.57	−2.18	
3B	17	+0.18	9.61	1	+32.00	0.00	+31.82	0.008
3C	16	−5.63	12.53	4	−5.75	5.76	−0.12	
4A	22	−11.14	13.66	5	−10.20	12.06	+0.94	
4B	17	−1.94	12.44	3	−0.33	14.01	+1.61	
4C	16	+1.00	7.73	4	+1.50	8.20	+0.50	
5A	18	+9.61	12.93	6	+5.83	18.43	−3.78	
5B	14	+1.29	12.23	4	+17.25	6.76	+15.96	0.02
5C	12	+10.25	13.97	4	+14.50	12.38	+4.25	
6A	20	+8.60	9.25	6	+9.50	4.35	+0.90	
6B	15	+2.47	11.24	4	+5.25	8.84	+2.78	
6C	14	+1.36	7.25	3	+1.67	3.30	+0.31	

[a] 单尾，以均方做根据。

表 A-20　18 个班级在两种条件下一学期后言语 IQ 增量的平均数和标准差

班级	控制组			实验组			均数差	$p^a < 0.05$
	N	平均数	SD	N	平均数	SD		
1A	18	−1.39	15.67	3	+1.00	8.64	+2.39	
1B	15	+7.47	22.94	4	−9.00	13.36	−16.47	
1C	18	−3.83	14.40	2	+34.50	0.50	+38.33	0.001
2A	18	+4.11	7.13	6	+7.33	10.45	+3.22	
2B	16	+2.94	12.25	3	−2.00	6.68	−4.94	
2C	14	+3.79	10.97	5	−0.40	8.31	−4.19	
3A	14	+17.36	13.03	9	+8.44	11.23	−8.92	
3B	17	+3.88	10.98	1	+27.00	0.00	+23.12	
3C	16	−10.06	19.04	4	−18.00	12.47	−7.94	
4A	22	−10.96	20.93	5	+8.00	61.47	+18.96	0.01
4B	17	+7.06	15.14	3	−6.33	20.73	−13.39	
4C	16	+8.06	7.75	4	+0.50	3.91	−7.56	
5A	18	+12.56	15.56	6	−2.17	20.68	−14.73	
5B	14	+1.00	8.61	4	+4.25	6.42	+3.25	
5C	12	+10.75	11.47	4	+13.75	10.89	+3.00	
6A	20	+7.75	11.53	6	+6.33	5.94	−1.42	
6B	15	+1.27	10.23	4	+11.00	12.06	+9.73	
6C	14	−1.36	9.26	3	−1.33	19.60	+0.03	

[a] 单尾，以均方做根据。

表 A-1 至表 A-31

表 A-21 18 个班级在两种条件下一学期后推理 IQ 增量的平均数和标准差

班级	控制组 N	平均数	SD	实验组 N	平均数	SD	均数差	$p^a < 0.05$
1A	18	+21.94	25.86	3	+26.33	29.53	+4.39	
1B	15	+45.47	32.84	4	+37.50	55.45	−7.97	
1C	18	+38.89	30.49	2	+49.50	16.50	+10.61	
2A	18	−2.00	14.84	6	+1.33	13.92	+3.33	
2B	16	−0.75	21.49	3	−15.33	17.78	−14.58	
2C	14	+9.43	18.60	5	+8.60	12.50	−0.83	
3A	14	+1.29	13.43	9	+2.89	13.02	+1.60	
3B	17	−2.82	19.32	1	+39.00	0.00	+41.82	0.03
3C	16	−0.19	16.11	4	+10.75	19.68	+10.94	
4A	22	−10.18	16.77	5	−5.40	10.89	+4.78	
4B	17	−9.29	14.92	3	+5.67	7.54	+14.96	
4C	16	−3.75	15.17	4	+2.75	15.12	+6.50	
5A	18	+7.61	18.53	6	+10.50	22.49	+2.89	
5B	14	+1.86	18.87	4	+29.00	8.86	+27.14	0.02
5C	12	+9.58	20.23	4	+17.50	15.98	+7.92	
6A	20	+11.10	16.21	6	+11.50	8.85	+0.40	
6B	15	+4.53	16.06	4	+3.25	11.01	−1.28	
6C	14	+4.43	8.44	3	+6.67	10.21	+2.24	

[a] 单尾,以均方做根据。

表 A-22　五、六年级儿童在实验计划开始不久后词汇测验分数[a]的平均增量

班级	控制组 N	增量	实验组 N	增量	期望益处 差异	单尾 $p<0.10$[b]
5A	19	−4.1	6	−1.5	+2.6	
5B	14	−9.9	4	+3.0	+12.9	0.07
5C	9	+5.4	4	+7.3	+1.9	
6A	20	−4.3	6	+0.5	+4.8	
6B	15	−5.5	4	+3.3	+8.8	
6C	14	+0.1	3	−7.3	−7.4	
合计	91	−3.68	27	+0.96	+4.64[c]	0.08

[a] 百分制单位增量。

[b] 均方等于 197.92。

[c] 一年后，五年级儿童的值为+2.92（NS）。

表 A-23　五、六年级儿童在实验计划开始不久后工读技能测验分数[a]的平均增量

班级	控制组 N	增量	实验组 N	增量	期望益处 差异	单尾 $p<0.10$[b]
5A	19	−3.4	6	+2.2	+5.6	
5B	14	+7.0	4	+27.5	+20.5	0.03
5C	9	+8.1	4	+18.5	+10.4	
6A	20	−3.4	6	−4.2	−0.8	
6B	15	+0.3	4	+17.0	+16.7	0.05
6C	14	−7.0	3	+7.3	+14.3	0.10
合计	91	−0.60	27	+9.70	+10.30[c]	0.003

[a] 百分制单位增量。

[b] 均方等于 265.51。

[c] 一年后，五年级儿童的值为+12.36，$p<0.05$。

表 A-1 至表 A-31

表 A-24　15 个班级在两种条件下两年后总体 IQ 的平均数和标准差

班级	控制组			实验组			均数差	$p^a < 0.05$
	N	平均数	SD	N	平均数	SD		
1A	14	117.21	20.70	1	97.00	0.00	−20.21	
1B	9	102.67	7.10	3	111.67	12.37	+9.00	
1C	13	83.77	8.61	2	96.50	7.50	+12.73	
2A	16	117.44	16.53	4	128.50	4.92	+11.06	
2B	11	94.82	17.59	3	111.00	10.23	+16.18	
2C	12	85.50	8.09	2	81.00	3.00	−4.50	
3A	9	108.67	16.17	6	104.50	16.72	−4.17	
3B	13	107.08	23.73	1	97.00	0.00	−10.08	
3C	14	89.36	8.49	3	84.67	4.19	−4.69	
4A	17	116.71	14.52	5	125.40	20.16	+8.69	
4B	15	94.93	12.12	2	101.50	13.50	+6.57	
4C	15	90.80	15.96	4	90.50	6.27	−0.30	
5A	16	118.94	14.78	4	138.25	28.22	+19.31	0.02
5B	12	109.00	21.15	3	99.67	18.01	−9.33	
5C	10	91.90	13.50	4	102.25	6.30	+10.35	

a 单尾，以均方做根据。

表 A-25　15 个班级在两种条件下两年后
言语 IQ 的平均数和标准差

班级	N	控制组 平均数	SD	N	实验组 平均数	SD	均数差	$p^a < 0.05$
1A	14	121.07	21.06	1	103.00	0.00	−18.07	
1B	9	90.11	13.21	3	114.00	16.97	+23.89	0.05
1C	13	83.85	6.67	2	90.00	10.00	+6.15	
2A	16	120.63	21.02	4	130.25	12.05	+9.62	
2B	11	94.00	22.46	3	107.00	17.28	+13.00	
2C	12	87.25	11.99	2	72.50	2.50	−14.75	
3A	9	105.44	14.69	6	109.17	16.28	+3.73	
3B	13	110.31	25.20	1	104.00	0.00	−6.31	
3C	14	86.71	14.32	3	81.67	10.66	−5.04	
4A	17	115.00	15.42	5	125.60	22.68	+10.60	
4B	15	95.73	16.84	2	89.50	9.50	−6.23	
4C	15	88.53	15.56	4	88.25	11.05	−0.28	
5A	16	126.31	29.78	4	158.75	42.51	+32.44	0.003
5B	12	114.50	20.93	3	104.33	25.90	−10.17	
5C	10	92.20	22.60	4	100.50	9.07	+8.30	

[a] 单尾，以均方做根据。

表 A-26　15 个班级在两种条件下两年后推理 IQ 的平均数和标准差

班级	控制组			实验组			均数差	$p^a < 0.05$
	N	平均数	SD	N	平均数	SD		
1A	14	114.64	27.86	1	90.00	0.00	−24.64	
1B	9	121.22	13.05	3	111.00	10.23	−10.22	
1C	13	84.08	16.21	2	104.50	6.50	+20.42	
2A	16	117.19	19.43	4	136.75	28.03	+19.56	
2B	11	96.18	13.81	3	116.67	7.93	+20.49	
2C	12	84.50	18.77	2	91.00	11.00	+6.50	
3A	9	114.11	24.94	6	100.83	24.63	−13.28	
3B	13	106.23	31.31	1	88.00	0.00	−18.23	
3C	14	92.93	13.76	3	88.00	3.74	−4.93	
4A	17	123.06	26.23	5	125.00	18.60	+1.94	
4B	15	94.87	11.73	2	121.50	22.50	+26.63	
4C	15	96.87	29.14	4	98.25	19.69	+1.38	
5A	16	116.75	16.69	4	128.75	27.20	+12.00	
5B	12	105.42	26.44	3	94.67	10.34	−10.75	
5C	10	96.80	19.75	4	110.75	24.28	+13.95	

[a] 单尾，以均方做根据。

表 A-27　15 个班级在两种条件下两年后
总体 IQ 增量的平均数和标准差

班级	控制组			实验组			均数差	p^a<0.05
	N	平均数	SD	N	平均数	SD		
1A	14	+12.00	15.42	1	+2.00	0.00	−10.00	
1B	9	+19.78	19.89	3	+15.67	3.77	−4.11	
1C	13	+11.00	13.73	2	+36.00	7.00	+25.00	0.01
2A	16	+10.56	13.47	4	+11.00	7.78	+0.44	
2B	11	+8.00	11.54	3	+8.33	5.74	+0.33	
2C	12	+5.58	7.33	2	−13.00	0.00	−18.58	
3A	9	+14.33	9.35	6	+2.50	9.57	−11.83	
3B	13	+4.00	16.53	1	+9.00	0.00	+5.00	
3C	14	−9.86	10.70	3	−9.33	10.50	+0.53	
4A	17	−5.77	12.58	5	−7.60	16.56	−1.83	
4B	15	−8.40	12.19	2	+3.00	5.00	+11.40	
4C	15	−1.27	16.20	4	+1.75	7.40	+3.02	
5A	16	+10.88	14.22	4	+17.50	22.68	+6.62	
5B	12	+2.83	12.60	3	+24.67	10.34	+21.84	0.01
5C	10	+8.70	11.77	4	+16.00	9.22	+7.30	

[a] 单尾，以均方做根据。

表 A-1 至表 A-31

表 A-28　15 个班级在两种条件下两年后言语 IQ 增量的平均数和标准差

班级	控制组			实验组			均数差	$p^a < 0.05$
	N	平均数	SD	N	平均数	SD		
1A	14	+0.86	11.80	1	+3.00	0.00	+2.14	
1B	9	−6.78	19.19	3	−3.33	2.87	+3.45	
1C	13	−8.00	13.00	2	+22.50	12.50	+30.50	0.01
2A	16	+8.25	16.79	4	+12.25	19.02	+4.00	
2B	11	−0.55	16.75	3	+3.33	12.92	+3.88	
2C	12	+6.25	14.81	2	−24.50	0.50	−30.75	0.02^b
3A	9	+11.33	10.92	6	+4.17	4.06	−7.16	
3B	13	+2.23	14.13	1	+9.00	0.00	+6.77	
3C	14	−22.64	16.63	3	−27.67	21.00	−5.03	
4A	17	−12.29	16.70	5	−23.80	23.78	−11.51	
4B	15	−10.00	11.93	2	−7.00	3.00	+3.00	
4C	15	−8.20	12.30	4	+0.75	6.30	+8.95	
5A	16	+12.44	26.42	4	+31.25	27.40	+18.81	0.03
5B	12	+2.92	10.17	3	+19.67	9.74	+16.75	
5C	10	+9.30	14.64	4	+15.25	9.23	+5.95	

^{a} 单尾，以均方做根据。

^{b} 双尾。

表 A-29　15 个班级在两种条件下两年后推理
IQ 增量的平均数和标准差

班级	N	控制组 平均数	SD	N	实验组 平均数	SD	均数差	p^a＜0.05
1A	14	+25.29	30.69	1	0.00	0.00	−25.29	
1B	9	+70.00	45.01	3	+65.67	31.48	−4.33	
1C	13	+58.92	29.77	2	+51.00	2.00	−7.92	
2A	16	+15.06	19.73	4	+18.75	16.33	+3.69	
2B	11	+19.18	14.26	3	+14.33	18.37	−4.85	
2C	12	+8.00	16.10	2	0.00	2.00	−8.00	
3A	9	+19.56	17.21	6	+1.33	18.44	−18.23	
3B	13	+8.46	29.75	1	+10.00	0.00	+1.54	
3C	14	+5.71	15.53	3	+11.67	9.84	+5.96	
4A	17	+3.29	20.68	5	+4.60	24.03	+1.31	
4B	15	−6.47	16.43	2	+19.50	10.50	+25.97	
4C	15	+8.80	29.61	4	+7.00	15.02	−1.80	
5A	16	+10.19	18.00	4	+10.50	26.37	+0.31	
5B	12	+5.33	20.56	3	+32.00	13.37	+26.67	0.05
5C	10	+16.20	25.33	4	+26.75	17.14	+10.55	

a 单尾以均方做根据。

表 A-1 至表 A-31

表 A-30 一年后的复测信度

	总体 IQ		言语 IQ		推理 IQ	
	控制组	实验组	控制组	实验组	控制组	实验组
年级						
一	+0.59	+0.75	+0.74	+0.77	+0.46	+0.26
二	0.79	0.82	0.71	0.83	0.58	0.62
三	0.70	0.72	0.68	0.60	0.41	0.67
四	0.80	0.90	0.83	0.77	0.63	0.73
五	0.79	0.75	0.78	0.81	0.46	0.31
六	0.88	0.97	0.89	0.88	0.74	0.87
轨						
快	0.66	0.73	0.67	0.71	0.46	0.51
中	0.58	0.80	0.77	0.87	0.36	0.24
慢	0.61	0.25	0.72	0.49	0.25	0.37
合计	0.74	0.78	0.75	0.76	0.50	0.47
N	255	65	269	68	255	65

表 A-31　一年后作为预测 IQ 之函数的理智成绩的增量

年级	总体 IQ 控制组	总体 IQ 实验组	言语 IQ 控制组	言语 IQ 实验组	推理 IQ 控制组	推理 IQ 实验组
一	−0.65[a]	−0.73[c]	−0.36[c]	−0.78[c]	−0.80[a]	−0.93[b]
二	−0.37[b]	+0.39	−0.37[b]	+0.52[c]	−0.28[c]	+0.17
三	−0.07	−0.09	+0.26[c]	−0.41	−0.37[c]	−0.08
四	−0.14	−0.01	−0.19	+0.17	+0.04	−0.18
五	−0.02	+0.07	−0.01	+0.03	−0.40[c]	−0.18
六	+0.05	+0.49	+0.11	+0.34	+0.01	+0.35
轨						
快	−0.29[b]	+0.05	−0.01	+0.09	−0.29[b]	−0.10
中	−0.57[a]	+0.11	−0.27[c]	+0.46[c]	−0.77[a]	−0.62[c]
慢	−0.48[a]	−0.76[a]	−0.39[a]	−0.70[a]	−0.74[a]	−0.06
合计	−0.30[a]	−0.05	−0.08	+0.04	−0.54[a]	−0.28[c]
N	255	65	269	68	255	65

[a] $p<0.001$，双尾。

[b] $p<0.01$，双尾。

[c] $p<0.10$，双尾。

教师期望研究 20 年：
研究结果与未来方向

[美] 托马斯·L. 古德*

近 20 年来，教育研究人员一直关注着这样一种可能性：教师可能向他们相信具有低成就潜力与高成就潜力的学生传递不同的成绩期望（performance expectations）。在为整个班级、小组和个人拟订计划并且和它们发生交互作用中，教师受到两方面的指引：一是他们对学生需要什么的信念，二是如果学生受到特定方式的对待他们会怎样反应。教师也受到对于这种反应的期望的指引。本文把教师期望界说为教师根据他们所知道的学生现况对学生未来的行为或学业成绩所做的推断。教师期望效应，是指由于教师在对他们自己所抱期望做出反应时所采取的行动而在学生身上发生的结果。

研究人员考察了两类教师期望效应（Cooper and Good, 1983）：自我实现预言效应（self-fulfilling prophecy effect），原本是不正确的期望导致了使该期望成为现实的行为；维持期望效应（sustaining expectation effect），教师期望学生维持以前养成的行为形式，扼要地说，教师认为这些行为形式是理所当然的，而没有看到和利用学生潜力的变化。

自我实现预言效应比维持期望效应更有力，因为自我实现预言效应使学生行为发生重大变化，而不是仅仅靠维持既定形式使这样

---

* 古德（Thomas L. Good），美国密苏里大学哥伦比亚分校教育心理学教授。

的变化降至最低限度。自我实现预言效应发生时可能是强有力和戏剧性的，但更加微妙的维持期望效应或许更常发生（Good and Brophy，1987）。

教师期望即自我实现的预言

约在 20 年前，罗伯特·罗森塔尔与勒诺·雅各布森（Robert Rosenthal and Lenore Jacobson）的《课堂中的皮格马利翁——教师期望与学生智力发展》（1968），引起了人们对自我实现预言的广泛兴趣与争论。在这本书所描述的研究中，他们控制了教师对学生成就的期望，以了解这些期望是否得到实现。他们的研究指出，在低年级，教师人为提高的期望（教师得到的是虚假的测验数据）与学生成绩的提高有关。

最初，这项研究的结论被人们热情地接受了。然而，非原始的资料有时做出夸大的断定，远远超出了罗森塔尔与雅各布森得出的结论，因而批评家开始抨击这项研究（Snow，1969；Taylor，1970）。一项重复研究没有得出同样的结果（Claiborn，1969），导致了对奥克学校实验的价值的众多论争。同时，其他调查研究人员采用多种方法进行了有关的研究，因而注意力从对原研究的争论转向力图弄懂关于教师期望效应与有关课题方面的越来越多的研究文献的意义（Braun，1976；Brophy and Good，1974；West and Anderson，1976）。自奥克学校实验以来的近 20 年中，研究一直继续进行，并且得出一种共识：教师的期望能够而且有时确实影响师生之间的交互作用与学生的学习结果。同时认识到：其间涉及的过程比最初所认为的要复杂得多（Brophy，1983；Cooper and Good，1983；Dusek，1985；Marshall and Weinstein，1984）。例如，研究还指出，学生也影响教师的行为。

许多研究表明，教师期望常常是一种对学生能力的准确评定。因此，教师对学生行为的期望未必就是不恰当的。教师期望低这一问题可能不是简单的确认学生的能力或对学生贴标签（即承认一个学生的能力相对地不如另一个学生的能力）的问题，而是在如何对待学习困难的学生方面缺乏恰当知识的问题。

教师对学生个人的期望

本文的注意力集中在教师对据信有高或低的成就潜力的学生个人的期望以及教师与这些学生的交互作用上，因为大多数研究都集中在这个方面。然而，重要的是要认识到，教师期望可能涉及整个班级、各组学生或者个别学生。一般的期望包括下列信念：学生能力的可变性对不变性，学生受益于教学的潜力，对适合于学生的学习材料的适当难度水平，对班级应该进行集体教学还是个别教学，以及对学生是应该记忆材料还是解释和运用所呈现的重要概念。

教师信念而非教师对学生个人成绩的期望影响学生成绩的方式是数不胜数的。例如，有些教师相信，学生主动参与课堂学习，自己发现知识并有很大独立性是重要的；而其他一些教师则相信，学生应该学习教师所呈现的信息。教师对教材的信念也可能有重要影响。课程呈现的方式以及学生得到的学习机会将是十分不同的，这取决于教师是相信阅读教学的任务基本上是教学生语音与理解技能（能够确定其他某个人的一段书面文字的意思），还是相信阅读教学的任务是刺激学生形成自己的意思并通过阅读达到自定的目标。

要点在于，教师的信念以复杂的方式与学生的信念和行为发生交互作用，而且至少反映了学生的信念与行为，如果不是部分地决定于学生的信念与行为的话。一个取得低成就的学生受到的对待，在教师相信重点是意义与理解的课堂中，与在教师相信重点是在速度与准确性的课堂中大不一样。被认为潜力小的学生，在重速度与准确性的课堂中比在重意义与理解的课堂中，更有可能接受一连串无止境的练习作业。

研究表明，教师的成绩期望因学生的特征而不因学生的成就潜力本身而异。布罗菲与古德（Brophy and Good，1974）在一组课堂中发现，低成就女生的课堂往往是特别贫瘠的学习环境，而高成就男生往往得到建设性的和理智上易引起反应的环境，尽管在使用课堂交互作用的一般测度时，教师批评男生多于批评女生。因此，根据研究人员提的问题，可以获得种种不同的关系。很清楚，一位教师可能对待同一课堂中的男女学生稍有不同，但与特定小组的学生（高成就男生与低成就女生）仍旧维持着明显分歧的交互作用形式。

信念与行为之间的关系是复杂的，一部分因为教师持有多种信念，又因为学生具有许多种特征。尽管信念对行为的影响无可否认，但期望研究的长久历史（Zuroff and Rotter，1985）表明，这个方面的研究遇到了一种分析上的困难。尽管把期望与行为联系起来困难，但还是做了相当数量的优良的课堂研究。这方面研究的探讨拟围绕期望传递的布罗菲—古德模式来进行。

布罗菲—古德模式

早期的课堂观察工作中很多是围绕布罗菲与古德使用的一种模式来组织的。这种模式是继罗森塔尔与雅各布森的《课堂中的皮格马利翁——教师期望与学生智力发展》（1968）一书出版后，最先在对教师与高成就学生和低成就学生的交互作用进行的一项自然主义研究中使用的。布罗菲与古德（Brophy and Good，1970）提出的下述模式表明了期望传递过程在课堂中可能是怎样进行的情况：

1. 在学年之初，教师对学生的行为与成就做出许多有区别的期望。

2. 与这些有区别的期望相一致，教师区别对待各种学生。

3. 这种对待告诉学生有关期望他们在课堂中如何学习以及如何完成学习任务的一些事情。

4. 如果教师的对待先后一致，而且如果学生不主动地抵制或改变教师的对待，教师的对待就可能影响他们的自我概念、成就动机、抱负水平、课堂行为，以及与教师的交互作用。

5. 这些影响一般会补充而且会强化教师的期望，因而学生将逐渐迎合，而不是违反这些期望。

6. 最后，这将影响学生的成就与其他学习结果。高期望的学生将达到或接近他们的学习潜力，而低期望的学生，如果采用不同的教学将得不到他们能够得到的长进。

教师期望的自我实现预言效应，只有在该模式的所有要素都具备的情况下才可能发生。然而，常常有一个或几个要素不具备。一个教师对每一个学生不可能都有明确的期望，或者这些期望可能不断发生变化。即使期望是一致的，教师也不可能一定就通过一致的行为把期望传递给学生。在这种情况下，如果这些期望原来是正确的，这种期望就不是自我实现的。最后，学生可能以一种使教师改变期望的方式来抵消期望的效应或抵制期望，从而阻止期望成为自我实现的方式。为了维持期望的发生，教师必须以种种行为来维持学生与教师以前形成的低期望（例如，成绩低的学生只做练习作业，只解答容易的问题，等等）。

教师如何形成期望

该模式一开始就指出，教师在学年初对学生个人形成了有区别的成就期望。调查研究人员研究了教师用以形成这些期望的信息的性质，以及期望的准确程度。

在一类对期望形成的实验研究中，被试（不一定是教师）只知道经过严格控制的"学生"（通常是虚构的）的一些情况，而且极少或根本就没有机会和他们发生交互作用，要求被试对这些"学生"做出预言。在这样一种研究中，可能给所有的被试分发历年成绩单，包含完全一样的测验分数、年级和前任教师写的评语，但有一半的表格附有一张白人儿童的照片，另一半表格则附有一张黑人儿童的照片（目的在于了解，知道了虚构的学生种族是否会影响对学生成就的预言）。这样的实验已经表明，关于测验成绩、作业成绩、所处的轨或组、课堂行为、身体外表、种族、社会经济地位、民族特征、性别、语言特征，以及各种不同的诊断性的或特殊的教育标签方面的信息，都能显著地影响期望（见 Baron，Tom，and Cooper 1985 年的评述；Braun，1976；Brophy and Good，1974；Dusek and Joseph，1983；Persell，1977；Peterson and Barper，1985；Rolison and Medway，1985）。

学生成绩单中的多数信息是准确的，并且可能使看到学生成绩单的教师产生正确的期望。因此，教师对学生成就的预言通常是很正确的，有时甚至比根据测验数据做出的预言还要准确（Egan and Archer，1985；Hoge and Butcher，1984；Mitman，1985；Monk，1983；Pedulla，Airasian，and Madaus，1980）。

概言之，在职教师通常对学生形成准确的期望，而且他们在有了更多或更好的信息时往往会改变这些期望。这就限制了自我实现预言效应发生的可能性（自我实现预言效应是建立在虚假的或未被证实的期望之上的），尽管维持期望效应仍会发生。因为在学年之初（尤其是在幼儿园和一年级以及在中间学校、初级中学或中学的第一年），或者因为学生从另一所学校转来，教师不熟悉学生，自我实现预言效应特别有可能在这时发生。

教师如何传递期望

考虑到教师对各种学生形成了有区别的期望，布罗菲—古德模式第二步假定：教师通过他们对学生的行为传递这些期望。研究人员用文献证明了教师与当时的成绩或所期望的成绩不同的学生发生交互作用的种种方式。的确，关于教师期望传递的大多数研究都涉及布罗菲—古德模式的第二个步骤。

古德与布罗菲（Good and Brophy, 1987）指出，下述行为有时表明了教师对高成就学生与低成就学生之有区别的对待。

1. 等候"低成就者"回答问题的时间较短（Allington, 1980; Bozsik, 1982; Rowe, 1974a, 1974b; Taylor, 1979）。

2. 向低成就学生提供答案或叫另外某个人回答，而不是通过提示或重复或者改变提问的语句以改进他们对问题的回答（Brophy and Good, 1970; Jeter and Davis, 1973）。

3. 奖励低成就学生不适当的行为或不正确的回答（Amato, 1975; Fernandez, Espinosa, and Dombusch, 1975; Graham, 1984; Kleinfield, 1975; Meyer, Bachmann, Biermann, Hemplemann, Ploger, and Spiller, 1979; Natriello and Dornbusch, 1984; Rowe, 1974a; Taylor, 1977; Weinstein, 1976）。

4. 更为经常地批评低成就学生的失败（Brophy and Good, 1970; Cooper and Baron, 1977; Good, Cooper, and Blakey, 1980; Good, Sikes, and Brophy, 1973; Jones, 1971; Medinnus and Unruh, 1971; Rowe, 1974a; Smith and Luginbuhl, 1976）。

5. 经常表扬高成就学生的成功而不大表扬低成就学生的成功（Babad，Inbar，and Rosenthal，1982；Brophy and Good，1970；Cooper and Baron，1977；Firestone and Brody，1975；Good，Cooper，and Blakey，1980；Good，et al.，1973；Martinek and Johnson，1979；Medinnus and Unruh，1971；Rejeski，Darracott，and Hutslar，1979；Spector，1973）。

6. 没有对低成就学生的当众回答给予反馈（Brophy and Good，1970；Good et al.，1973；Jetter and Davis，1973；Willis，1970）。

7. 较少注意低成就学生或较少与他们发生交互作用（Adams and Cohen，1974；Blakey，1970；Given，1974；Kester and Letchworth，1972；Page，1971；Rist，1970；Rubovits and Maehr，1971）。

8. 不大经常要低成就学生回答问题（Davis and Levine，1970；Mendoza，Good，and Brophy，1972；Rubovits and Maehr，1971），或者只是问他们一些比较容易而又不用分析的问题（Martinek and Johnson，1979）。

9. 把低成就学生的座位安排在离教师较远的地方（Rist，1970）。

10. 对低成就的学生要求较少。这种有区别的对待为种种行为所证实。比兹（Beez，1968）发现，抱有高期望的指导教师不仅教给学生更多的单词，而且教得更快，很少做补充解释和复述定义与例子。上述有关不适当强化的研究表明，教师可能接受低成就学生的低质量的或者甚至于不正确的回答。格雷厄姆（Graham，1984）认为，教师过分的同情或者提供不必要的、多余的帮助，可能传递低的期望，如果这些行为发生了，而旨在帮助低成就学生达到成功标准的行为没有出现，尤其会传递低的期望。

11. 与低成就学生的交互作用更多是私下而不是公开进行的,并且更密切地监控和组织他们的活动。布罗菲与古德(Brophy and Good, 1974)详细探讨了这些差异。

12. 有区别地评阅测验或作业,在难以确定的两可情况中,教师所偏向的是高成就学生而不是低成就学生(Cahen, 1966; Finn, 1972; Heapy and Siess, 1970)。

13. 与低成就学生交互作用时不大友好,包括较少微笑和较少有其他表示支持的非言语的信号(Babad et al., 1982; Chaikin, Sigler, and Derlega, 1974; Kester and Letchworth, 1972; Meichenbaum, Bowers, and Ross, 1969; Page, 1971; Smith and Luginbuhl, 1976),不大有温和的语调或者更多的是焦急的语调(Blanck and Rosenthal, 1984)。

14. 对低成就学生的问题做出的是比较简洁的、信息不多的反馈(Cooper, 1979; Cornbleth, Davis, and Button, 1972)。

15. 在与低成就学生的交互作用中较少有眼光的接触和其他非言语的方式来传递注意与反应,例如,身体向前倾、点头表示肯定(Chaikin, Sigler, and Derlega, 1974)。

16. 如果时间有限,对低成就学生较少使用有效但又耗时的教学方法(Swann and Snyder, 1980)。

17. 较少接受和利用低成就学生的想法(Martinek and Johnson, 1979; Martinek and Karper, 1982)。

正如所从事的大量研究表明的,这一直是一个十分活跃的研究领域,然而,很清楚,上述17点中的有些观点要比其他的得到更多的佐证。而且,要着重强调的是,上列教师行为未必都表示无效教学的特征;相反,视导员与教师分析自己的行为和研究教师的行为对特定学生的影响时,应该把上述教师行为作为指导方针。有些学生可能比其他学生需要更多的结构和更容易的作业,而且没有理由假定教师应对所有学生一视同仁；然而，有些教师以截然不同的不适当的方式对学生进行教学，由此对学生之间比较小的差异做出过度的反应。关键的问题是学生受到的区别对待（例如，指定的作业、当众提问的次数）是否适当。

课堂各不相同，而且同一课堂中的不同学生在诸多重要方面是各不相同的。可是，仍有可能探索研究的结果，以便了解对于成就潜力的信念可能抑制有效课堂交流的一些方式。那些与期望研究有联系的概念和研究结果提供了准则或参照系，使教师可以思考和尝试改变课堂环境。这些课堂概念能够帮助教师增加用以思考课堂成绩的维度，以及增加假设或可资利用的备择策略的数目（与范围）。这些概念还鼓励教师考虑选择性行动可能对各种学生产生的后果（Good and Power，1976）。

一些研究人员把行为研究的结果（例如上面提到的17点）组织成种种模式。罗森塔尔（Rosenthal，1974）评述了关于教师期望效应的中介物的研究，并确定了4个一般因素。他把注意力集中在积极的自我实现预言效应上，他认为，教师将最大限度地提高学生的学业成绩，如果他们：

1. 与学生形成温和的社会—情绪关系（气氛）；
2. 对学生的成绩给予更多的反馈（反馈）；
3. 教给他们更多（和更难）的材料（输入）；
4. 给他们更多的机会去做出反应和提出问题（输出）。

古德与温斯坦（Good and Weinstein，1986a）以一种更一般的方式描述了具体教学行为的结果（见表1）。下面我们转向探讨与布罗菲—古德模式的其余步骤有关的研究。

表1 教师传递有区别的期望的一般维度和范例

	被认为比较能干的学生具有	被认为不能干的学生具有
任务环境 课程、程序、明确任务、定进度、环境的质量	更多的机会当众完成有意义的任务	较少机会当众完成尤其是有意义的任务（完成一个没有续完的故事，而不是学会正确拼读一个词）
	更多思考的机会	较少思考、分析的机会（因为很多作业是以练习为目的的）
分组实践	更多涉及领会、理解的作业（高能力组）	对课程作业较少选择——更多的机会完成练习作业
学习责任点	更多的自主性（作业有更多的选择，极少干扰）	较少自主性（常由教师监督作业，常有干扰）
反馈与评价实践	更多的机会做自我评价	较少机会做自我评价
动机策略	更可靠的/有条件的反馈	不大可靠的/更没有必要的/不大有条件的反馈
教师关系的质量	对作为有独特兴趣和需要之个体的学习者更多的尊重	对作为有独特兴趣和需要之个体的学习者较少的尊重

此表翻印自古德与温斯坦（Good and Weinstein，1986a）的《教师期望：探索课堂的框架》（*Teacher expectation：A framework for exploring classrooms*），载朱姆沃尔特（K. Zumwalt）编：《改进教学》（*Improving Teaching*），1986年教学视导与课程研制协会年鉴。

学生对教师的区别对待的察觉

除了通过用不同的方式使学生接触教学内容等等而直接发生的期望效应外，间接的效应可能通过影响学生的自我概念、动机、成绩期望或归因（对他们为什么成功或者失败的推论）的教师行为而发生。这就把我们带到布罗菲—古德模式的第三个步骤，这个步骤假定，学生察觉到有区别的对待以及这种对待对有关教师对他们存有什么期望的含义。

温斯坦（Weinstein，1983，1985）和她同事的研究指出，一方面，学生意识到了教师与班上不同学生交互作用形式上的差异。与小学生的面谈表明，他们知道教师对高成就学生投射了更高的成就期望，并向这些学生提供更多的机会与选择；而另一方面，教师更密切地组织低成就学生的活动，并向这些学生提供更多的帮助，对这些学生的学习情况和课堂行为给予更消极的反馈（Weinstein, Marshall, Brattesani, and Middlestadt, 1982）。此外，学生认识到，这些差异不仅适用于对其他学生的对待，而且适用于教师对他们个人的对待（Brattesani, Weinstein, and Marshall, 1984）。

温斯坦的研究清楚地指出，学生对教师反馈的察觉与解释，在理解期望的传递上可能是一个缺少的环节。在对与3个一年级班级中的阅读小组有联系的过程与结果的一项研究中，温斯坦（Weinstein，1976）发现，教师行为与学生成就之间的关系难以吻合。例如，教师"偏爱"低阅读能力组的学生，给他们的表扬多于而批评少于高阅读能力组的学生，尽管有这种"有利的"对待，在整个学年中，低阅读能力组的学生与高阅读能力组的学生，在成就、同辈地位和对学业成绩的焦虑上的差距大大拉开了。然而，课堂观察人员注意到，对低成就学生的表扬在性质上不同于对高成就学生的表扬。温斯坦假设，针对高成就学生有关成绩方面经常提到的批评，可能暗示着对这些学生的高期望，而对低成就学生（不能做出正确回答的学生）高比率的表扬就向这些教师期望较少的学生传递了一种不加区别的认可。

扎霍里克（Zahorik，1970）得出的类似结果表明，各种学生对教师的陈述做出不同的解释。例如，如果学生要感到回答得

"好"并且要知道他们的回答是正确的话,教师的言语反馈就必须包含"不错"或"好"这样的话。尽管这些描述对于使学生相信他们的学习是适当的而必不可少,它们会因年级的不同而可能发生巨大的变化,甚至在同一年级中可能因教师的不同而发生戏剧性的变化,但扎霍里克的实验结果表明,学生对来自教师的信息做出解释。沿着这些同样的思路,莫林-德希默(Morine-Dershimer, 1982)研究了学生对教师表扬作用的察觉,并且发现,学生能够把值得表扬的表扬与有教学或动机目的的表扬区分开来。学生对于这些差异的意识,一般和教师对于表扬的有意使用相匹配。学生对教师表扬的反应充分说明了这个事实:学生的思考与解释影响了明显的教学行为的效果。布罗菲(Brophy, 1981)注意到,表扬既可能削弱也可能提高动机,而米特曼(Mitman, 1985)报告说,在有些情形中,学生可能把教师的批评当作教师的关心(即期望他们好好学习)。所以,很清楚的是,在课堂生活的某些方面,学生对教师的行为做出了解释。

如温斯坦(Weinstein, 1983)所注意到的,好几项研究提供的证据表明,学生对教师的行为做出很复杂的解释。特别是温斯坦自己的研究工作证明,学生察觉到教师在某些方面而不是在其他方面对高成就学生与低成就学生的区别对待。温斯坦与米德尔斯塔特(Weinstein and Middlestadt, 1979a, b)要求年龄小与年龄大的小学生对60种教师行为做出评定,这60种行为描述了教师对一位假设的男生(可能是高成就学生,也可能是低成就学生)的对待。这两类学生对教师对待所做的描绘表明,学生在所研究的1/4的教师行为中察觉到区别对待。尤其是,学生察觉到教师对高成就男生的对待反映了高的期望、学业要求与特殊的权利。低成就男生被看作得到很少的机会、更多的教师关注与戒备。温斯坦的结论认为,学生清楚地意识到教师给予低成就学生的是更大的帮助与条理性,而给予高成就学生的是更自主的学习环境。

学生对课堂层次的区别对待的察觉，看来也缓和了教师期望与学生成就之间的关系。在察觉到有低程度的区别对待的课堂中（在这类课堂里，人们假设，教师极少传递有关有区别的学生能力方面的信息），最能预言学生成就的是以前的成就测度，这种成就测度可以说明成就方差的64%到77% (Brattesani et al., 1984)。换句话说，相对他们的同班同学而言，学生继续在与他们从前所完成的学习任务大致相同的水平上完成学习任务。在被察觉到有高程度区别对待的课堂中，还观察到其他的形式。因为这些课堂中的学生报告说教师对低成就学生与高成就学生有更有区别的对待，所以人们假设，教师提供了各种学生的能力方面更多的信息。研究人员发现，在这些课堂中，学生的成就不能根据先前的成就有效地做出预言，先前的成就只说明方差的47%到62%。在这些高度分化的课堂中（如学生所察觉到的），教师的期望解释了学生成就方差另外的9%到18%，而在低度分化的课堂中，教师期望只解释了成就方差另外的1%到4%。

库珀与古德（Cooper and Good, 1983）报道了相似的研究结果。与低期望的同学相比，教师对其抱有高期望的小学生报告说，他们常常参加教师发动的公开的交互作用活动，而不常参加教师发动的私下的交互作用活动，他们更经常地提供正确答案和更多地得到教师的表扬，而较少受到教师的批评。实际观察到的差异呈现出相同的倾向，但不很强烈，这表明学生不仅察觉到区别对待，而且还夸大了区别对待所存在的程度。

就课堂中存在这种区别对待而言，期望对学生成就的影响，既可能直接通过学习机会（接触内容的量与性质的差异，以及参加各种不同学习活动的机会）而发生，也可能间接通过可能影响学生的自我概念、归因推论或动机的区别对待而发生。

学生之间的个别差异也影响教师期望效应的大小。有些学生可能比其他学生对语调或其他微妙的传递线索更加敏感，因而他们更经常和更准确地破译教师的期望传递信息（Conn，Edwards，Rosenthal，and Crowne，1968；Zuckerman，DeFrank，Hall，and Rosenthal，1978）。年龄较小的和对教师依赖性较强的学生也可能比较容易受教师期望效应的影响（Persell，1977；West and Anderson，1976）。然而，如温斯坦（Weinstein，1985）所注意到的，我们对什么东西使一些学生对期望效应比较敏感知道得太少，以致无法做出准确的预言。

期望效应间接中介的其他模式

鉴于教师对各种学生形成有区别的期望，教师通过不同地对待学生来实施这些期望，学生察觉到这种区别对待，因而推断出教师寄予他们的期望的含义。我们现在要阐述的是，教师期望对学生成就的影响是以对自我概念、动机、期望和归因的影响为中介的。布罗菲—古德模式中其余的几步表明，这样的影响发生了，但对这种过程可能是怎样进行的，说得不多。然而，其他人提出的模式却提供了这方面的解释。

库珀模式

库珀（Gooper，1979，1985）认为，教师需要保持可预言性和对课堂交互作用的控制，这使他们以可能削弱成就动机的方式对待低成就学生。他注意到，可预言性与控制对于公开的交互作用情境中的教师尤其重要，因为在这种情境中，一个学生出乎意料的话语或行动可能破坏上课的连续性而产生课堂管理问题。因为低成就学生最可能引起这样的问题，所以，担心失控的教师可能压制这些学生参与课堂交互作用活动的机会，并且只是要求他们做出短暂的而且严格控制的回答，从而把他们破坏公开的交互作用情境的潜力降至最低限度。为了行使这种控制，这些教师对低成就学生可能不大热情。特别是他们可能往往不表扬低成就学生的顽强努力，因为这样的表扬可能鼓励这些学生更经常地发动交互作用；而且他们可能更经常地批评低成就学生不够努力，因为这样的批评增加了他们对低成就学生行为的控制。同时，高成就学生总是受到更热情的对待，因为教师不大担心会鼓励他们发动公开的交互作用，而且不大需要为了保持对他们行为的控制而批评他们。

只是教师热情的这样一种差异可能影响学生的动机。然而，除此之外，这种区别对待可能由于降低低成就学生对于学习努力与成就之间直接关系的信心而影响学生的动机。而高成就学生受到的表扬与批评总是直接反映了他们的努力（很努力时受到表扬，不很努力学习时受到批评），低成就学生有时也得到表扬或批评，但这更多的是因为教师希望控制他们的公开交互作用，而不是由于与他们的努力程度有关的原因。对他们来说，充分努力常常得不到承认，而努力不够却常常被承认，因为教师更关注的是使他们不要扰乱上课，而不是强化他们的学习努力。随着时间的推移，高成就学生清楚地意识到，他们的学习努力获得了好报，而低成就学生看到的是努力与结果之间不大明确的关系。从理论上讲，这会直接导致降低低成就学生的成就动机，并且间接地导致成就本身的下降。

归因理论模式

其他一些人（Dweck and Elliott, 1983; Eccles and Wigfield, 1985; Graham, 1984）一直认为，期望效应是以教师对学生关于学业成败之归因思考的影响为中介的。理想地看，学生会相信，如果他们做出合理的努力，他们就有能力在学业上取得成功（"只要我努力就能成功"）。然而，一些学生，尤其是低成就学生，则属于一种失败综合征/习得的无助型（failure syndrome/learned helplessness pattern）（"这件事我不会做，我太笨了"）。这类学生易于低估他们成功的机会（"我是侥幸的"），因而把他们的失败归因于无能，而不归因于努力不够或者采用了一种无效的学习策略。最后，他们终于相信，无论做什么都不能使他们前后一贯地只是成功而不失败，于是他们认输了。各种作者指出，教师传递低的期望，鼓励低成就学生形成了这种形式的归因思考。教师通常并不直接地指出学生没有能力取得成功（Blumenfeld, Hamilton, Bossert, Wessels, and Meece, 1983），但他们可能通过把对这些学生的要求降到最低限度，对较少的成功做过分的反应，把失败当作成功来对待，或者带有怜悯或过分同情地对失败做出反应，而不是澄清问题和进行矫正性教学，从而间接地表明这些学生没有能力取得成功。

埃克尔斯与威格菲尔德（Eccles and Wigfield, 1985）注意到，归因/动机变量是期望传递过程的关键，这些变量对于学生与教师是相似的。他们认为，这个问题可以概括为以下三个方面：在这一任务上我能成功吗？我要在这一任务上取得成功吗？我需要做些什么才能在这一任务上取得成功？从学生的立场看，这些问题是：我能学会这份材料吗？我要完成这个作业吗？我需要做些什么才能完成这个作业？从教师的立场看，这些问题是：我能把这份材料教给这个儿童吗？我要把这份材料教给这个儿童吗？我必须做些什么才能把这份材料成功地教给这个儿童？

尽管在布罗菲—古德模式的第四、五、六步骤方面的课堂研究相对来说很少，但愈来愈多的证据表明：学生对来自教师的言语与非言语的线索很敏感，学生察觉到教师行为之作用上的差异，学生察觉到尤其在一些课堂中教师对低成就学生与高成就学生表现出的行为上的差异（Weinstein, 1985）。

温斯坦（Weinstein, 1985）的研究工作指出，学生在面谈中的反应往往表明学生对某一特定行为做出细致的区分。例如，关于

"请学生回答",学生说,教师"请聪明的儿童做出正确的回答……她期望你懂得更多,因而不会告诉你答案"。至于低成就学生,学生察觉,教师有时请他们回答是"给他们一次机会",或是"因为他们屡犯错误",或者"她常常不请他们回答,因为她知道他们不晓得答案"。

课堂观察研究的资料表明,并不是所有的教师对高期望与低期望的学生都采取不同的对待(Good,1980)。课堂与区别对待发生之间的变异性,大都是从教师类型或教师个性的个别差异加以解释的(Brophy and Good,1974;Gooper,1979)。然而,如温斯坦(Weinstein,1985)注意到的,愈来愈多的研究指出,课堂教学采用的活动结构既能促进,也能限制某些种类的师生交互作用发生的机会(Bossert,1979;Doyle,1980)。对学生进行更多的研究,可以帮助我们更好地理解学生如何察觉、内化和作用于课堂事件。

小组、班级与学校效应

期望效应能在小组、班级或者整个学校层次上发生。尽管布罗菲—古德模式的注意力集中在教师对学生个人的传递上,但很清楚,教师把期望传递给整个班级和各组学生,而且这些期望效应至少与对个体的效应同样重要。

小 组 效 应

温斯坦(Weinstein,1976)指出,阅读小组成员的情况使学年中阅读成绩的方差增加了25%,这方面的情况可以预言这种方差超出了根据学年初阅读准备测验分数可以预言的成绩方差。安排到高能力组就提高了成就率,而安排到低能力组则显示出成就率下降(这是相对于无论用何种方法预料到的由于阅读准备的变异而造成的差异而言）。

比较不同阅读小组教学的研究（这一方面研究的评述见 Hiebert，1983）提出了一些可能造成上述情况的原因。教师往往对高能力组比低能力组布置更多的作业（Pflaum，Pascarella，Boswick，and Aver，1980），提供更多的时间讨论故事（Bozsik，1982），而且一般有更多的要求（Haskett，1968）。当低能力组学生犯阅读错误时，教师很快地打断他们（Allington，1983），而且在朗读期间更可能只告诉他们所读错的单词或者用字位（语音）的线索提示他们，而不是提供语义和句法的线索来帮助他们从这个单词的上下文感性地认识这个单词（Allington，1980；Pflaum et al.，1980）。教师也不大可能问低能力组学生比较高级的、要求领会的问题（Bozsik，1982）。

这样区别对待的性质与程度因教师而异，而且这种区别对待的某些方面至少可以看作是适当的区别教学（Alpert，1974；Brophy，1983；Hoskins，Walden，and Ramey，1983）。然而，就像对学生个人的区别对待的情况一样，这种对小组的区别对待的一致形式是引起人们关注的原因。通常见到的是，低能力组不断得到不大使人兴奋的教学，不大重视意义与概念化，而做更多的机械操练和练习活动（Good and Marshall，1984）。

埃德（Eder，1981）对1个一年级班级中的阅读小组的研究指出了上述过程至少在某些事例中可能是如何进行的。她发现，在学习阅读上可能有困难的学生，一般被分配到社会背景无助于学习的小组中。埃德研究中的大多数学生都有相似的学习能力与社会经济背景（中产阶级）。这些学生在上一年级之前都不能阅读；然而，在各种不同的阅读准备技能方面，或许有一些重要的差异。但是，他们在阅读上的进步似乎和他们在一年级受的阅读教学有关。尽管这些学生具有相对的同质性，但是一年级的教师仍然对他们分组进行阅读教学。

因为最不成熟、注意力最不集中的学生被分配到低能力组，因此，几乎可以肯定地说，这些组比其他小组，尤其在学年初，会引起更多管理上的问题。的确，因为教师往往不能把注意力集中在低阅读能力组中正在回答问题的某个学生身上（因为需要管理该组的其他学生），其他学生常常向阅读的学生提供正确的单词。阅读的学生没有时间自己确定怎么读，即使面谈的学生中有不到1/3的学生报告他们愿意得到帮助，但是大多数学生认为，这种帮助妨碍他们的学习。埃德的研究工作指出，低成就学生没有高成就学生那么多的时间在其他学生或教师介入之前纠正他们自己的错误。埃德认为，由于管理方面的问题、时常干扰和不大认真负责的教学，低成就学生可能无意间被鼓励对阅读小组的社会方面与程序方面做出反应，而不是对学习任务做出反应。

格兰特与罗滕伯格（Grant and Rothenberg，1986）从一项对8个课堂深入细致的研究中得出结论：一、二年级阅读小组在学生中形成了地位的差别并使这些差别永久保持下去。安置在高能力组的学生比安置在低能力组的学生有更多教育上的优势。例如，高能力组的学生有：（1）更多机会表现能力；（2）有利于学到更多学术性技能的学习与任务环境；（3）更多的机会进行自主的、自我指导的学习。格兰特与罗滕伯格把他们的研究资料看作是需要重新思考广泛使用能力分组之做法的又一个例证。

阿林顿（Allington，1983）注意到，尽管进行朗读有些充分的理由（例如，教师有机会确认儿童的困难所在），但低成就学生朗读太多，默读太少。阿林顿坚信，注重朗读或者默读对教师以特定的方式进行教学具有微妙的压力。因为低能力组的阅读往往主要是朗读，所以许多教师重视正确的发音、恰当的词序等。与此相对照，教师对进行默读的高能力组学生的提问，更可能注重课文的意义与学生的理解。因此,阅读小组的结构可能对教师与学生双方都有微妙的影响。

阿洛韦(Alloway,1984)报告说,教师可能对各组学生表达低的期望,而且对学生个人表达的有利期望可能因传递给作为小组成员的学生而被削弱。课堂中表达的某种传递如下。它是教师传递给低能力组的一些期望的实例:"你们这些孩子这样慢腾腾,现在你们就做功课吧。"(低期望组)"我会马上过来帮助你们这些功课做得慢的学生。这个小组自己做。""你们需要这点额外的时间,好吧,请注意我。""蓝组将发现这是很困难的。"阿洛韦还指出教师给予学生个人以标签形式的低期望:"罗宾,快一些,这个你能做对。""米歇尔,看你慢得这个样子。你没有时间东张西望了。"

阅读教学委员会(Commission on Reading,1984)以下列方式概括了低能力学生的问题。

> 高阅读能力组与低阅读能力组的经历在质量上的差异,会使低能力组的儿童处于不利地位。低能力组的儿童朗读相对较多,默读相对较少。他们更经常地从缺乏有意义语境的单词表或单词抽认卡上认读单词,较少认读故事中的单词。教师纠正低能力组儿童朗读错误的比例高于高能力组儿童。当错误得到纠正时,教师更可能向低能力组儿童提供发音方面的线索,而不大可能提供意义的线索。教师向低能力组儿童提出相对更加简单的事实性问题和相对更少要求推理的问题。(pp. 89-90)

低能力组学生经常接受不大有趣和较少有要求的阅读教学。因为词汇、加工信息的速度等方面的差异,就可以有理由按照能力对学生分组进行某些阅读教学。然而,某种教学需要在混合能力组中进行,诸如在讨论故事的意义时就需要这样。分组进行有区别的教学，常常是一种"解决办法"，但这又以一种微妙的形式成了这个问题的一部分。需要稍多结构与练习的学生所学的课程太强调单词分析与练习。

班 级 效 应

像考察能力分组与分轨方面的研究文献的其他研究人员一样，奥克斯（Oakes, 1985）注意到，高能力轨与低能力轨班级之间在下述几方面往往有重大差异：（1）知识的质量；（2）分配在学习上的时间量；（3）高质量教学的量；（4）同伴的理智刺激。奥克斯还指出，教师关于课堂学习机会的决定受学生反应的影响。然而，许多教育工作者认为，同一班级中既有高能力的学生，又有低能力的学生的情况降低了对学生的学业要求。与这种见解相对照，奥克斯认为，这两种类型的学生能够在同一个班级中学习。

在对学习时间与课程质量的一项实证考察中，奥克斯发现，程度不齐的班级中有35％更像高能力轨班级，而不大像中等或低能力轨班级。程度不齐的班级中有36％像中等能力轨班级。因此，同一班级中既有高能力的学生又有低能力的学生并不必然降低标准。这些结果与贝克曼和古德（Beckerman and Good, 1981）所得到的研究结果相似。贝克曼与古德发现，低成就学生能够在能力高低不一的课堂中学习，当高成就学生组成的核心形成一种鼓励学习的气氛时，尤其如此。

奥克斯还发现，程度不齐的班级中的师生关系（如教师积极和支持的程度等），比得上46％的高能力轨班级和37％的中等能力轨班级，但仅比得上17％的低能力轨班级中的师生关系。因此，在诸多比较中，有83％认为，程度不齐的班级中较迟钝的学生比在低能力轨班级中有更多的机会与教师发生积极的交互作用。

布罗菲与埃弗森（Brophy and Evertson, 1976）发现，"热心"

的态度是与教师使学生取得成绩的相对成功水平相联系的。比较成功的教师相信,他们的学生能够达到课程目标,而且他们(这些教师)能够满足学生的教学需要。这些期望是与种种行为联系在一起的,诸如增加甚或更换课程材料或评价手段,如果看来不适合于学生需要的话。

阿什顿(Ashton,1985)在对功效意识(sense of efficacy)不同的教师的研究中,报道了相似的研究结果。功效意识是用教师对下列两个陈述的反应(一个从"非常同意"到"非常反对"的五级量表)来测得的:

(1) 如果实事求是,教师实际上做不了很多事情,因为一个学生的动机和成绩大多取决于他或她自己的环境;

(2) 如果我真的努力去做,我能教好甚至最困难或者毫无动机的学生。

反对第一个陈述而同意第二个陈述的教师被分为功效意识高的一类:他们相信自己能够成功地激发学生的动机并教好学生。

功效意识高的教师比功效意识低的教师在课堂中更加自信和自如,在和学生的交互作用中有更多积极的反应(如表扬、微笑)和较少消极的反应(如批评、惩罚),在把课堂管理成有效的学习环境上更为成功,对于学生的不同意见和责难较少防御、更多接受,在增进学生成绩上更为有效。功效意识低的教师显露出低的期望和倾向于注重规章制度的执行和行为的管理,而功效意识高的教师注重课程教学并与学生切磋学术性内容。这些数据是相关的,但这些数据来自同一所学校中学习同样教程的平行班中相似的学生。这一事实表明,这些数据是教师的差异而不是学生的差异造成的。

作为一个正式的研究领域,教师对整个班级的期望与对班级的行为之间的关系在很大程度上被忽视了。然而,看来有理由认为,教师既可能对学生个人或者各组学生抱低的期望,也可能对一个班级抱低的期望。一个恰当的例子是,当温斯坦和我一起参观一所学校,观察教师对据信是高能力和低能力的学生表现出有区别的行为时,我们最突出的观感是,教师向所有学生都传递了低期望(Good and Weinstein,1986a)。

我们观察了一堂五、六年级合上的语文课,这堂课的物质环境也帮助传递了低的成绩期望。我们的印象是教室里空空荡荡。墙上挂的钟坏了,教室里看不到几本书,墙壁上实际没有张贴任何东西,极少看到有学生的作业。

我们观察的这堂课也强调规则与程序。教师主宰一切,提问学生有关主题句的意义和中心思想,以及课堂作业的要求。学习任务定得很窄。学生学过分段而且对有关材料复习了好几天,而教师却不要求他们写一段文字或者至少读几段选文,并确认哪几组的句子构成段落。这种做法看来是不恰当的。甚至划分段落时也让学生积极讨论某几组句子为什么不成为段落。在我们看来,严格监控学生行为和注意细节(即要求步骤准确——课文中确切的词要放在确切的语序之中)而对所学主题的价值或意义没有任何讨论,这种做法向这些学生传递了低的成绩期望。

而且,课的进度很慢,以致学生(和观察人员)不是坐不安宁,就是昏昏欲睡。尽管教师意识到这些征候,但教师把这些征候归因于学生缺乏兴趣和能力。这位教师只有一次表示,也许她没有把话说清楚。

教师期望两个年级的学生都学习同一种材料,这一事实使任务不恰当这一问题进一步复杂化了。从对这门课程的检查中,我们获悉,五年级和六年级的学生都按照教科书中相似的要求(尽管五年级课文中的程序要清楚得多)完成了同一个学习任务。这位教师也指出,如果五年级学生现在没有学好,到六年级还有第二次机会。课程中这种重复的情况,加上一种教师主导、学生极为被动的授课方式，实质上保证了学生对这堂课不感兴趣，而且他们确实不感兴趣。学生显然是厌烦的，这种厌烦情绪使他们回答不出教师所希望的答案（至少我们看来是这样）。令人悲哀的是，这位教师用假定学生缺乏能力来解释学生的不适当的成绩。

学 校 效 应

学校效能与学校改进计划的研究（这方面研究的评述见 Good and Brophy，1986）指出，高期望与致力于提高学生的成绩，是由态度、信念和行为构成的一种型式的一部分，这种型式有在最大限度地增进学生的学业成绩上取得成功的学校的特点。例如，布鲁科弗、比迪、弗勒德、施韦策和威森贝克（Brookover, Beady, Flood, Schwitzer, and Wisenbaker，1979）发现，有效学校中的教师不仅抱有较高的期望，而且通过确定表述为最低限度上可接受的成绩水平的目标来实现这些期望，而不是用以前的成绩数据来确定预料学生达不到的成绩高限。这样的教师把失败作为一种挑战，要求学生重做没有及格的作业（并提供所需的个别赞助），而不是一笔勾销或者把他们交给补习班。这些教师在上课期间用适当的反馈和重新教学，而不是用降低标准的办法或者不恰当的表扬来纠正错误与不准确的回答。埃德蒙兹（Edmonds，1979）以及拉特、莫汉、莫蒂莫尔、乌斯顿与史密斯（Rutter, Maughan, Mortimore, Ouston, and Smith，1979）报道了相似的研究结果。

为了对这些研究结果做出反应，学校改进计划（Proctor，1984）和在职教师专业发展计划（Farley，1982；Kerman，1979）开始综合诸种因素以减少消极期望对学生成绩的影响。此外，古德与温斯坦（Good and Weinstein，1986 b）注意到，对所有学生可教性的高期望，受到对呈正态分布的一种个别智力之信念的阻碍，但是这些高期望已促使教育工作者为表现出高期望的学生制订学校教学计划，并且允许学生以各种方式实现这些期望。

教师之间的个别差异

学生似乎对于期望的传递具有不同的敏感性，而且有些教师比其他教师更有可能对高成就学生与低成就学生表现出不同的行为。教师还以不同的方式表达低期望。

不同类型的教师

布罗菲与古德（Brophy and Good，1974）指出，教师可以被认为处于从稳健型经灵活型直到僵化型的连续体上。稳健型的教师受他们自己对怎样合理和适当地确定整个班级与个别学生的目标所抱信念的指引。如果他们确定了切合实际的目标，并且具备所需要的技能，他们就可能推动学生系统地去实现同这些目标相联系的期望。

在连续体的另一端是僵化型的教师，他们根据以前的成绩记录或对学生行为的第一印象对学生形成僵硬刻板的看法。僵化型的教师往往把学生当作定型（stereotype）而不是个体，而且他们最有可能对学生产生消极的期望效应。

大多数教师处于这两个极端之间，因而被归纳在灵活型的教师一类。他们对学生有所期望，并且调整其期望以注意新的反馈和正出现的趋势。这类教师对学生产生的期望效应最低，他们仅仅是倾向于维持高成就学生与低成就学生之间现存的差异（尽管这些差异会因为教师没有补偿的改变了的学生行为而有所增加）。

后来的研究支持这些区别，但是做了重要的修正。不幸的是，大多数教师期望对学生成绩产生的很大效应看来都是消极的期望效应，低的期望导致可能获得更低的成绩（Brophy，1983）。极少有证据表明，即使稳健型教师也通过投射积极的期望而大大增进个别学生的成绩，但是有很多证据表明，僵化型的教师由于投射低期望而使学生的进步降至最低限度。其他研究人员的研究表明，这些僵化型的教师与其他教师的差别是，他们更加僵化、独裁，更容易产生偏倚、抱有成见（如 Babad，1985）。

教师传递的有区别的型式

值得重申的是，并非所有的教师对高潜力与低潜力学生表现出的明显有区别的行为都有一种始终如一的形式。而且，问题行为的类型随班级而异，因此，不可能做出简单的推测。根据若干年来进行的几项研究所做的一个估计认为，所观察到的教师中约有 1/3 似乎以夸大低成就学生的最初缺陷这种方式来表现其行为（Good and Brophy，1980）。此外，教师能够用不同的方式把低期望传递给学生，这是很清楚的。

如早些时候所注意到的，不少研究指出，有些教师就每一个不正确的回答批评低成就学生的次数高于高成就学生，而在每一个正确的回答上表扬低成就学生的次数低于高成就的学生。与此相对照，其他教师则表扬低成就学生做出的勉强正确或不正确的回答。这些研究结果反映了教师的两个不同类型。因回答不正确而批评低成就学生的教师似乎对这些学生不大有耐心。与此相对照，奖励勉强正确或错误回答的教师则过分同情和不必要地保护低成就学生。

模式 1

课堂经历   对学生的后果

| 较少练习 |
| 在匆忙的情况下完成作业 |
| 较少强化冒险 |
| 对回避学习反应做出更多奖励 |

→ 较少思考和较少学术性作业

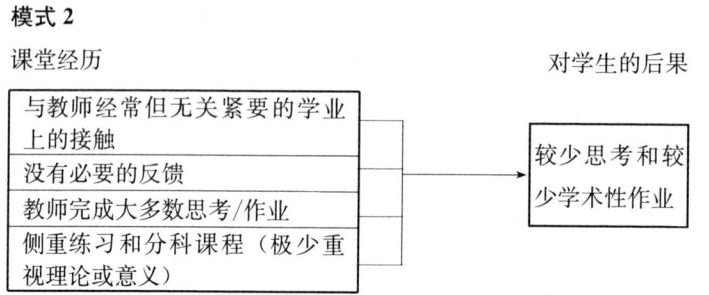

图1 低成就学生的消极模式

这两种类型的教师行为都向学生阐明，努力与课堂成绩没有关系。如图1所示，"根本不管"与过分同情的教师风格看来都较少激发学生的思维。

随着时间的推移，教师对待低成就学生方式上的这样的差异（例如，一个学生在三年级得到表扬或者发现教师实际上对任何言语表达都能接受，而到了四年级，这个学生很少得到表扬而且受到较多的批评），可能减少低成就学生的努力，从而促使形成一种被动的学习方式。其他教师行为也可能促成这种被动的学习方式。低成就学生一年里经常被叫到回答问题（教师相信，如果他们要学好的话，就需要有主动精神），但在随后一年却发现很少被教师叫到回答问题（教师不想使他们为难）。这些学生可能不知道如何适应这些不同的角色。具有讽刺意味的是，那些适应能力最弱的学生，当从一个班级转到另一个班级上课时，可能需要做出最大的调整。不同的教师与低成就学生交互作用的方式可能有较大的变异（与高成就学生从不同的教师那里得到的比较相似的行为形式相对照），因为如何对待学习并不顺利的学生，教师意见不大一致。

对有区别的教师行为的解释

尽管有充分的证据表明，教师对学生一般成绩水平的评定是准确的（Brophy and Good，1974；Egan and Archer，1985），但课堂上的证据指出，教师对潜力较小学生的反应（如指定的作业）表明教师只有几种有限的和不成功的教学策略（如练习）。因此，除了对学生潜力的不准确的评定外，还有很多因素可以说明课堂中发生的很多不适当的有区别的行为。现在对其中一些因素做简要探讨。

有区别的行为的一个基本原因是，课堂是一个忙碌又复杂的环境，因而教师很难准确评定他们与个别学生发生交互作用的次数与质量。一些聪明而且有充分准备的教师，由于课堂的复杂性，可能对低成就学生表现出不适当的行为。

第二个解释涉及这个事实：很多课堂行为必须在具备意义之前加以解释。研究表明，一旦教师对一个学生形成了一种期望（如，这个学生没有学习的能力），这个教师就用与原先期望一致的方式来解释随后发生的意义不明确的课堂事件（如，Anderson-Levitt，1984）。古德（Good，1980）坚持认为，大多数课堂行为是意义不明确的，因而可做多种解释。

一些教师为什么对高成就学生与低成就学生表现出有区别的行为的第三个原因与因果关系问题有关。有些教师相信，他们能够而且将影响学生的学习（Brophy and Evertson，1976）。这样的教师通常把学生的失败解释为需要更多的教学、更多的说明和最终更多的学习机会。其他教师由于责备学生失败而不承担学生失败的部分责任，往往把失败解释为需要少提学习要求和少给学习的机会。所以，没有强烈意识到自己能够影响学生学习的教师，与相信能够影响学生的学习并相信自己是造成学生失败（当学生失败了的时候）的部分原因的教师相比，更可能对学生的错误与失败做出过度的反应（也许随后布置的作业太容易）。沿着这些思路，马歇尔与温斯坦（Marshall and Weinstein，1984）论证道，有些教师把智力看作是固定不变的，有些教师则把智力看成是可变的。在看待智力稳定性上的差异可能对教师行为有重要影响。

对教师有区别的行为的另一种解释是学生的自我显示（student self-presentation）。学生以不同的方式把自己显示给教师，而且这些自我显示的方式可能影响教师的反应。斯潘塞-霍尔（Spencen-Hall，1981）注意到，有些学生能够以逃避教师注意这样一种方式选择犯错误行为的时机，而经常表现出错误行为的其他学生，由于表现错误行为的时机不当而常常受到教师的严厉批评。加勒斯科（Carrasco，1979）指出，一些学生显示出以某种方式逃避教师注意的能力。在格林与史密斯（Green and Smith，1983）看来，一些学生使用的语言可能会使教师低估他们的潜力。

课 堂 运 用

对研究文献所做的上述回顾可以激发教师思考：期望在课堂中的作用，以及建立在研究结果之上的课堂教学方法必须适应特定课堂的情境这一事实。如古德与温斯坦（Good and Weinstein，1986a）所注意到的，教师表达期望的方式很多（如课程主题的选择、给予学生阐明课程主题的基本原理、成绩反馈），因而不可能提出一种单一的行为组合体来传递适当期望，因为教师行为的不同含义（如请学生回答、批评、表扬）不仅取决于教师行为而且取决于教师行为发生的情境（对一个六年级学生富有挑战性的东西可能对一年级学生有威胁性），所以也很难对教师提供建议。教师行为的质量或方式，以及学生对教师行为的解释，也是决定特定行为对学生影响的重要因素。例如，布罗菲（Brophy，1981）注意到，表扬可能削弱或者提高动机。米特曼（Mitman，1985）也报告说，在某些情况下，学生可能从有利的角度解释教师的批评（教师关心—期望好好学习）。

教师必定是决策者,而且把概念与研究结果运用到他们自己的课堂中。例如,早些时候注意到的充足证据表明,一些教师向低成就学生提问的次数少于向他们相信更能干的学生提问的次数。然而,不能因为一些教师很少向低成就学生提问,就鼓励所有教师更加经常地向低成就学生提问,这并没有什么意义。

相似地,如果一般只是要低成就学生回答简单的事实问题或者问一些他们不能回答的问题,那么,经常地向他们提问并没有什么好处。同样,不考虑特定的情境去增加教师等待低成就学生做出回答的时间,也是没有什么成效的。如果教师问一个关于事实的问题,简单地等待和提供线索可能是在浪费课堂时间(学生知道或者不知道答案)。然而,在涉及判断或分析的情境中,更多的思考时间和更多的教师线索可能有助于学生做出回答。

但是,实证研究结果与描述教师期望和学生期望的不同模式提供了一条思考与促进学生成绩的丰富途径。《课堂观察》(*Looking in Classrooms*,Good and Brophy,1987)概述了一系列基于期望研究之上的实际考虑与教师指南。古德与温斯坦(Good and Weinstein,1986a)提出了下列建议来改进以低期望和令人厌烦的、无挑战性的常规为特色的课堂:

(1) 扩大上课与活动的目标。学生需要练习和掌握基本的内容与技能,但他们也需要有应用的机会。如果学生通常不断地做语音技能练习而极少阅读,通常进行书法练习或抄写拼读单词而极少写作,或者通常进行计算练习而极少努力去系统陈述和解决问题,那么,什么地方就出了毛病。

(2) 更多地注意学生的思想与兴趣,并鼓励学生在评定他们自己的成绩中发挥更大的作用。学生在学习活动中往往比他们需要表现出来的更加被动和更加依赖于教师。

(3) 增加学生主动参与教学活动的机会并且有意义地使用材

料。教师引导的课应该要求不仅仅是静听，布置作业也应该要求不只是完成高度结构化和惯例化的课间作业。

（4）不能只问常规的事实问题，还要问学生一些要求思考、分析、综合或者评价思想的问题。要问一些没有唯一正确答案或者可以在不同层次上和从不同的角度加以回答的问题，以便鼓励更大范围的学生参与和体验成功。

（5）把注意力集中在学习的积极方面。通过注意小组在学习目标上的进展情况来鼓励和强化。把学生彼此之间的公开比较降至最低限度，阻止对整个班级的批评或者暗示所学的材料明显地困难或者学来无益。

未来的研究方向

值得考虑的研究问题很多，但是我只探讨两个重大的争执点。首先，教师期望的概念化需要比现在更有区分度。教师对学生的看法要包括成绩线索、社会线索和发展线索。继续研究教师对高潜力与低潜力学生的一般期望似乎也无须加以限制。

金（King，1980）所做的一项有趣的个案研究表明，一个教师对学生及对学生行为的期望要比对学生是否成功的简单信念更为复杂。除了判断学生能力是高还是低之外，教师看来还要判断学生的成绩是能力还是努力所致。金研究了一位六年级教师和班上两个成功的与两个不成功的学生。这位教师往往用据信其成功是能力所致的学生作为角色模式（例如，当她想改变课的进度或方向时，她就这样做）。与此相对照，她与被认为其成功很大程度上是努力所致的学生形成了一种不同的关系。例如，当这个由于努力而取得成功的学生要求得到帮助时，这位教师期望学生提的是次要问题并且给予学生最低限度的但又直接的反馈。然而，这个学生不大可能被教师叫起来回答问题,作为改变上课方向的一种方式。

这位教师往往向被认为是由于缺乏能力而没有成功的学生提供额外的学业帮助。这位教师会帮助这个学生解决一个问题,等等。而且,她与这个学生常常进行交流。她很少与她察觉其成功是由于不够努力造成的学生进行交流,而且当交流真的发生时,她主要是检查这个学生的进步和确定这个学生是否最低限度地参与了活动。

这一研究发现与普拉沃特、拜尔斯和安德森(Prawat, Byers and Anderson, 1983)在研究了58个小学教师后所得出的结论相似。具体说来,这些研究者发现,如果学生不努力,教师就生气。因此,教师对学生做出的判断容易涉及复杂的多重标准。

其次,其他的教师信念与技能可能增加或者降低教师表达出来的期望的效应,认识到这点很重要。例如,教师一般的教学风格可能影响学生学习。海因斯、克鲁克香克和肯尼迪(Hines, Cruickshank and Kennedy, 1985)证明,至少在某些情况下,教师教学的清晰度与学生的成绩和学生的满足呈正相关。因此,不仅教学内容或教师期望影响学生,而且在作业中向学生呈现信息的一般方式也影响学生。学生对期望线索的敏感性也很重要;但是教师教学的清晰度(教学更清晰或很不清晰)更有可能使学生受到教师期望的影响。

显然,需要进行更多的研究来考察学生对教师期望的觉察以及学生对期望传递的敏感性。罗森塔尔(Rosenthal, 1985)论证道,很多关于人际期望的研究表明,这些期望的传递在某种程度上取决于非言语传递的各种不同过程。主试、教师和其他人在通过不同的非言语途径所做传递的清晰度上显然有重大差异。他认为,如果那些从听觉上最佳地传递对儿童理智成绩期望的教师,分到的儿童也是以听觉为最佳接收通道,那么,与那些教师分到的儿童是对非言语的听觉传递不大敏感的情况相比,期望效应更有可能发生。尽管对期望的察觉是一个关键问题,但是另一个重大问题是学生对这种传递的敏感性。温斯坦注意到,布朗(Braun,1976)提出的教师期望效应没有得到验证。自我概念高与自我概念低的学生对来自教师的信息可能做出不同的反应。而且,少数民族身份在学生对教师期望的敏感性中可能也起一定的作用。文化价值观的差异可能使一些儿童免受教师对他们成绩看法的影响,或者增强他们对占支配地位的观点的敏感性。家长的信念也可能影响期望效应。

几位研究者指出,成果测度(学生 IQ 测验与成绩测验分数)太狭隘,局限太大,没有揭示出期望与课堂成绩之间关系的很多情况(Good and Weinstein,1986a;Hall and Merkel,1985;Meyer,1985)。按照迈耶(Meyer,1985)的观点,拉扎尔与达林(Lazar and Darling,1982)制订的早期教育计划的长期效应提供的重要证据表明,幼儿早期教育计划评价只看智力增进也许把对象搞错了。拉扎尔与达林(Lazar and Darling,1982)报告了他们所考察的 12 项著名的学前教育计划的资料,每个组都配有一个适当的控制组。结果测度包括安排在特殊教育班的学生的百分比、年级巩固率,以及各种不同的成绩与社会适应测度。一般说来,研究结果表明,受过早期教育的学生的社交能力较强,不大可能安排在特殊教育班,而且自我感觉较好(受过早期教育的儿童比控制组儿童更可能把他们积极的自我评价与学校或学业成绩联系起来)。拉扎尔与达林得出结论:受过早期教育的儿童更能适应他们所在学校的社会、理智与行为方面的要求。迈耶认为,从他们的研究工作中得出的另外一个结论是:一组狭窄的能力倾向/成就结果或因变量,可能低估了早期学校经验的有益效果,以及低估了教师期望这类现象的消极的或积极的效果。

迈耶(Meyer,1985)论证道,教师是否使用消极的办法(在研究文献中已做了界定),看来与其说是教师对学生个人之期望的结果，还不如说是与教师相信他们能够对儿童的学习施加影响的程度有关；他们认为他们对学习的影响越有力，他们使用消极行为的可能性就越小。

迈耶（Meyer，1985）的结论是，有理由断言，如果教师相信一个具有中等或较低技能的学生是可教的，他们就会努力向这个学生提供信息，而且在提供信息时，他们会保持该生学习的意愿。因此，他指出，需要培训教师，使他们相信，无论学生当时的成绩如何，他们都能够教好学生。